Schönbuch – Tübingen – Rammert

von Wilfried Setzler
mit Beiträgen von
Siegfried Albert
Walter Arnold
Walter Fischer
Walter Hahn
Ehrenfried Kluckert
Dieter Manz
Theo Müller
Siegwalt Schiek
Traugott Schmolz
Helmut Schönnamsgruber
Heinz Wolpert

Konrad Theiss Verlag
Stuttgart und Aalen

Herausgegeben vom Schwäbischen Albverein e. V., Stuttgart
Schriftleitung: Theo Müller

CIP-Kurztitelaufnahme der Deutschen Bibliothek

Setzler, Wilfried:
Schönbuch – Tübingen – Rammert / von Wilfried
Setzler. Mit Beitr. von Siegfried Albert . . .
[Hrsg. vom Schwäb. Albverein e. V., Stuttgart]. –
Stuttgart; Aalen: Theiss, 1985.
   (Natur – Heimat – Wandern)
   ISBN 3-8062-0387-3

© Konrad Theiss Verlag GmbH, Stuttgart 1985
ISBN 3 8062 0387 3
Alle Rechte vorbehalten
Druck: Ebner Ulm
Printed in Germany

Geleitwort

Schönbuch – Tübingen – Rammert: zwei Waldlandschaften und einen Mittelpunkt umfaßt das vorliegende Wanderbuch. Nördlich des Mittelpunktes Tübingen, der alten und dennoch jungen Universitätsstadt, und des sie durchfließenden Neckars sind dies im wesentlichen der Naturpark Schönbuch, ergänzt um den Bereich Herrenberg – Böblingen – Waldenbuch, das Ammertal und Spitzberggebiet sowie das »Gäu« zwischen Rottenburg, Ergenzingen, Herrenberg und Ammerbuch. Südlich davon werden das enge Muschelkalk-Neckartal zwischen Rottenburg und Börstingen mitsamt den Seitentälern der Starzel und des Katzenbachs, das große Waldgebiet des Rammerts bis zur Steinlach und östlich anschließend die »Härten« zwischen Tübingen und Reutlingen erfaßt.

Der Schönbuch, das größte geschlossene Waldgebiet im Herzen Württembergs, liegt zwischen den Ballungsräumen Böblingen, Sindelfingen, Stuttgart, Esslingen, Leinfelden-Echterdingen und Filderstadt im Norden sowie Tübingen und Reutlingen im Süden. In seinem Umkreis leben rd. 1,5 Millionen Menschen. Es ist deshalb verständlich, daß dieses Waldgebiet einem großen Besucherdruck ausgesetzt ist. Um die sich daraus ergebenden Probleme lenkend in den Griff zu bekommen, vor allem aber auch, um das Gebiet vor Eingriffen zu sichern, wurde der Schönbuch 1972 zum Naturpark erklärt, dem ersten in Baden-Württemberg. Er ist heute mit vielerlei Erholungseinrichtungen ausgestattet und wird nach wie vor viel besucht. So wurden schon weit mehr als 50 000 Erholungssuchende an einem schönen Wochenende gezählt. Trotzdem gibt es auch hier noch manche ruhigen Bereiche, die es zu entdecken gilt. Viel weniger bekannt ist dagegen der Rammert, der wirklich noch eine Oase der Ruhe darstellt. Auch die weiteren dargestellten Gebiete geben vielseitige Möglichkeiten für lohnende Wanderungen.

Für die verschiedenen Landschaften will der vorliegende Führer Anleitung geben für schöne Wanderungen, indem er 33 Rund- und 9 Streckenwanderungen unterschiedlicher Länge beschreibt, die zu einem guten Teil auch zu größeren Wanderungen kombiniert werden können. Er will aber zugleich mehr bieten als nur Wanderbeschreibungen, er will den Wanderer hinführen zum richtigen Erleben der Landschaft in Natur und Kultur. Dazu sind gewisse Hinweise erforderlich, denn nur das, was man kennt, sieht man auch (damit sollen selbstverständlich eigene »Entdeckungswanderungen« nicht ausgeschlossen werden). Dazu dienen die einleitenden Abschnitte, in denen der Aufbau der Landschaft, die Pflanzenwelt, die Schutzgebiete, die Geschichte und Kunstgeschichte sowie die Städte Tübingen, Rottenburg und Herrenberg sowie das Kloster Bebenhausen beschrieben werden.

Allen Mitarbeitern an diesem Führer in der Wanderbuchreihe »Natur – Heimat – Wandern« des Schwäbischen Albvereins sei herzlich dafür gedankt, daß sie ihre Kenntnisse und Erfahrungen, aber auch ihre Zeichenfertigkeit zu Verfügung gestellt haben. Sie haben damit beigetragen, für viele Wanderer nicht nur einen gründlichen Wanderführer, sondern auch eine kleine Heimatkunde zu schaffen. Besonderer Dank gebührt Herrn Dr. Wilfried Setzler, dem Leiter des Kulturamtes der Universitätsstadt Tübingen, der manche koordinierende Arbeit übernommen hat. Zu danken ist ferner dem Konrad Theiss Verlag, der in bewährter Weise auch diesen Band betreut hat. Unser weiterer Dank gilt all denen, die das Erscheinen des Wanderbuches unterstützt und gefördert haben.

Es ist den Autoren, dem Schwäbischen Albverein als Herausgeber und dem Verlag ein Anliegen, daß der Band den Wanderern sowohl sicherer Wanderführer sein, sie aber auch hinführen möge zu den vielseitigen Schätzen an Natur und Kultur unserer Heimat und daß das Verständnis geweckt wird, diese zu sichern und zu pflegen, damit auch spätere Generationen sich noch daran freuen können.

Stuttgart, im Frühjahr 1985
Prof. Dr. Helmut Schönnamsgruber   Prof. Dr. Theo Müller
Präsident   Schriftleiter

Inhalt

Geleitwort	5
Schönbuch und Rammert – zwei Keuperberglandschaften *von Walter Hahn und Theo Müller* Bau und Formen der Landschaft – Die einzelnen Schichten	11
Pflanzenwelt *von Theo Müller*	22
Der Naturpark Schönbuch – Bestand – Verwaltung – Problemstellung *von Walter Arnold*	38
Natur- und Landschaftsschutzgebiete *von Helmut Schönnamsgruber* Naturschutzgebiete – Landschaftsschutzgebiete	44
Die vor- und frühgeschichtliche Besiedlung von den Anfängen bis zur alamannischen Landnahme *von Siegfried Albert* Einleitung – Die Alt- und Mittelsteinzeit – Die Jungsteinzeit – Die Bronzezeit – Die Urnenfelderzeit – Die Keltenzeit – Die Römerzeit – Die alamannische Landnahme	53
Die geschichtliche Entwicklung *von Wilfried Setzler*	63
Kunstgeschichte im Raum Schönbuch – Rammert *von Ehrenfried Kluckert* Römer und Alamannen – Romanik – Gotik – 16. und 17. Jahrhundert – Barock – Klassizismus, Historismus und Jugendstil	69
Tübingen *von Wilfried Setzler* Geschichtlicher Überblick – Kunsthistorische Sehenswürdigkeiten	79
Rottenburg am Neckar *von Dieter Manz* Geschichte und Sehenswürdigkeiten – Bau- und Kunstdenkmäler	84

Herrenberg 90
von Traugott Schmolz
Geschichtlicher Überblick – Stadtrundgang

Bebenhausen 94
von Wilfried Setzler

Der geologische Lehrpfad am Kirnberg bei Tübingen – Ein Gang durch den Keuper im südlichen Schönbuch 97
von Walter Fischer

Der archäologisch-historische Wanderweg um den Einsiedel 101
von Siegwalt Schiek

Wanderungen 104
von Walter Hahn und Heinz Wolpert
Hinweise – Abkürzungen – Übersicht der Wanderungen

Rundwanderungen (W)

W 1	Bebenhausen – Geschlossener Brunnen – Postbotenweg – Königsjagdhütte – Kaiserlinde – Diebsteigbrücke – Teufelsbrücke – Bebenhausen	110
W 2	Bebenhausen – Geschlossener Brunnen – Arenbachtal – Hohen-Entringen – Roseck – Himbachtal – Hagelloch – Heuberger Tor – Bettelweg – Bebenhausen	112
W 3	Bebenhausen – Widenmannsdenkmal – Fohlenweide – Fohlenweidetraufweg – Jordantraufweg – Bebenhausen	113
W 4	Tübingen/Heuberger Tor – Bogentor – Hohen-Entringen – Entringer Sportplatz – Arenbachtal – Königsjagdhütte – Postbotenweg – Bettelweg – Heuberger Tor	115
W 5	Unterjesingen – Roseck – Hohen-Entringen – Hagelloch – Himbachtal – Unterjesingen	117
W 6	Breitenholz – Ruine Müneck – Schaugehege »Stöckle« – Diebsteigbrücke – Breitenholz	120
W 7	Herrenberg/Naturfreundehaus – Roßhauhütte – Böckleshütte – Neue Brücke – Kayher Tal – Sommertal – Herrenberg	122
W 8	Schaichhof/WP – Schnapseiche – Seitental – Geschlossenes Brückle – Ochsenbachtal – Schaichhof/WP	124
W 9	Schaichhof/WP – Kapellenbrunnen – Teufelsbrücke – Kleines Goldersbachtal – Ochsenbachtal – Schnapseiche – Schaichhof/WP	125
W 10	WP Ranzenpuffer – Schlagbaumlinde – Tropfender-Wasen-Allee – Kohlhauweg – Widenmannsdenkmal – WP Ranzenpuffer	126
W 11	Bebenhausen – Mauterswiese – Zeitungseiche – Einsiedel – Lindenallee – Becklesklinge – Mauterswiese – Bebenhausen	128

Inhalt 9

W 12	Schloß Einsiedel – Rübgarten – Jägersitz – Stumpenwasen – Einsiedel	129
W 13	Dettenhausen – Stadtreitereiche – Entenweiher – Jägersitz – Burgereiche – Stadtreitereiche – Dettenhausen	130
W 14	Dettenhausen – WP Braunäcker – Ochsenschachensträßchen – Schaichbergsträßchen – Dettenhäuser Weg – Dettenhäuser Sträßle – WP Braunäcker	132
W 15	Waldenbuch – Bonholz – Doscheten Buche – Dettenhäuser Sträßle – Glashütte – Waldenbuch	134
W 16	Weil im Schönbuch – Totenbachtal – Waldenbuch – Rauhmühle – Weil im Schönbuch	136
W 17	Wachendorf – Bierlingen – Ammelesbrunnen – Heiligengrub – Salensee – Hart – Höfendorf – Wachendorf	139
W 18a	Bieringen – Starzeltal – Burgmühle – Frommenhausen – Elbenloch – Siebentäler – Bad Niedernau – Bieringen	141
W 18b	Bieringen – Starzeltal – Burgmühle – Frommenhausen – Hochmark – Schwalldorf – Bieringen	144
W 19	Rottenburg – Schadenweiler – Weilerburg – Dünnbachhütte – Schadenweiler	144
W 20	Bad Niedernau – Siebentäler – Ziegelhütte – Weiler – Weilerburg – Rottenburg Altstadt – Bad Niedernau	146
W 21	Rottenburg – Kalkweil – Telle – Bad Niedernau – Römersäule – Altstadt Rottenburg	148
W 22	Rottenburg – Weggental – Heuberger Warte – Wendelsheim – Märchensee – Pfaffenberg – Wurmlingen – Rottenburg	149
W 23	Obernau – Rommelstal – Kloster Liebfrauenhöhe (Ergenzingen) – Eckenweiler – Weitenburg – Ruine Siegburg – Bieringen – Obernau	150
W 24	Poltringen Stephanskirche – Reusten – Kochenhartgraben – Hailfingen – Oberndorf – Poltringen	152
W 25	Hirrlingen/P Schützenhaus – Hochburg (ehem. Burg Hohenrangendingen) – Bodelshauser Kapf – Ramsbach – Bechtoldsweiler – Mönchwasen – Hirrlingen	156
W 26	Ofterdinger Spielplatz (Meisenhart) – Sebastiansweiler – Bodelshausen – Rauher Rammert – Ofterdinger Spielplatz	158
W 27	Dußlingen/P Kirchholzhäusle – Eckhof – Kreßbach – Weilheim – Kilchberg – P Kirchholzhäusle	161
W 28	Dußlingen/P Kirchholzhäusle – Bühlertal – Kiebinger Hütte – Dünnbachhütte – Nagelshütte – Ofterdinger Spielplatz – Meisenharthütte – P Kirchholzhäusle	162
W 29	Tübingen – Hohentübingen – Bismarckturm – Spitzberg – Wurmlinger Kapelle – Hirschau – Tübingen	164
W 30	Hirschau/P beim Friedhof – Tiefenbachtal – Holzacker – Spitzbergrandweg – Weinbergweg – Wurmlinger Kapelle – Hirschauer Berg – Hirschau/P beim Friedhof	166
W 31	Tübingen/P Waldhörnle – Mährisch Hartwald – Immenhausen – Ehrenbachtal – Bläsiberg – P Waldhörnle	168
W 32	Kusterdingen – Großholz – Aspenau – Wankheim – Jettenburg – Auchtert – Kusterdingen	170

W 33 Dettingen – HW 3 – Pelagiustanne (Bauernhäule) – Schellentäle – Hemmendorf – Dettinger Spielplatz   173

Streckenwanderungen (SW)

SW 1	Herrenberg – Schloßberg – Eiche am Roten Meer – Waldfriedhof – Mönchberger Sattel – Grafenberg – Jägergarten – Ruine Müneck – Hohen-Entringen – Roseck – Unterjesingen	175
SW 2	Hildrizhausen – Lindachspitzhütte – Neue Brücke – Katermannshaldenweg – Ruine Müneck – Breitenholz	177
SW 3	Böblingen – Mauren – Egelsberg – Rötelberg – Kalter Brunnen – Naturfreundehaus – Alter Rain – Schloßberg – Herrenberg	178
SW 4	Altdorf – Eselstritt – Lindachspitzhütte – Neue Brücke – Kayher Tal – Kayher Sattel – Grafenberg – Mönchberger Sattel – Mönchberg	181
SW 5	WP Schaichhof – Birkensee – Schinderbuche – Schindereiche – Falkenkopf – Großes Goldersbachtal – Brömmeleslinde – Müneck – Breitenholz	182
SW 6	WP Dettenhausen – Walddorfer Sträßchen – Langer-Rücken-Sträßchen – Bebenhausen	185
SW 7	Musberg – Siebenmühlental – Waldenbuch	187
SW 8	Dettenhausen – Schaichtal – Neuenhaus	191
SW 9	Unterjesingen – Burgstall – Hirschau – Neckarsteg – Kilchberg – Eck (Eckhof)	193

Aussichtstürme, Wanderheime, Jugendherbergen, Freibäder   195

Literaturhinweise   196

Verzeichnis der Mitarbeiter   200

Register   201

Walter Hahn und Theo Müller

Schönbuch und Rammert – zwei Keuperberglandschaften

Bau und Formen der Landschaft

Das Wandergebiet umfaßt einen charakteristischen Ausschnitt der süddeutschen Schichtstufenlandschaft, jener einer umgekippten Treppe gleichenden Schichtenfolge, deren einzelne Stufen nach Südosten einfallen. Die Schichtstufenreihe beginnt im Schwarzwald mit dem Buntsandstein. Ihm folgt der Muschelkalk im Gäu, und daran schließen sich die Keuperberglandschaften des Schönbuchs und Rammerts an. Diesen drei älteren Schichtsystemen, zusammengefaßt unter dem Namen »Trias«, folgen die jüngeren Ablagerungen des Schwarzen Jura (Lias) im Albvorland, des Braunen Jura (Dogger) der Albvorberge und schließlich des Weißen Jura (Malm) der Alb.

Den Sockel des Gäus zwischen Herrenberg und Starzach bildet der Obere Muschelkalk, der allerdings auf der Gäufläche nirgends ansteht, sondern teils mit Löß, teils mit Lettenkeuper bedeckt ist. Der Muschelkalk ist lediglich in den Tälern angeschnitten, so im Neckartal und seinen Seitentälern (Starzel, Rommelsbach und Katzenbach) oberhalb von Rottenburg sowie im Ammertal bei Reusten und seinem Seitental, dem Kochenhartgraben. Die Gäufläche selbst ist eine weite, wenig gewellte, nach Südosten einfallende Ebene, auf der die teilweise aufliegenden Lettenkeuperreste landschaftlich kaum hervortreten. Auffallend dagegen sind, bedingt durch die Verkarstung des Muschelkalks, die eingestreuten Dolinen und die flachen, vielfach trocken liegenden Talwannen.

Wer auf der Bodenseeautobahn A 831 von Singen in Richtung Stuttgart fährt und den Neckar bei Weitingen überquert hat, oder wer, vom mittleren Schwarzwald kommend, sich Herrenberg nähert, sieht im Osten über der Gäulandschaft eine grün schimmernde, bis zu 150 m aufsteigende Wand vor sich, die Keuperstufe von Rammert und Schönbuch.

So einheitlich die Keuperstufe von Westen her als »Wand« erscheint, so wenig ist sie es von der Nähe betrachtet, sie ist zerlappt und von Tälern unterbrochen. Neckar und Ammer, zwischen denen als Spangenberg der Keuperrücken Pfaffenberg – Spitzberg – Schloßberg – Österberg liegt, haben im Keuper einen breiten Trauftrichter ausgeräumt, die Tübinger Stufenrandbucht. Eine entsprechende Stufenrandbucht, allerdings wesentlich kleineren Umfangs, hat die Schwippe, ein Nebenbach der Würm, bei Böblingen-Sindelfingen gebildet. Dann sind, noch im Gäu gelegen, der Keuperstufe einige Zeugenberge (Pfaffenberggruppe, Heuberg, Streimberg, Heidenwald bei Wolfenhausen, Eichenberg bei Hirrlingen) vorgelagert, aus Lettenkeuper, Gipskeuper und meist einer abdeckenden Schilfsandsteinplatte bestehend.

Die Keuperschichten setzen sich aus einer wechselnden Folge von weichen, leicht abtragbaren Mergeln und härteren, widerstandsfähigeren Sandsteinbänken zusammen. Die Schichtenfolge wird von unten nach oben in drei sehr unterschiedlich mächtige Abschnitte gegliedert, in den Lettenkeuper oder Unteren Keuper (ku), in den Mittleren Keuper (km), der seinerseits fünfgeteilt ist (km 1–5) und das Rät oder den Oberen Keuper (ko). Die drei unteren Stufen des Mittleren Keupers bilden in der Hauptsache die Gesteinsschichten des Stufenrands, die zwei oberen und das Rät die der Hochflächen. Als schützende Decke ist den verhältnismäßig weichen und vom Wasser leicht zernagbaren Keuperschichten eine widerstandsfähige Gesteinsplatte des unteren Schwarzen Jura aufgelegt. Geschlossen erhalten ist diese meist lößbedeckte Liasplatte nur in den in einem tektonischen Graben gelegenen Fildern, in der »Steinlach« (das von der Steinlach durchflossene Albvorland) und auf den »Härdten«, während sie auf den »Walddorfer Platten« von einigen linken Neckarzuflüssen und im Schönbuch von Goldersbach, Aich und Schaich mit ihren Nebenbächen in verschiedenen Flächen aufgeteilt wurde. Sobald diese härtere Decke durchbrochen war, konnte das Wasser in die Keuperschichten eindringen und aus diesen die teilweise tiefen und oft wilden Klingen, die Täler und Hügel der kleinen Waldgebirge des Schönbuchs, Spitzbergs und Rammerts herausformen.

Der südliche Schönbuchrand erhebt sich als ziemlich geschlossene Mauer über dem Ammertal, weil hier das vielfach verzweigte Talnetz des Golderbachs, der bei Lustnau in die Ammer mündet, dem Gefälle der Schichten folgt und somit nicht den Stufenrand zerschneidet, sondern von seiner Kante weg in das Schönbuchinnere gerichtet ist. Der nördliche Schönbuchrand dagegen ist durch einzelne Bachtäler zerschnitten und damit gebuchtet. Die Hauptentwässerung über Aich und Schaich mit ihren Nebenbächen erfolgt aber auch hier dem Schichtengefälle folgend nach Osten. Die Bäche des Rammerts dagegen ziehen aus der Stufenrandstirn hinaus, so daß diese hier stärker zerlappt erscheint.

Der Neckar, bei Rottenburg mit einem engen Tal aus dem Muschelkalk

Bau und Formen der Landschaft 13

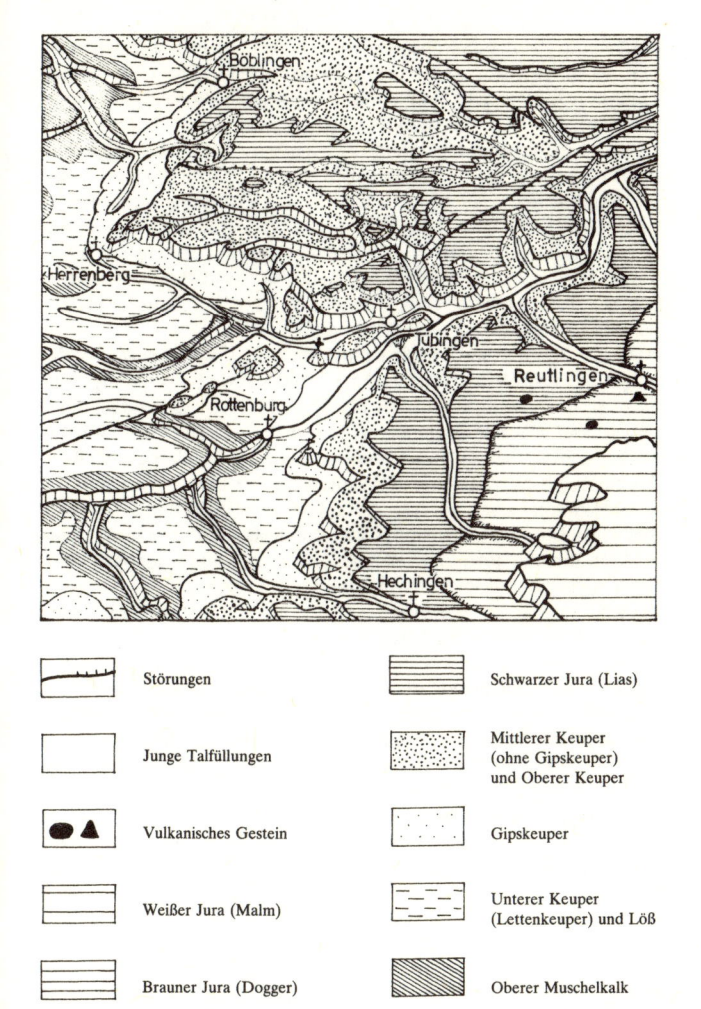

Symbol	Legende
Störungen	
Junge Talfüllungen	
Vulkanisches Gestein	
Weißer Jura (Malm)	
Brauner Jura (Dogger)	
Schwarzer Jura (Lias)	
Mittlerer Keuper (ohne Gipskeuper) und Oberer Keuper	
Gipskeuper	
Unterer Keuper (Lettenkeuper) und Löß	
Oberer Muschelkalk	

Geologische Reliefkarte (nach Wagner und Koch 1963)

austretend, hat in den wenig widerstandsfähigen Gipskeuperschichten eine weite Talebene ausgeräumt. Diese verengt sich erst unterhalb Lustnau wieder, sobald der widerstandsfähigere Stubensandstein erreicht wird. Fallen die Hänge des Rammerts gegen das Neckartal verhältnismäßig sanft ab, so finden wir am Spitzberg mit dem kapellengekrönten Wurmlinger Berg als Ausliefer ausgesprochen steile Hänge, die an manchen Stellen noch deutlich alte Prallhänge des Neckars zeigen. Bei Tübingen hat der Schwemmkegel der Steinlach den Neckar so gegen seine linke Talseite gedrängt, daß er dort gezwungen war, die Talhänge zu unterschneiden, wodurch die für das Stadtbild von Tübingen so bezeichnenden steilen Prallhänge und der Sattel zwischen Schloß- und Österberg geschaffen wurden.

Auch die Ammer hat im Gipskeuper ein weites Tal ausgeräumt, das sich mit Eintritt in den Schilfsandstein wieder verengt. Allerdings wird eine Ammer von der heutigen Größe wohl kaum dieses große Tal ausgeräumt haben können. Sie muß vielmehr einst wesentlich wasserreicher gewesen sein, d. h. ein größeres Einzugsgebiet besessen haben, das sie durch die zunehmende Verkarstung des Gäus verloren hat.

Sowohl Ammer als auch der Neckar flossen einst durch vernäßte Auen. Der Grundwasserspiegel wurde aber durch Korrektionen stark abgesenkt, wobei der korrigierte Neckar fast gerade seine Talebene durchfließt. Die Siedlungen im Neckartal mieden die vernäßte und überschwemmungsgefährdete Aue; sie wurden alle am Rande der einige Meter höher gelegenen Niederterrasse angelegt.

Die lößbedeckte Liasplatte der »Steinlach« fällt zur Steinlach flach ab. Dieses von Talheim am Fuße der Alb kommende Flüßchen biegt oberhalb von Ofterdingen von seiner bisherigen nordwestlichen Fließrichtung nach Nordosten ab und verläuft weiter am Fuße der bis rd. 40 m ansteigenden Ölschieferstufe (Lias epsilon). Unterhalb von Dußlingen verengt sich die breite Talmulde der Steinlach zu einem engen und steilen Durchbruchstal durch den Rammert, wobei die Steinlach als gefällstarkes Flüßchen bei Eintritt in das Neckartal einen Schwemmkegel aufschüttete und damit den Neckar auf die linke Talseite drängte.

Die einzelnen Schichten

Der *Lettenkeuper* oder Untere Keuper (ku), über dem Muschelkalk folgend, gehört im landschaftlichen Sinn eigentlich mehr dem Gäu an. Beim Lettenkeuper handelt es sich um eine sowohl vertikal als auch horizontal besonders wechselvolle Gesteinsbildung von 18 bis 25 m Mächtigkeit. Sie wird auch heute noch oft irreführend als »Lettenkohle« bezeichnet, da sie kohlige Einlagerungen, ja sogar dünne Kohleschmitzen und -flözchen enthalten kann. In der Mitte lagert bei uns ein graugrüner, auch graugelber Sandstein feinen bis mittleren Korns und unregelmäßiger Schichtung, der zwei bis zehn Meter mächtig werden kann. Bisweilen tritt aber an seine Stelle nur eine geringmächtige Lage von sandigem Schiefer mit Pflanzenhäcksel. Dieser Sandstein wurde früher häufig abgebaut und ist in Tübingen noch um die Jahrhundertwende als wertvolles Baumaterial zu finden. So wurde er z. B. auch für die Fassade der Neuen Universitätsaula verwendet. Steinbrüche liegen südlich Seebronn, östlich Hailfingen und nordwestlich Reusten.

Mit dem bis 100 m mächtigen *Gipskeuper* (km 1) beginnt die Gesteinsfolge des Mittleren Keupers. Die mächtigen Mergel mit eingelagerten, namengebenden Gipsbänkchen und Gipslinsen bilden den Fuß des Stufenrandes. Der Gipskeuper ist wie ein Saum den Keuperbergen vorgelagert, zieht sich um den Schönbuchrand von Böblingen über Herrenberg bis ins Ammertal sowie um den Rand des Rammerts und stößt westlich des Spitzbergs weit gegen das Gäu vor. Seine vorherrschende Farbe ist Graugrün, die in den unteren und oberen Schichten öfter mit Dunkelrot wechselt. Im Mittelalter diente der gemahlene Gips als Wiesendünger, gemahlen und gebrannt wird er als Baugips verwendet. Bei Altingen, Entringen und Wurmlingen gibt es Gipswerke. Versteinerungen findet man in den Gipsmergeln selten. Die Mergel sind wasserundurchlässig und deshalb einerseits wasserstauend, andererseits leicht abspülbar. Diese Eigenschaften ermöglichen die Anlage von Brunnen, führen aber auch örtlich zu Vernässungen und Versumpfungen. Die Auflösung des eingelagerten Gipses führt zu unruhigen Geländeformen und zu zahlreichen Erdfällen. So brach 1740 in Herrenberg ein Stück des Marktplatzes ein, und gleichzeitig zeigten sich an der Kirche so starke Risse, daß die beiden Türme 1749 abgetragen werden mußten. Das Gipskeupergebiet wird vielfach als Grünland, Obstgärten und -wiesen genutzt, wie man es besonders zwischen Herrenberg und Tübingen beobachten kann (»Zwetschgen- und Kirschenzone«).

Der harte *Schilfsandstein* (km 2) liegt wie eine Kappe über den Schichten des Gipskeupers. Er bildet die erste Terrasse der ansteigenden Berghänge. Es ist ein feinkörniger, unregelmäßig geschichteter, z. T. schiefriger, rötlicher Sandstein mit Glimmergehalt, rotem Eisenoxid und Ton als Bindemittel. Seine Farbe wechselt aber auch oft zwischen einem Graugrün und Braunrot. Der Name »Schilfsandstein« weist auf die ziemlich häufig gefundenen Abdrücke oder kohligen Reste von Riesenschachtelhalmen hin. Eigentlich müßte er deshalb richtiger »Schachtelhalm-Sandstein« heißen. In den oft mächtigen Schilfsandsteinlagern wurden Brüche angelegt, und aus dem graugrünen Stein entstanden manche Bauten in Stuttgart, Herrenberg (z. B. Stiftskirche und Stadtmauer), Tübingen, Böblingen und in anderen

Städten unseres Gebiets. Zudem hat er viel Verwendung gefunden für feine Steinmetzarbeiten. So wurden aus ihm Bodenplatten, Denkmäler, Bildwerke und Grabsteine gefertigt. Wegen seines schlechten Bindemittels und des Glimmergehaltes verwittert er durch Abgase von Autos, Fabriken und Ölheizungen sehr leicht, weshalb er seit einigen Jahrzehnten als Baustein kaum mehr gebrochen wird. Da der Schilfsandstein als Flußablagerung einen kleinräumigen Gesteinswechsel (Sandstein, Sandmergel) aufweist, tritt die Schilfsandsteinstufe nicht überall im Gelände auf, sondern bildet nur dort, wo er in starken Sandsteinbänken abgelagert worden ist, lokale Terrassen und Vorsprünge wie den Schloßberg bei Herrenberg, Spitzberg bei 400 m NN, Pfaffenberg, Weilerburg und Köpfle bei Rangendingen. Auf dem Pfaffenberg bei Wendelsheim ist heute noch ein großer Steinbruch zu sehen, in dem sich der kleine »Märchensee« gebildet hat. Der Schilfsandstein ist schön zu sehen in einem kleinen Steinbruch auf der linken Seite des Golderbachtals bei den letzten Häusern von Tübingen-Lustnau. Berühmt wurde der Aufschluß durch die in den dreißiger Jahren gemachten Funde. In den Steinmergelbänken gleich unter dem Sandstein fand man Knochenreste von metergroßen, an Riesenschildkröten erinnernden Tieren (Placodontier Henodus). Diese haben in der flachen, küstennahen, sumpfigen Landschaft gelebt und sich von Schalentieren ernährt, die sie mit ihren plattenförmigen Zähnen knackten. Im Anschluß an die Begehung des Aufschlusses ist eine Besichtigung der Saurierskelette im Geologisch-paläontologischen Institut der Universität Tübingen, Sigwartstraße 10, zu empfehlen (geöffnet montags bis freitags von 8.00 bis 12.00 Uhr und von 14.00 bis 18.00 Uhr, Eintritt frei). Dem Schilfsandstein folgen die *Bunten Mergel* (km 3), die bis zu einer Mächtigkeit von 30 m ansteigen können. Diese Tonmergel zerbröckeln leicht. Die unteren Schichten sind meist tiefrot, in den oberen wechseln rote und grüne Mergel mit hellen Steinmergelbänken. Außer den tiefroten Schichten weisen auch häufig Flur- und Gewann-Namen auf sein Vorkommen hin, z. B. »Rotes Kleeb« (Weil im Schönbuch), »Rote Wand« (Stuttgart). Etwas über der Mitte der Bunten Mergel ist der Kieselsandstein (km 3s) als schmales Band vorhanden, der hier im Gegensatz zum Schwäbisch-fränkischen Wald noch keine eigene Stufe aufbaut. Er trennt das Schichtpaket in die »unteren« und »oberen« Bunten Mergel. Zwischen dem wasserdurchlässigen Stubensandstein und den wasserstauenden Bunten Mergeln liegt ein ausgeprägter Quellhorizont. Der Wanderer weiß das Wasser der zahlreichen Quellen zu schätzen, die in zurückliegenden Jahrzehnten auch der Wasserversorgung mancher Gemeinden dienten. Entsprechend treten auch Quellen unterhalb des Kieselsandsteins über den »unteren« Bunten Mergeln auf, deren Schüttung allerdings meistens

ziemlich gering ist. Das Regen- und Versickerungswasser, das vom Stubensandstein auf die wasserundurchlässigen Bunten Mergel trifft, tritt dort zunächst in kleinen Rinnsalen aus dem Hang hervor und nagt schon nach wenigen Metern aus den weichen Mergelschichten Gräben heraus, die zu immer tiefer, steiler und breiter werdenden Klingen führen. Anhaltende Regenfälle und starke Gewitterregen tragen dazu bei, daß auch die Klingenwände jährlich abgetragen und je nach Mächtigkeit der Bunten Mergel zu tiefen Schluchten werden. Für Wald, Wiesen und Obstbau geben diese Mergelschichten guten Boden, für den Ackerbau sind sie weniger geeignet. Auch die zahlreichen Weinberge, die es früher im Ammertal und am Spitzberg gab, lagen größtenteils in den Bunten Mergeln. Aus Mergelgruben in den Bunten Mergeln wurde das Material zum »Mergeln« der Weinberge gewonnen, d. h. zur Düngung und zur Ergänzung abgeschwemmten Bodens. Die Bunten Mergel, einschließlich der Kieselsandsteinbank, lassen sich u. a. im unteren Kirnbachtal und im »Mönchberger Sattel« an der Straße von Mönchberg zum Sportplatz gut beobachten. Dieser geologische Aufschluß wurde 1982 als Naturdenkmal ausgewiesen.
Die erste Schicht der Hochfläche der Keuperberge, die über den Bunten Mergeln liegt, ist der *Stubensandstein* (km 4). Er ist von allen Keuperhorizonten am meisten landschaftsprägend. Die ungefähr 50 m mächtigen Felsbänke des Stubensandsteins bauen die steile Stirn des Stufenrands auf. Die Bergstirnen und Ausläufer des Schönbuchs, Spitzbergs und Rammerts sind von seinen Schichten getragen. Ein Kranz noch bestehender oder verfallener Burgen und Schlösser umgibt diese Stirn im Schönbuch. Diese Anlagen sind wegen ihrer hervorragenden Lage auf Kuppen, Bergnasen und an Steilrändern beliebte Wander- und Ausflugsziele. Vorspringende Erhebungen des Keuperstufenrandes sind am Schönbuchrand Hohen-Entringen (510 m NN), Schönbuchspitz (545 m NN), die Höhe über Breitenholz, die ehem. Burg Müneck (543 m NN) und der Grafenberg (550 m NN), am Rammertrand die Weilerburg (555 m NN), der Rappenberg (558 m NN), Kornberg (539 m NN) und Käpfle (528 m NN) bei Hemmendorf sowie Bodelshauser Kopf (538 m NN) bei Rangendingen. Aus dem Stubensandstein gehen nährstoffarme, magere, teils auch trockene Böden hervor, die der Landwirtschaft deutlich Grenzen setzen. Diese Böden wurden deshalb bei der mittelalterlichen Ausdehnung des Siedlungsraums nicht gerodet und blieben bis heute dem Wald überlassen. So finden wir heute auf den Stubensandsteinflächen weitgehend Wald. Der Stubensandstein ist ein ziemlich grobkörniger, zum großen Teil etwas mürber, ausgesprochen weißlicher Sandstein. Er kann so grobkörnig werden, daß man leicht einzelne Gerölle und Gesteinsbruchstücke erkennen kann. Die Hauptmasse des Gesteins ist Quarz-

sand und Kaolin. Die Sandsteine wechseln in ihrer Zusammensetzung außerordentlich oft und werden entsprechend ihren Eigenschaften verschiedenen Verwendungszwecken zugeführt. Sind die einzelnen Quarzkörner durch weichen Ton miteinander verbunden, so verwittert der Sandstein sehr leicht zu feinem Fegsand. Ist das Bindemittel kalkig, so wird der Sandstein zu einem gesuchten Werkstein. Die Sandsteine, die bruchfeucht leicht zu bearbeiten sind, wurden früher überall abgebaut. Sie lieferten die Werksteine für Alt-Tübingen, die Tübinger Neckarbrücke, Bebenhausen und manche Kirchen der Gegend, darunter die Frauenkirche in Esslingen, die Marienkirche in Reutlingen und auch das Ulmer Münster. Der Baustein wurde einst sogar auf dem Neckar und dem Rhein bis nach Köln zum Dombau transportiert. Weltbekannt waren früher die gewaltigen Mühlsteine aus Stubensandstein aus Oberensingen im unteren Aichtal bei Nürtingen. Die Steinbrüche um den Betzenberg lieferten ebenfalls hervorragendes Material für Mühlsteine. Musberg stellte in seinen Brüchen Brunnentröge her. Auch das Graben von Fegsand war bis Ende des 19. Jahrhunderts in vielen Schönbuchgemeinden für manche Familien eine wichtige Erwerbsquelle. Noch zu Urgroßmutters Zeiten wurde dieser Sand in den Straßen der Städte verkauft. Damit haben die Leute samstags ihre tannenen oder nur lehmgestampften Zimmerböden eingestreut und hernach ausgefegt. In Rohrau kann man noch eine Sandmühle betrachten, und vor 50 Jahren rief der Sandmann von Rohrau in Städten und Dörfern noch seinen Sand aus. Dieser Verwendungszweck in den Stuben gab der Gesteinsschicht den Namen. In den Glasöfen von Glashütten, einem Ortsteil von Waldenbuch, fanden die Sande des Aichtals Verwendung. Etwa 50 cm dicke Zwischenlagen aus feuerfestem Ton führten zur Töpferei in Häfner-Neuhausen (Neuenhaus, seit 1. 8. 1978 Gesamtgemeinde Aichtal, s. SW 8) und Hildrizhausen. Auf eine weitere Besonderheit des Stubensandsteins weist die Oberamtsbeschreibung Böblingen von 1850 hin, wo es heißt: »Im grobkörnigen Sandstein lagern nesterweise Steinkohle (sog. Pechkohle), die östlich von Böblingen in der Nähe der Waldburg früher abgebaut wurde, aber auch hier, wie an vielen anderen Stellen dieses Keupergliedes, sich nicht fortsetzt; bei Schönaich und Breitenstein finden sich ebenfalls diese Kohlen, übrigens in ganz geringer Mächtigkeit.« Selten findet man im Stubensandstein Reste von Lebewesen. Immerhin kamen bis jetzt dennoch so viele Funde zusammen, daß man sich ein ungefähres Bild von der Pflanzen- und Tierwelt sowie ihren Lebensbedingungen in der damaligen »Stubensandsteinwüste« machen kann. So befindet sich im Geologisch-paläontologischen Institut in Tübingen der Steinkern eines Schildkrötenpanzers. Es war der erste größere Fund einer Keuper-Schildkröte im Stubensandstein bei Häfner-Neuhausen im

Aichtal. Ein weiterer Fund wurde im Stubensandstein bei Kayh gemacht.

Dem Stubensandstein folgt der *Knollenmergel* (km 5), der seinen Namen von faustgroßen Kalkknollen hat. Die Gesamtmächtigkeit des Knollenmergels beträgt etwa 30 m. Er zeigt im Gegensatz zu den Bunten Mergeln so gut wie keine Schichtung. Der tiefrote, manchmal geradezu violettrote Knollenmergel wird als eine Ablagerung von Wüstenstaub unter extrem trocken-heißen Klimabedingungen angesehen. Reste von Lebewesen gehören deshalb zu den ganz großen Seltenheiten. Die Knollenmergel sind reich an Tonmineralien und durch ein lockeres, kalkig gebundenes Korngefüge ausgezeichnet. In diesen Eigenschaften ist der Grund für die hohe Aufnahmefähigkeit von Wasser und die damit verbundene Neigung zum Abrutschen, sogar auf flachen Hängen, zu suchen. So rutschen alljährlich von neuem Straßen im Knollenmergel ab, z. B. die B 27 auf dem Braunacker südlich von Waldenbuch. Besonders stark sind die Bewegungen dort festzustellen, wo der natürliche Böschungswinkel durch Erosion oder durch den Menschen gestört wird. Die Knollenmergelhänge fallen deshalb oft schon von weitem durch ihre gewellte Oberfläche auf. Leicht kann man den »fließenden« Knollenmergel im waldfreien Gelände, so besonders in den Obstanlagen erkennen, weil die Obstbäume mitrutschen und manchmal zum Hang, öfters auch gegen den Hang schräg stehen. Bei Trockenheit schrumpfen die lehmig-tonigen Böden und werden rissig; bei langanhaltender Trockenheit bilden sich sogar zentimeterbreite Spalten. Bei Trockenheit können die Knollenmergel steinhart werden, während sie sich bei Regen mit Wasser vollsaugen, speckig werden und anfangen, zu rutschen. Sie werden auch als »Stundenböden« bezeichnet, weil sie nur für kurze Zeit zwischen »naß und trocken« in Gärten und Äckern bearbeitbar sind.

Die letzte Keuperschicht ist der sehr harte, gelbe und äußerst feinkörnige *Rätsandstein* (Oberer Keuper, ko) der nur drei bis vier Meter mächtig ist. Sein Vorkommen beschränkt sich im wesentlichen auf einzelne Inseln im Schönbuch und am Rande der Härdten. Von seinen harten Blöcken und Steinen werden nur die höchsten Höhen der Waldlandschaft bedeckt. So findet man ihn auf dem Bromberg (581 m NN) und auf dem Tafelberg des Steingart (566 m NN), die beide durch das 115 m tief eingeschnittene Goldersbachtal voneinander getrennt und randlich durch Blockhalden abgerutschter Rätblöcke gesäumt sind. Überall dort, wo der Knollenmergel ausgewaschen und abgetragen wurde, brach die Kante der Rätplatte ab und rutschten die Rätsandsteinblöcke auf den Knollenmergeln ab, so vor allem während der eiszeitlichen Sommer, in denen das Auftauwasser nicht in den dauernd gefrorenen, tieferen Untergrund einsickern konnte, sondern den Knollenmergel breiig aufweichte und zu weitreichendem Bodenfließen Anlaß gab. So bildeten sich oft weit unterhalb des anstehenden Rätsandsteins »steinerne Meere«, z. B. zieht sich an dem westlichen Rande der Fohlenweide nordwestlich von Bebenhausen der »Steinriegel« entlang, bei dem über weite Strecken den Keuperhang größere und kleinere Rätblöcke und -schutt so dicht bedecken, daß der darunterliegende Boden nicht mehr zu erkennen ist. In der Geologie wird der Rätsandstein auch als Bonebedsandstein bezeichnet. Bonebed stammt aus dem Englischen (bone = Bein, Knochen, Gräte, bed = Bett, Lager); der Name kommt nicht von ungefähr, denn auf dem Rätsandstein liegt immer wieder ein Lager von Knochentrümmern, die an das Jurameer erinnern. Der Jordanberg bei Bebenhausen war schon 1714 als Fundort bekannt, ebenso aus jüngerer Zeit der Steinbruch auf dem Kirnberg. Durcheinanderliegend wurden gefunden Zähne, Knochen und Schuppen von vorzeitlichen Echsen und Fischen sowie versteinerte Kotballen (Koprolithen), aus denen Schlüsse auf Lebensweise und Ernährung der Tiere gezogen werden können. Weitere Funde wurden gemacht auf dem Steinenberg bei Steinenbronn und auf dem Höhenrücken der »Klenke« östlich Neuweiler, dessen Rätsandstein besonders reich an Pflanzenabdrücken ist. Eigenartige, tiefschwarze, kohlige Massen wurden immer wieder, und zwar besonders an den Randlagen des Rätsandsteins gefunden. In der Volkssprache war der Rätsandstein über einige Jahrhunderte hinweg als Silbersandstein bekannt, woher sich auch auf dem Bromberg die Distriktbezeichnung »Silbersandgrube« ableitet. Der feine Streusand, der vor der allgemeinen Einführung des Löschblattes in keiner schwäbischen Amtsstube auf dem Schreibtisch fehlen durfte, um auf die schreibfrische Tinte gestreut zu werden, wurde in den Silbersandgruben, vorwiegend im Schönbuch, gewonnen. Als härtester Naturstein unseres Gebietes wurde der Rätsandstein früher viel als Fundamentstein von Gebäuden und zum Bau von Waldstraßen verwendet. Heute dient er lediglich noch als Werkstein für Stütz- und Gartenmauern sowie als Material für Plattenwege und Kleinpflaster. Am Rand der Pfrondorfer Höhe über der Einmündung des Kirnbachs in den Goldersbach ist ein Rätsandsteinbruch noch in Betrieb. Auch auf der Brombergplatte sind noch mehrere kleine Aufschlüsse sichtbar. Da der unter dem Rätsandstein liegende Knollenmergel vollkommen wasserundurchlässig ist, findet man zwischen beiden Schichten regelmäßig einen Quellhorizont. So trifft der Wanderer auch noch auf den höchsten Erhebungen des Schönbuchs immer wieder auf eine gefaßte Quelle, an der er seinen Durst stillen kann, am Südosthang des Brombergs bei der Einsiedelei den »Kapellenbrunnen«, im Nordwesten den »Reckbrunnen« und beim Eselstritt den »Hengst- und Kälberbrunnen«. Auf der Nordseite des Steingart liegt an

Die einzelnen Schichten 21

der oberen Hangkante ein ganzer Kranz von kleineren Quellen. Der Rätsandstein ergibt bei der Verwitterung flachgründige, kalkarme und extrem nährstoffarme Böden. Deshalb begegnet man hier Pflanzen wie Heidelbeere, Heidekraut, Besenginster und Adlerfarn, die auf diesen mageren Böden noch wachsen können.

Mit dem Rät ist die Keuperzeit beendet. Die nächsten 55 Millionen Jahre gehören dem Jurameer. Das Stockwerk der Knollenmergelstufe ist nicht nur örtlich durch den Rätsandstein, sondern weiter verbreitet mit den Schichten des unteren Lias abgedeckt, deren Verwitterungslehme noch durch Löß überlagert und dadurch wesentlich verbessert werden. Diese Liasplatten sind weitflächig erhalten. Sie ergeben wesentlich günstigere Waldstandorte als der nährstoffarme Rätsandstein. Vor allem eignen sie sich besonders gut für den Ackerbau, weshalb diese Flächen teilweise schon in vorgeschichtlicher Zeit gerodet und unter den Pflug genommen wurden. Deshalb findet man hier überwiegend landwirtschaftlich genutzte Flächen, während der Wald zurücktritt. Auch der 1824 von der Königlichen Hofdomänenkammer erworbene, an der B 464 Böblingen – Tübingen gelegene Schaichhof mit noch rd. 110 ha Fläche und das landwirtschaftliche Mustergut, die Hofdomäne Einsiedel, konnten sich auf diesen Liasplatten ansiedeln und ausdehnen.

Theo Müller

Pflanzenwelt

Der unterschiedliche geologische Aufbau des Wandergebiets spiegelt sich auch in der Pflanzenwelt deutlich wider. So sind die Keuperbergländer des Schönbuchs und Rammerts einschließlich der vorgelagerten Keuperzeugenberge mit Wald bestanden. Bewaldet sind auch die Muschelkalkhänge des Neckartales und seiner Seitentäler oberhalb von Rottenburg. Die meist lößbedeckten Gäuflächen und Liasplatten sowie die Neckarniederterrasse, teilweise auch die Neckaraue weisen dagegen weite Ackerfluren auf. Wiesen begegnen wir in erster Linie im Auenbereich der einzelnen Täler, aber auch im Bereich des Gipskeupers, dessen Böden teilweise einen sehr unausgeglichenen Wasserhaushalt (wechselfeucht bis wechseltrocken) aufweisen, weswegen sie für den Ackerbau verhältnismäßig ungeeignet sind. Häufig sind die Wiesen mit Obstbäumen bestanden, die der Landschaft ihren besonderen Reiz verleihen. Die südexponierten Stufenrandhänge des Schönbuchs und des Spitzbergs wurden früher als Weinberge genutzt. Allerdings sind davon heute nur noch verhältnismäßig wenige übriggeblieben. Die aufgelassenen Weinberge besitzen ein buntes Gemisch von Gebüsch, Steppenheide und offenen Trocken- und Kalkmagerrasen. Gerade diese Bereiche sind wegen ihres Pflanzenreichtums für den Pflanzenfreund besonders interessant.

Von Natur aus hätten wir es im Wandergebiet weitgehend mit Laubwald zu tun, wenn wir auch annehmen müssen, daß an den Schatthängen des Neckartales und seiner Seitentäler oberhalb von Rottenburg, im Heidenwald bei Wolfenhausen sowie im Rammert südwestlich des »Schellentäle« (Hemmendorf-Bodelshausen) mit einem je nach Standort wechselnden natürlichen Tannenanteil zu rechnen ist. Was wir heute mehr oder weniger großflächig an Nadelholz vorfinden (Fichte, Kiefer, Douglasie) ist forstlich angebaut worden. Der erste Anbau von Kiefern erfolgte im Schönbuch 1623 bis 1627 im Gebiet der Kälberstelle (Baierhau, »Tannäcker«), ab Ende des 18. Jahrhunderts wurde auch die Fichte angebaut.

Sehen wir einmal von den Nadelholzanbauten ab, dann würde natürlicherweise auf allen ihr zusagenden Standorten – keine zu nassen oder zu trockenen Böden, vor allem keine schweren, zu zeitweiliger Vernässung oder Austrocknung neigende Tonböden mit ungünstigem Luft-

Die Rotbuche (1) ist die bestandsbildende Baumart der Buchenwälder. Pflanzen des Waldmeister-Buchenwaldes: 2 Waldmeister, 3 Goldnessel, 4 Vielblütige Weißwurz, 5 Ährige Teufelskralle, 6 Waldhirse. Pflanzen des Hainsimsen-Buchenwaldes: 7 Hainsimse, 8 Bergplatterbse, 9 Haarmützenmoos, 10 Besen-Gabelzahnmoos

haushalt – die Rotbuche im wesentlichen den Waldbestand aufbauen, während die Eichen, vor allem Traubeneiche, aber auch Stieleiche, einzeln beigemengt wären. Je nach Standort können wir verschiedene Rotbuchen-Waldgesellschaften beobachten.

Auf frischen, basenreichen aber kalkarmen oder -freien, lehmigen Böden stockt der Waldmeister-Buchenwald, für den Waldmeister, Goldnessel, Vielblütige Weißwurz, Ährige Teufelskralle, Waldhirse, Waldsegge, Waldzwenke, Waldveilchen, Buschwindröschen und verschiedene andere Arten bezeichnend sind. An grund- und hangfeuchten Stellen gesellen sich Große Schlüsselblume, Aronstab, Gewöhnliches Hexenkraut und Scharbockskraut, gelegentlich auch Herden des Bärenlauchs hinzu. Sind die Böden dagegen basenarm und sauer, dann stellt sich der Hainsimsen-Buchenwald ein. Es handelt sich um einen ausgesprochen artenarmen Wald, der den Pflanzenfreund meist wenig anzieht, findet er in ihm doch kaum schönblühende Blumen. Aber gerade diese Waldgesellschaft ist für den Schönbuch und Rammert bezeichnend und nimmt hier die größte Fläche ein. Die anspruchsvollen Kräuter des Waldmeister-Buchenwaldes fehlen, dafür treten jetzt Bodensäure ertragende Pflanzen auf: Hainsimse, Bergplatterbse, Wiesenwachtelweizen, Besen-Gabelzahnmoos und Haarmützenmoos. Auf wechselfeuchten, versauerten Böden kommen die Rasenschmiele, Schachtelhalme und das Pfeifengras, auf frischen bis mäßig feuchten, entbasten Decklehmen ziemlich häufig die bestandsbildende Seegrassegge hinzu, während auf mäßig trockenen bis wechseltrockenen versauerten Böden die Bergsegge, der Verschiedenblättrige Schwingel und das Maiglöckchen zusätzlich auftreten. Mehr oder weniger trockene, ziemlich basenarme und saure Keupersandböden tragen schließlich einen Hainsimsen-Buchenwald mit Heidelbeere, Drahtschmiele, gelegentlich auch Heidekraut und Weißmoos. Meist sind die Flächen mit Kiefern aufgeforstet worden.

An Kuppen und Hangrippen und -kanten der Keupersandsteine (Schilf-, Stuben- und Rätsandstein) wird der Standort für die Rotbuche zu trocken und nährstoffarm, und sie überläßt das Feld ganz der Traubeneiche, die hier den Hainsimsen-Traubeneichenwald bildet. Auch dieser ist eine ziemlich artenarme Waldgesellschaft, die durch Hainsimse, Bergplatterbse, Wiesenwachtelweizen, Drahtschmiele, mehrere hochwüchsige Habichtskräuter, Schafschwingel, Ruchgras sowie verschiedene Moose und Flechten gekennzeichnet ist. Sie kommt meist nur verhältnismäßig kleinflächig vor und ist ebenfalls oft durch Kiefernforste ersetzt.

Der Kalk-Buchenwald der Hänge des Neckartales und seiner Seitentäler oberhalb von Rottenburg entspricht dem von der Schwäbischen Alb her gewohnten Bild mit der artenreichen und schönblühenden Krautschicht mit Frühlingsplatterbse, Lungenkraut, Haselwurz, Bingelkraut, Mandelwolfsmilch, Türkenbund (geschützt), Nesselblättriger Glockenblume, Weißem Waldvögelein (geschützt), Nestwurz (geschützt), Waldmeister, Goldnessel, Ähriger Teufelskralle, Buschwindröschen und sonst noch mancher Art, dazu im Unterholz mit Seidelbast (geschützt) und Roter Heckenkirsche.

Die schweren Tonböden des Keupers, aber auch die des Schwarzen Jura mit ihrem unausgeglichenen Wasser- und Lufthaushalt sind die Domäne der Eichen-Hainbuchen-Wälder, in denen Eichen und Hainbuchen vorherrschen, aber auch Feldahorn, Winterlinde, Kirsche, Esche, gelegentlich auch die Rotbuche eingestreut sind. In der meist reichentwickelten Krautschicht sind Kriechende Rose, Waldknäuel-

Pflanzen des Hainsimsen-Traubeneichenwaldes: 1 Drahtschmiele, 2 Ruchgras, 3 Schafschwingel, 4 Bläuliches Habichtskraut, 5 Gemeines oder Lachenals Habichtskraut, 6 Glattes Habichtskraut, 7 Doldiges Habichtskraut, 8 Savoyer Habichtskraut, 9 Traubiges Habichtskraut, 10 Wiesenwachtelweizen

gras, Erdbeerfingerkraut, Schattensegge und Große Sternmiere regelmäßig vertreten. Auf den mehr trockenen Tonböden steht der Waldlabkraut-Eichen-Hainbuchen-Wald, in dem trockenheitsverträgliche Arten wie Elsbeere, Waldlabkraut, Bergsegge, Maiglöckchen, Nickendes Perlgras und Verschiedenblättriger Schwingel auftreten und die Traubeneiche vorherrscht. Dagegen besiedelt der Sternmieren-Eichen-Hainbuchen-Wald die mehr frischen bis teilweise sogar nassen Tonböden. Neben dem Vorherrschen der Stieleiche ist er meist durch das Vorkommen von Frische- und Feuchtezeigern ausgezeichnet wie Rasenschmiele, Schachtelhalme, Gewöhnliches Hexenkraut, Frauenfarn, Große Schlüsselblume und andere. Vielfach ist er an Schluchthängen, Hangfüßen und Talsohlen der Keupertäler und -klingen benachbart den Eschen-Klingenwäldern mit viel Farnen und Waldgeißbart oder den Eschen-Schwarzerlen-Bachauen-Wäldern, die in Wiesentälern meist galerieartig den Bachlauf säumen. An größeren Bächen und an Flüssen finden sich dagegen auf jungen Anschwemmungen Weidengehölze mit Silberweide, Hoher Weide, Korb-, Purpur- und Mandelweide, zwischen denen sich gemäß dem Nährstoffreichtum des Standorts Herden von Brennesseln, Giersch, Klebkraut, Knollenkälberkopf, an manchen Stellen auch die Gewöhnliche Pestwurz ansiedeln. Von den einst in der Neckar-, Steinlach- und Ammeraue vorkommenden Hartholz-Auenwäldern ist heute nichts mehr zu finden.

Dort, wo in den Stubensandsteinhochflächen wasserundurchlässige Tonlinsen eingelagert sind und es dadurch zu Staunässe und im Wechsel damit zu Austrocknung mit Schwundrißbildung kommt, tritt eine sehr eigenartige, vermutlich durch einstige Waldweide begünstigte Vegetation auf: viel Pfeifengras, Teufelsabbiß, Geflecktes Knabenkraut, Niedrige Schwarzwurzel, Großer Wiesenknopf, Waldläusekraut, Färberscharte und sonst noch manche Art. Durchsetzt sind diese Bestände von einzelnen Faulbaum- und Öhrchenweidensträuchern, gelegentlich auch einem Wacholder (Weidezeiger), über denen sich krüppelige Kiefern, auch einmal eine nicht besonders frohwüchsige Stieleiche, Aspe und Birke erheben. Nach unseren heutigen Kenntnissen dürfte an diesen Stellen die Kiefer nicht ursprünglich sein, sondern die Stieleiche im Verein mit Aspe und Birke dürfte einen schütteren Bestand gebildet haben, der durch Waldweide – wie auch der Boden – gestört worden ist.

Für den Naturfreund immer wieder besonders anziehend ist der »Steppenheidekomplex« wegen seiner großen Zahl von auffallenden und schön blühenden Arten. Zwar haben wir im Gebiet keine Felsen wie auf der Schwäbischen Alb, in deren Umgebung die betreffenden Pflanzengesellschaften sich besonders reich entfalten. Wir finden dafür hier aber, bedingt durch die verhältnismäßig geringen Niederschläge im Raum Herrenberg – Rottenburg – Tübingen, doch manche auf der Alb nicht vorkommende Rarität der »Trocken«-Flora wie die Ungarische Platterbse, die Zottige Fahnenwicke (geschützt) oder die Goldschopfaster.

Bäume, Sträucher und Kräuter der Eichen-Hainbuchenwälder: 1 Stieleiche, 2 Traubeneiche, 3 Hainbuche, 4 Winterlinde, 5 Kirsche, 6 Feldahorn, 7 Kriechende Rose, 8 Große Sternmiere, 9 Schattensegge, 10 Waldknäuelgras, 11 Erdbeerfingerkraut. Pflanzen des Waldlabkraut-Eichen-Hainbuchenwaldes: 12 Elsbeere, 13 Waldlabkraut, 14 Bergsegge, 15 Nickendes Perlgras, 16 Maiglöckchen, 17 Verschiedenblättriger Schwingel

Pflanzen der Eichen-Trockenwälder (Steppenheide-Eichenwälder): 1 Flaumeiche, 2 Arznei-Schlüsselblume (»Badenka«), 3 Rauhaariges Veilchen, 4 Erdsegge, 5 Straußblütige Wucherblume, 6 Schwarzwerdende Platterbse, 7 Pfirsichblättrige Glockenblume. Bezeichnende Pflanze des Steinsamen-Eichenwaldes: 8 Blauroter Steinsame. Bezeichnende Pflanzen des Fingerkraut-Eichenwaldes: 9 Hügelklee, 10 Traubige Graslilie, 11 Nickendes Leimkraut, 12 Weißes Fingerkraut

Pflanzenwelt 29

Der »Steppenheidekomplex«, bestehend aus einem Mosaik von Eichen-Trockenwald (Steppenheidewald), Schlehen-Liguster-Gebüsch, wärme- und lichtbedürftigen Staudenfluren (Steppenheide) sowie offenen Trocken- und Kalkmagerrasen, ist besonders gut ausgebildet im oberen Teil der südexponierten Steilhänge des Schönbuchrandes, des Spitzberges und des Rammerts.

Die Eichen-Trockenwälder werden in erster Linie aufgebaut von niederwüchsigen Traubeneichen, denen Elsbeere und am Spitzberg auch Flaumeiche beigemischt sind. Die Strauchschicht ist meist gut entwickelt. In der Krautschicht treten manche schön blühenden, aber auch unscheinbare Arten auf wie Straußblütige Wucherblume, Pfirsichblättrige Glockenblume, Schwarzwerdende Platterbse, Arznei-Schlüsselblume, Rauhhaariges Veilchen, Erdsegge und andere. Dort, wo die Steilhänge der Bunten Mergel in die Stubensandsteinhochfläche übergehen und der Stubensandstein die Bunten Mergel überschüttet hat, steht auf diesen oberflächlich etwas sauren Böden als Eichen-Trockenwald der Fingerkraut-Eichenwald, der neben den allgemeinen Eichen-Trockenwald-Arten ausgezeichnet ist durch das Weiße Fingerkraut, den Hügelklee, die Traubige Graslilie und andere. Der Steinsamen-Eichenwald mit dem namengebenden Blauroten Steinsamen be-

Sträucher des Liguster-Gebüsches: 1 Liguster, 2 Wolliger Schneeball, 3 Roter Hartriegel, 4 Wein-Rose, 5 Kreuzdorn

Pflanzen der Steppenheide: 1 Hirschwurz, 2 Schwarzwerdender Geißklee, 3 Blutroter Storchschnabel, 4 Salomonssiegel, 5 Ästige Graslilie, 6 Bunte Kronwicke, 7 Breitblättriger Ehrenpreis, 8 Bergaster, 9 Langähriger Klee, 10 Dünnblättrige Wicke, 11 Ungarische Platterbse

siedelt als Eichen-Trockenwald die kalkreichen Bunten Mergel. Im Komplex mit den Eichen-Trockenwäldern steht das Schlehen-Liguster-Gebüsch mit Liguster, Wolligem Schneeball, Schlehe, Weißdorn,

Pflanzenwelt 31

Rotem Hartriegel, verschiedenen Rosen, Berberitze, Feldahorn und Kreuzdorn, das sich sekundär als Verbuschungsstadium weit in die aufgelassenen Weinberge ausgedehnt hat und dann nicht selten die verwilderte, strauchartig wachsende und ausläufertreibende Sauerkirsche enthält. Als Saum zwischen dem Gebüsch wächst eine licht- und wärmebedürftige Staudenflur, die der Verfasser des klassischen Werkes »Das Pflanzenleben der Schwäbischen Alb«, Robert Gradmann (*1863, † 1950) als Steppenheide bezeichnete und über die er schrieb: »Eine Pflanzengesellschaft, die durch ihre edle Eigenart, nicht zuletzt durch die Schönheit und den Reichtum ihrer Formen und Farben unsere Liebe und Bewunderung verdient.« Dem können wir nur voll und ganz zustimmen, gibt es doch tatsächlich kaum andere so bunte, mit so interessanten und imposanten Pflanzen ausgestattete Pflanzengesellschaften wie die Steppenheide, in der wir hier Hirschwurz, Schwarzwerdenden Geißklee, Sichel-Hasenohr, Blutroten Storchschnabel, Acker-Glockenblume, Ästige Graslilie, Salomonssiegel, Bibernell-Rose, Bergleinblatt, Langähringen Klee, Breitblättrigen Ehrenpreis, Goldschopfaster, Bergaster, Gewöhnlichen Dost, Wirbeldost, Bärenschote, Bunte Kronwicke, Dünnblättrige Wicke, als besondere Rarität die Ungarische Platterbse und viele weitere Blumen finden. An den trockensten Stellen wächst ein Trockenrasen mit Aufrechter Trespe, Bartgras, Schafschwingel, Salbei, Erdsegge, Goldschopfaster, Blauem Lattich, Gelbem Zahntrost, Blaugrünem Labkraut, der Zottigen Fahnenwicke (geschützt!) als Besonderheit des Spitzberggebietes und noch manch anderen Arten.

Vielfach siedelt sich in aufgelassenen Weinbergen eine Kalk- oder Trespen-Magerwiese an, die sich allerdings gegen das vorrückende Gesträuch des Schlehen-Liguster-Gebüsches nur dann halten kann, wenn sie gelegentlich gemäht wird. Da es sich dabei um wenig ertragreiche Wiesen handelt, werden sie von den Besitzern kaum genutzt und verbuschen mehr und mehr. Weil sie unsere blütenbuntesten Wiesen darstellen mit zahlreichen Blumenarten, darunter manche Orchideen, die alle geschützt sind und eine reichhaltige Insektenwelt aufweisen, werden sie teilweise seitens des Naturschutzes gepflegt, d. h. gemäht, um die Verbuschung zu verhindern.

An einzelnen Keuperbergen, so z. B. auch am Wurmlinger Berg, sind auf mehr oder weniger kalkreichem Untergrund als Schafweide genutzte Kalk-Magerweiden (Enzian-Kammschmielenrasen, Fiederzwenken-Triftweiden) vorhanden. Ihr niederwüchsiger Rasen aus Schafschwingel, Kammschmiele, Fiederzwenke und manchen kleinen, bunten Pflanzen, darunter die geschützten Arten Fransen-, Deutscher und selten Frühlings-Enzian, ist durchsetzt von dornigen und stacheligen Arten wie Dornigem Hauhechel, Stengelloser Kratzdistel, Silberdistel

Pflanzen der Trockenrasen: Aufrechte Trespe, 2 Bartgras, 3 Goldschopfaster, 4 Gelber Zahntrost, 5 Zottige Fahnenwicke, 6 Blaugrünes Labkraut, 7 Blauer Lattich

(geschützt) sowie Nickender Distel und Wollköpfiger Kratzdistel. Die beiden letzteren, von den Schafen gemieden, können, wenn sie nicht ausgehauen werden, dichte, sich immer mehr vergrößernde Distelbestände bilden. Zu den, weil stechend, gemiedenen Arten gehört auch der Wacholder, den man hier im Keupergebiet allerdings nicht ganz so häufig antrifft wie auf den Schafweiden der Schwäbischen Alb.

Die mit Dünger gut versorgten Fett- oder Glatthaferwiesen sind unter den mehrschürigen Wiesen oder Öhmdwiesen der häufigste Wiesentyp. Werden auf frischen bis mäßig feuchten Standorten diese Wiesen besonders intensiv gedüngt und dazu noch früh geschnitten, dann »vergrünen« sie, d. h. es verschwinden mehr und mehr die vielen bunten Wiesenblumen und damit auch viele Insekten, allen voran die

Pflanzenwelt

Schmetterlinge. Zum Glück haben wir aber im Wandergebiet auf mäßig trockenen Gipskeuperstandorten, so besonders am Schönbuch-, aber auch am Rammertrand, noch verhältnismäßig viel Obstwiesen, die eine besondere Ausbildung der Glatthaferwiese aufweisen, nämlich mit Wiesensalbei, Arznei-Schlüsselblume (Badenka), Aufrechter Trespe, Knollenhahnenfuß, Hopfenschneckenklee, Taubenskabiose, Skabiosenflockenblume und anderen Pflanzen. Bei der standörtlich gegebenen Trockenheit lohnt sich hier eine intensive Düngung nicht, und so blühen diese Wiesen nach wie vor bunt und weisen deshalb auch ein reiches Insektenleben auf. Vielfach kann man diese Wiesen geradezu hören, denn in kaum einer anderen Wiese gibt es ein so großartiges Grillenkonzert wie hier. Diese Wiesen mit ihrem Streuobstbau sind aber nicht nur für Blumen und Insekten bedeutsam, sondern genauso für das gesamte Landschaftsbild und die Erhaltung einer artenreichen Vogelwelt. – Gelegentlich sind auch Fettwiesen in Viehweiden umgewandelt worden, die einen ziemlich eintönigen Pflanzenbestand aufweisen.

In einigen Talgründen, so z. B. im Ammertal bei Unterjesingen, findet man auch noch Feuchtwiesen (Kohldistelwiesen), wobei es dazwischen nicht genutzte, mehr oder weniger kleinflächige Seggensümpfe gibt. Nicht selten sind die Ufer kleiner Bäche und Wiesengräben von Bach-Hochstaudenfluren gesäumt mit dem zur Blütezeit süß duftenden Mädesüß, das damit manchen Schmetterling anlockt. Eingestreut in die dichten Mädesüßbestände sind häufig der Gilb- und Blutweiderich, der Arzneibaldrian, das Zottige Weidenröschen, die Kohldistel und sonst noch manche bunt blühende Art.

Einem sehr starken Wandel war die Flora der Äcker unterworfen. Durch die Intensivierung des Ackerbaus und vor allem durch den Einsatz von Herbiziden wurden die bunten Ackerwildkräuter weitestgehend verdrängt oder sogar praktisch ausgerottet wie die Kornrade. Manche Arten kann man auch heute noch, allerdings meist nur in wenigen Exemplaren, am Acker- oder Wegrand, an Rainen oder Böschungen finden. Danach kann man auch heute noch zwei Gesellschaften der Getreidefelder unterscheiden, einmal die Kamillenflur mit Echter und Hundskamille, Windhalm, Hederich, Ackerfrauenmantel, vorherrschend auf basenärmeren Sand- und Lößlehmböden, und die Mohnfluren, vorherrschend auf basenreichen, oft auch kalkhaltigen Lehm- und Tonböden mit Feldrittersporn, Sommeradonisröschen, Klatschmohn, Knollen-Platterbse, Ackerwachtelweizen, Eiblättrigem Tännelleinkraut, Acker-Lichtnelke, Finkensame, Flughafer, Ackersenf, Ackerfuchsschwanz, Ackerglockenblume und manche weiteren Arten. Gerade die letztgenannte Wildkrautflora hat starke Einbußen an Arten hinnehmen müssen. In etwas geringerem Umfange sind vom

Pflanzen der Getreidefelder. Kamillenflur: Echte Kamille, 2 Hundskamille, 3 Hederich, 4 Windhalm, 5 Ackerfrauenmantel. Mohnflur: 6 Ackersenf, 7 Feldrittersporn, 8 Sommeradonisröschen, 9 Klatschmohn, 10 Knollenplatterbse, 11 Flughafer, 12 Ackerwachtelweizen, 13 Ackerfuchsschwanz, 14 Eiblättriges Tännelleinkraut, 15 Ackerlichtnelke, 16 Ackerglockenblume

Pflanzenwelt 35

Pflanzen der Weinberge und Beerengärten: 1 Grüne Borstenhirse, 2 Rauhaariger Fuchsschwanz, 3 Unechter Gänsefuß, 3 Osterluzei, 5 Wilde Resede, 6 Weinraute, 7 Stechapfel, 8 Färberwaid, 9 Schwarzer Nachtschatten, 10 Einjähriges Bingelkraut, 11 Mauersenf

Wärmebedürftige Pflanzen der Schuttplätze und Wegränder: 1 Schierling, 2 Bilsenkraut, 3 Eselsdistel, 4 Sophienkraut, 5 Stielsamenkraut, 6 Siebenbürger Perlgras

Rückgang der Wildkräuter die Hackfruchtäcker betroffen, weil deren Wildkrautarten, mindestens die stickstoffliebenden Arten, von der intensiveren Düngung auch profitieren. Am meisten finden wir noch Wildkräuter in nur wenig gepflegten Weinberg- und Beerengärten der Schönbuch- und Spitzbergsteilhänge, wo sich vor allem wärmebedürftige Arten einstellen wie Grüne Borstenhirse, Mauersenf, Schwarzer Nachtschatten, Einjähriges Bingelkraut, Rauhhaariger Fuchsschwanz, Kompaß-Lattich, Färberwaid, Wilde Resede, Unechter Gänsefuß, gelegentlich der Stechapfel, die Weinraute, die Osterluzei. Von diesen

Pflanzenwelt 37

Gesellschaften ist es oft nur noch ein kleiner Schritt zu den echten Ruderalgesellschaften der Schuttplätze und Wegränder, unter denen neben den allgemein verbreiteten Brennesselfluren gerade in dem Wärme- und Trockengebiet Unterjesingen – Wurmlingen – Rottenburg Arten wie Schierling, Eselsdistel, Sophienkraut, Stielsamenkraut, Schwarzes Bilsenkraut oder an Gebüschrändern das Siebenbürger Perlgras vorkommen, die sonst allgemein ziemlich selten sind.

Zum Schluß dieser gedrängten Übersicht über die Pflanzenwelt des Gebietes muß dem verständnisvollen Wanderer wohl kaum ans Herz gelegt werden, daß er, der die Natur genießt, auch besonders verpflichtet ist, alles zu tun, daß sie möglichst reichhaltig und schön erhalten bleibt. Dazu gehört, daß er nicht nur die nach der Landesartenschutzverordnung besonders geschützten Arten (im Wandergebiet vor allem Eisenhut, Katzenpfötchen, Akelei, Arnika, Rautenfarn, Silberdistel, Seidelbast und Steinröschen, Prachtnelke, Großblütiger Fingerhut, alle Enziangewächse, Echte Kugelblume, alle Schwertlilien, Türkenbund, alle Bärlappgewächse, alle Traubenhyazinthen, alle Seerosengewächse, alle Orchideen, Zottige Fahnenwicke, alle Läusekräuter, Küchenschelle, Trollblume, alle Wasserschlaucharten) und ihren Schutz beachtet, sondern darüber hinaus alles unterläßt, z. B. mißbräuchliche Nutzung (Sammeln) von Arten, Niederschlagen oder Verwüstung von Pflanzenvorkommen, Beunruhigung, Störung, Fang oder Töten von Tieren, was zur Verarmung der Pflanzen- und der Tierwelt beitragen kann.

WALTER ARNOLD

Der Naturpark Schönbuch
Bestand – Verwaltung – Problemstellung

Auf der Waldverteilungskarte sticht im bevölkerungsreichen, hochindustrialisierten, aber waldarmen mittleren Neckarraum ein großer grün-gelber Farbfleck südlich Stuttgart hervor. Draußen zeigt er sich als ein weitgehend geschlossenes Waldgebiet im Herzen unseres Landes – der Schönbuch.

1972 von der Landesregierung zum ersten Naturpark Baden-Württembergs erklärt, hat er als Institution erst am 17. Oktober 1974 seine endgültige Bestätigung gefunden. An diesem Tag haben nämlich die Vertreter des Landes, der Kreise Böblingen, Esslingen, Reutlingen, Tübingen und von damals noch 23 Städten und Gemeinden die gemeinsame Verwaltungsvereinbarung für den Naturpark Schönbuch im Schloß Bebenhausen unterzeichnet.

Man hat sich damals mit der Rechtsform nicht an Vorbilder in den anderen Bundesländern angelehnt. Das Landesnaturschutzgesetz, das jetzt die Bildung von Naturparken regelt, gab es noch nicht. Insofern ist der Naturpark Schönbuch unter den fünf Naturparken des Landes rechtlich eine Einzelerscheinung.

Für die Zusammenarbeit im Naturpark ist folgendes kennzeichnend: Vertragspartner sind das Land Baden-Württemberg und die Gebietskörperschaften, also die Stellen, auf die die planerischen Zuständigkeiten vereint sind und die die Einrichtung und Ausstattung des Naturparks finanzieren. Ihre Vertreter bilden auch den Naturparkausschuß als beschließendes Gremium. Zwar ist nominell Träger des Naturparks das Land Baden-Württemberg. Zusätzlich ist aber auch bestimmt, daß die Körperschaften bei der Erfüllung der Aufgaben und beim Vollzug der Beschlüsse mit dem Land zusammenarbeiten. In der Praxis wird dieser Naturpark also vom Land und von den Gebietskörperschaften gemeinsam getragen. Dies ergibt sich auch aus den Eigentumsverhältnissen. 63 Prozent der Gesamtwaldfläche gehören dem Land, 34 Prozent den Gemeinden. Nur drei Prozent der Waldfläche sind im privaten Besitz.

Der Schönbuch ist rd. 15 500 ha groß und damit einer der kleinsten Naturparke der Bundesrepublik Deutschland. 86 Prozent der Gesamtfläche sind Wald, der von den Forstämtern Bebenhausen, Tübingen

Der Naturpark Schönbuch

und Reutlingen der Tübinger Forstdirektion und den Forstämtern Herrenberg, Weil im Schönbuch und Nürtingen der Stuttgarter Forstdirektion betreut wird. Die Geschäftsführung für den gesamten Naturpark liegt bei der Forstdirektion Tübingen. 13 Prozent der Gesamtfläche oder rd. 2000 ha entfallen auf landwirtschaftliche Flächen. In dieser Zahl sind 164 ha Wiesen nicht enthalten, die im Wald liegen und von den Forstämtern als Waldwiesen oder aus landschaftlichen Gründen und für Zwecke der Erholung umgetrieben werden. Ein Prozent der Gesamtfläche oder rd. 140 ha bleiben übrig. Davon sind 40 ha Wasserflächen, die größten sind der Baggersee bei Kirchentellinsfurt und der Stausee beim Hofgut Einsiedel, dazu kommen kleinere z. T. recht reizvolle Weiher. 65 ha werden von den öffentlichen Straßen direkt beansprucht, und nur 33 ha entfallen auf Siedlungsflächen. Damit ist der Naturpark in seinem Innern von Problemen, die mit der weiteren baulichen Ausdehnung von Siedlungen zusammenhängen, weitgehend entlastet. Dagegen ist unübersehbar, daß eine Reihe von sehr potenten Wachstumsgemeinden im unmittelbaren Randbereich des Naturparks liegen. Ihre Entwicklung zeitigt gravierende Auswirkungen auch auf den Schönbuch.

In einem Umkreis von 30 km Luftlinie um Bebenhausen, dem einzigen, inmitten der Waldungen des Schönbuchs gelegenen Ort, leben knapp zwei Millionen Menschen, darunter die Bewohner Stuttgarts und einer Reihe anderer größerer Städte. In erster Linie ergibt sich die Bedeutung des Schönbuchs als Naherholungslandschaft also aus seiner besonderen Lage im Verdichtungsgebiet. Er liegt dem Städter vor der Haustüre und ist auf leistungsfähigen Straßen rasch erreichbar.

Geologisch bestimmen die Keuperformationen die Geländeausformung. Der Wechsel von weichen Tonen, Mergeln und Lehmen mit hartem Sandstein gibt dem Schönbuch ein lebhaftes Gepräge. Die tiefeingeschnittenen Talsysteme des Goldersbachs im westlichen Teil, der Schaich und der Aich im östlichen Teil des Naturparks gliedern die Landschaft durch ihr dichtes und weitverzweigtes Bachnetz. Auf den alluvialen Anschwemmungen der größeren Bäche sind meist langgestreckte, tief in den Wald vorspringende Talwiesen erhalten geblieben. In ihrem reizvollen Kontrast zum umgebenden Wald bereichern sie die Landschaft ganz außerordentlich.

Die Baumartenzusammensetzung zeigt ebenfalls eine bunte Palette. Zwar überwiegen die Nadelbaumarten mit 56 Prozent der Fläche. Landschaftlich ist es aber sehr bedeutsam, daß neben 34 Prozent Fichte und einem Prozent Tanne 21 Prozent der Fläche auf Forche und Lärche entfallen. Die Laubbaumarten stocken auf 44 Prozent der Fläche und teilen sich auf in 24 Prozent Buche, 16 Prozent Eiche und vier Prozent sonstige Laubbäume. Der aufmerksame Beobachter sieht, daß es im

Laufe der Zeit reichlich Gelegenheit gab, in verschiedenen Baumartenvariationen zu spielen, und auch heute fehlt es gerade unter dem modernen Primat der Erholungsfunktion und auch unter dem Schadensdruck des Rotwildes nicht an neuen Ideen oder auch wiedererstandenen waldbaulichen Vorstellungen.

Im Reigen der bestimmenden Faktoren dieses Naturparks kann das langgehegte und im echten Doppelsinn teure Schmuckstück Rotwild nicht außer acht bleiben. Es war ursprünglich im ganzen Schönbuch heimisch. Nach dem Zweiten Weltkrieg waren jedoch die Schönbuchrandgemeinden nicht mehr bereit, ihre Waldflächen in ein Rotwildgebiet einzubringen. So kam es schließlich zur Ausweisung von rd. 4000 ha Staatswald als eigenem Rotwildgehege und einer Beschränkung des Rotwildes auf den damals neugebildeten Gehegeforstbezirk Bebenhausen. Es steht außer Frage, daß die damalige Maßnahme bis heute ein Aktivposten zur Erhaltung des Rotwildes ist. Andererseits darf nicht übersehen werden, daß das Rotwild im Gehegeforstamt Bebenhausen, wie in alten Zeiten schon öfters, so auch heute für jagdliche Zwecke überhegt wird und in diesem Bestand ökologisch gesehen eine erhebliche Belastung des Biotops und eine echte Bedrohung für die Artenvielfalt des Erholungswaldes darstellt. Umgekehrt ist auch die empfindliche Dauerstörung zu beachten, die das Rotwild durch den Besucherverkehr erfährt, ganz zu schweigen von den mit der Rotwildhaltung verbundenen Gesamtkosten. Dies alles spricht für einen sehr maßvollen, kleinen Rotwildbestand im Gehegeforstamt. Wenn heute in dieser Richtung Maßnahmen eingeleitet sind und hoffentlich auch konsequent weitergeführt werden, so sollte man dafür im Gesamtinteresse der Bevölkerung und des Naturparks Schönbuch Verständnis aufbringen. Die Rotwildfrage bedarf weiterhin kritischer Beachtung und Überlegung.

Die Bedeutung des Schönbuchs als Naherholungsgebiet wurde 1969 erstmals im Auftrag der Landesforstverwaltung untersucht. Anhand von Zählungen wurden in diesem Jahr 2,7 Millionen Besucher ermittelt. 72 Prozent reisten im PKW an. Schon 1969 kamen sie also in rd. 650000 Personenkraftwagen. Eine Besucherprognose im Jahr 1969 sagte für die kommenden fünf Jahre eine Verdoppelung des Besucherstroms voraus. Kontrollzählungen im Jahr 1981 konnten dies nicht bestätigen. Es ließen sich aus den neuen Zahlen nur knapp vier Millionen Besucher und 900000 PKWs für dieses Jahr hochrechnen. Immerhin ergibt dies eine Zunahme der Besucherzahl von rd. 180 auf 260 pro Jahr und Hektar. Die Schönbuchbesucher stammen zu 74 Prozent aus Landkreisen, die Anteile am Schönbuch haben, zu 14 Prozent aus Stuttgart und zu zwölf Prozent aus sonstigen Landkreisen. Der größte Besucherandrang herrscht an Sonn- und Feiertagen, vor

allem bei schönem Wetter. Selbst bei regnerischem Wetter kann man im Schönbuch noch mit 50 Prozent der Besucher rechnen, 40 Prozent aller Erwachsenen sind in Begleitung von Kindern.
Diese Zusammenhänge zu kennen, ist sehr wichtig. Auf ihrer Basis ist schon 1970 der Schönbuchplan entstanden. An ihm und an immer wieder neu aktualisierten Überlegungen orientierte sich die Praxis beim Ausbau des Naturparks mit Erholungseinrichtungen. Sie sind auch heute noch von Bedeutung, obwohl inzwischen der Ausbau des Naturparks völlig in den Hintergrund getreten ist und die Unterhaltung vorhandener Einrichtungen absolut dominiert.
Nach dem Stand 1981 stehen dem Besucher des Naturparks Schönbuch eine große Zahl der verschiedensten Einrichtungen und Anlagen zur Verfügung. 91 Parkplätze mit 3600 Stellplätzen ordnen die Unterbringung der Autos. Auf 200 km markierten Zielwanderwegen kann sich der Besucher bewegen, ohne Angst, nicht mehr aus dem Wald herauszufinden. Er sollte die Annehmlichkeit dieser Wege genießen und das Innere der Waldbestände den Pflanzen und Tieren überlassen. Fünf Waldlehrpfade stellen den Wald und seine Kulturgeschichte wie auch den geologischen Aufbau der Landschaft vor. In acht Wildschaugattern kann heimisches Wild beobachtet werden. Dies soll auch dazu beitragen, daß das Rotwild der freien Wildbahn in seinen Einständen in Ruhe gelassen wird. Viele Hütten der verschiedensten Arten bieten Möglichkeiten zum Ausruhen oder zum Unterstellen bei schlechtem Wetter. Liege- und Spielwiesen und Spielplätze finden sich in großer Zahl. 84 Feuerstellen sind eingerichtet, sonst sind im Wald offene Feuer nicht gestattet. 38 Quellen sind in Brunnen gefaßt, und es gibt sieben gefaßte Wassertretstellen.
Der Baggersee bei Kirchentellinsfurt ist nach wie vor ein Zentrum des Badebetriebs und Wassersports. An 32 kleineren Wasserflächen und Feuchtbiotopen kann der Naturfreund eine große Zahl von Wasserpflanzen und ein üppiges Tierleben beobachten.
Denkmäler früherer Baukultur sind historische Zeugnisse. Obenan steht das Zisterzienserkloster und Jagdschloß Bebenhausen. Das Jagdschlößchen Einsiedel und auch das Jagdschloß Waldenbuch verdanken ihre Entstehung der Jagdleidenschaft unserer württembergischen Herzöge. Die Burg Hohenentringen hat ihre Besitzer öfter gewechselt. Ihr reizvoller Standort an der Schönbuchkante und die romantische Atmosphäre ziehen viele Besucher an.
Das Ziel, die natürliche Erholungseignung des Schönbuchs sinnvoll zu ergänzen und zu verbessern, ist heute erreicht. Mit der Bildung von Erholungsschwerpunkten durch Kombination mehrerer Erholungseinrichtungen oder die Errichtung besonders anziehender Anlagen wie z. B. Wildschaugatter oder größere Spielanlagen in peripherer Lage

wurde gleichzeitig versucht, den Besucherstrom zu lenken und zu konzentrieren. Nur auf diese Weise ist eine Entlastung anderer Waldteile möglich. Der zünftige Wanderer findet so auch Stille im Wald. Ruhezonen sind ökologisch zwingend nötig, und auch der Forstbetrieb erfährt eine gewisse Entlastung.

Aus diesem Gedankengut wird klar, daß der Naturpark seine Landschaft den Erholungssuchenden bewußt öffnet. Dabei ist wichtig, daß er dies nachhaltig auf Dauer tun will, denn Natur und Landschaftspotential sind in ihrer Eigenart und Wertigkeit unverzichtbarer und notwendiger Bestand. Sie sind vorrangig zu sichern und nach Kräften zu verbessern. Das meint die Verwaltungsvereinbarung des Naturparks Schönbuch, wenn sie als ihre erste Aufgabe die Erhaltung der natürlichen Lebensgrundlagen nennt und dann davon spricht, daß die Eigenart der Schönbuchlandschaft in ihrer Vielseitigkeit und reichen Gliederung bewahrt werden muß. Die Verordnung zur Ausweisung des Schönbuchs als Landschaftsschutzgebiet bekräftigt diesen Standpunkt auf gesetzlicher Grundlage.

Aus diesen grundsätzlichen Forderungen heraus ergibt sich die Verpflichtung, Nutzungsansprüche der Menschen in diesem Naturpark in Einklang zu halten mit dem Zusammenspiel der belebten und unbelebten Natur in diesem großen Ökosystem. Dem Ziel, die ökosystemaren Zusammenhänge zu klären, dienen auch die interdisziplinären Untersuchungen, die – inzwischen als Schönbuchforschungsprojekt bekannt – von der Naturparkverwaltung eingeleitet wurden und mit dankenswertem Engagement von Wissenschaftlern der Universität Tübingen, Hohenheim und der Baden-Württembergischen Forstlichen Versuchsanstalt aufgenommen und weitergeführt wurden. Darüber hinaus bleibt als beständiger Auftrag, den Erholungsbetrieb in einem vertretbaren Rahmen zu halten, die forstliche Bewirtschaftung in die Bahnen eines naturnahen, standortbezogenen Waldbaus zu lenken und den Rotwildbestand im Gehegeforstamt primär nicht repräsentativ jagdbetrieblich, sondern nach ökologischen Gesichtspunkten auszurichten. Gelingt dies auch nur annähernd, so ist damit gleichzeitig eine reiche Artenvielfalt an Pflanzen und Tieren gesichert. Es wird oft leichtfertig und manchmal ganz unverantwortlich übersehen, daß die Pflanzen- und Tierwelt, und nicht zuletzt die Kleinlebewesen, eine eminente Bedeutung auch als menschliche Lebensgrundlage haben. Im Schönbuch leben zahlreiche seltene und gefährdete Tier- und Pflanzenarten. Der Goldersbach und seine Nebenbäche bilden eines der letzten nahezu unbelasteten Bachsysteme der Bundesrepublik. Dem Charakter nach ist der Naturpark ein Reservat und ein ökologischer Ausgleichsraum von unschätzbarem Wert. Nutzungsansprüche an den Schönbuch müssen deshalb dem Naturbestand den gebührenden Respekt zollen. D. h. aber auch, daß ein weiteres Vordringen naturfremder Technik mit harten Eingriffen in die natürliche Lebensgemeinschaft dieses Naturparks unterbleiben muß.

Gerade jetzt erleben wir unter anderem auch im Schönbuch, wie unerbittlich eine Mißachtung unserer natürlichen Lebensgrundlagen, hier der Luft, auf uns alle zurückschlägt. Über Jahrzehnte haben besonders unsere Nadelwälder auch zugunsten unserer Lungen Schadstoffe der Luft ausgefiltert. Nun gehen nach den Weißtannen seit ein paar Jahren auch viele ältere Fichten an einer Überdosis derselben Giftstoffe erbärmlich zugrunde. Neuerdings sind fast alle Buchen und z. T. auch andere Laubbäume akut krank. Sie geben uns neue Rätsel auf. Man wagt kaum, die weitere Entwicklung zu Ende zu denken. Ihr Anfang sollte aber schon Lehre genug sein, um einen sehr strengen Maßstab anzulegen bei der Frage, ob und in welchem Maße naturgegebene Abläufe durch technische Eingriffe belastet werden dürfen.

Dieser Abriß über Bestand, Verwaltung und Problemstellung im Naturpark Schönbuch muß mit diesem nachdenklichen Hinweis schließen, denn der Wald und damit auch der Schönbuch braucht seine Freunde, zu denen alle Wanderer und Naturfreunde zählen, denen dieses Buch dienlich sein soll.

HELMUT SCHÖNNAMSGRUBER

Natur- und Landschaftsschutzgebiete

Im stark besiedelten mittleren Neckarraum, der sich durch eine typische Verinselung zwischen zahlreichen Straßen, Wohn- und Industriegebieten hinsichtlich naturnaher Flächen auszeichnet, kommt den Lebensräumen für bedrohte und selten gewordene Tiere und Pflanzen eine besondere Bedeutung zu. Aber auch für die Bürger dieses Raumes spielen solche Bereiche als Erholungsgebiete eine wichtige Rolle. Im Gebiet unseres Wanderführers finden sich dank einer vorausschauenden Vorsorge einige, wenn auch z. T. recht kleine Gebiete, die als Schutzgebiete gesichert sind und die auch in Zukunft konsequent verteidigt werden müssen. Das gilt beispielsweise für die in der Vergangenheit immer wieder zu beobachtenden Eingriffe in einst geschlossene Waldbestände, für Planungen hinsichtlich des Flughafens »Stuttgart 2«, der in den Schönbuch gelegt werden sollte, mitten in dieses größte Waldgebiet im Herzen unseres Landes, auch für Industriebauten, beispielsweise am Autobahndreieck Stuttgart-Vaihingen, um Böblingen und anderswo.

Naturschutzgebiete

Relativ klein an Fläche und Zahl sind die Naturschutzgebiete; doch ist dies absolut verständlich im Hinblick auf die viele Jahrhunderte währende Umgestaltung der Landschaft dieses Raumes durch den Menschen. Dennoch finden sich in den Kreisen Böblingen, Esslingen, Reutlingen, Tübingen im Bereich dieses Wanderführers Kostbarkeiten, die ihresgleichen im übrigen Land suchen.
Acht Naturschutzgebiete wurden z. T. schon seit längeren Jahren gesichert. Sie bieten eine Fülle an Pflanzen und Tieren, Lebensräume, die früher erheblich häufiger vorhanden waren, die aber insbesondere während der letzten 130 Jahre, als die Industrialisierung einsetzte, die Bevölkerung stark anwuchs, der Zustrom in die Städte immens stieg, als auch die Landwirtschaft sich abwandte von der jahrhundertelangen Bewirtschaftung zahlreicher kleiner und kleinster Flurstücke, rationalisierte, mit Mineraldüngereinsatz die Erträge erhöhte, Pflanzenschutzmittel anwandte, zu ausgesprochenen Seltenheiten geworden sind.

Verhältnismäßig klein ist der Bereich des Naturschutzgebietes »Sulzeiche« auf Gemarkung Walddorfhäslach mit weniger als zwei Hektar. Hier finden sich interessante Waldsaumgesellschaften und Magerrasen, auch offene Bodenflächen, die sich vor allem durch eine artenreiche Insektenwelt auszeichnen.

Etwas südwestlich dieses Bereiches nahe der Kreisgrenze Tübingen–Reutlingen liegt im großen Waldgebiet des Schönbuchs das Naturschutz- und Banngebiet »Eisenbachhain«. Es entstand aus einem alten Hutewald und bietet ein recht urwüchsiges Bild, wenngleich die 250 bis 300 Jahre alten Eichen, etwa 180- bis 200jährigen Buchen und über 100 Jahre alten Birken immer mehr verschwinden. Sie zeigen die Entwicklung des Waldes auf magerem Standort mit Feinlehmüberlagerung über Arietenkalk. Schon 1936 wurde dieses 8,3 Hektar große Waldstück unter Schutz gestellt, seitdem unterblieben forstliche Eingriffe. Wir sehen heute das Bild eines absterbenden und sich aus eigener Kraft verjüngenden Waldes, wobei z. T. andere Holzarten aufkommen, die aber später wieder den Holzarten der natürlichen Waldgesellschaft Platz machen werden.

Genau 15 Kilometer westlich liegt am Schönbuchrand im Bereich der abfallenden Keuperstufe zum Ammertal und Gäu oberhalb von Kayh eines der interessantesten Naturschutzgebiete um den mittleren Neckar, der »Grafenberg«, 8,2 ha groß. Er ist ein klassisches Beispiel von Trocken- und Halbtrockenrasen, vordringenden Gebüschen und einer Vergesellschaftung von wärmeliebenden Pflanzen und Tieren, sehr an den Spitzberg bei Tübingen erinnernd.

Erst im Jahr 1984 unter Schutz gestellt wurde im Bereich der Gemeinde Waldenbuch die »Neuweiler Viehweide« mit 13,5 ha Fläche. Hier sehen wir ähnlich dem Eisenbachhain, aber weniger weit fortgeschritten, hutewaldähnliche Bilder mit prächtigen einzelnstehenden Eichen, einer artenreichen Baumschicht und guten Möglichkeiten für Höhlenbrüter. Gerade diesen sehr selten gewordenen Vogelarten sollte auch in anderen Teilen unseres Landes durch die Erhaltung von Altbeständen im Walde, aber auch von alten Streuobstlagen Hilfe zum Überleben gegeben werden.

Seit Jahrhunderten bekannt und als Forschungsprojekt der Universität Tübingen wie kaum ein anderes Gebiet untersucht, auch in einer gewichtigen Monographie gewürdigt, bietet der »Hirschauer Berg« auf Gemarkung Tübingen mit einer Naturschutzgebietsfläche von 22 ha einzigartige Pflanzen- und Tiergemeinschaften. Viele Jahre dauerte es, bis dieses besonders schutzwürdige Gebiet gesichert werden konnte. Hier finden sich zahlreiche Pflanzen- und Tierarten, gewissermaßen Vorposten südlicher und südöstlicher Lebensräume. Dieses verhältnismäßig kleine Gebiet wird umgeben vom Landschaftsschutzgebiet

»Spitzberg« mit insgesamt etwa 500 ha Fläche, über das später berichtet wird. Wald-, Gebüsch-, Saum-, Trocken- und Halbtrockenrasengesellschaften, mosaikartig oft auf kleinstem Raum wechselnd, bieten eine Fülle an Beobachtungswertem, verlangen allerdings auch absolute Schonung, d. h. unter anderem Verbleib auf den Wegen, die besonders an der Hangkante einen guten Überblick ermöglichen. Halbtrockenrasen bieten etliche Vertreter des pannonischen Raumes an Pflanzen und Tieren, ebenso sind Arten Südeuropas anzutreffen. Zu erwähnen sind etwa der Schmetterlingshaft und die Blutrote Singzikade, aber auch Prachtkäfer und Grasbock unter den Tieren, Ungarische Platterbse und Flaumeiche als Repräsentanten der artenreichen Pflanzenwelt. Aber auch der geschichtlich Interessierte oder der Liebhaber schöner Blicke in die Landschaft kommt bei einer Wanderung entlang dieses einzigartigen Gebietes, etwa vom Schloßberg ob Tübingen zur Wurmlinger Kapelle, voll auf seine Kosten.

Wenige Kilometer weiter westlich liegt das Naturschutzgebiet »Trichter-Ehehalde« auf Gemarkung Rottenburg am Neckar. 2,7 ha umfaßt seine Fläche, nahe dabei steht die Wallfahrtskirche Weggental. Schon seit 1938 ist dieser Bereich geschützt, der sich vor allem durch seine erdgeschichtliche Besonderheit auszeichnet. Durch das Weggental führte einst ein wasserreicher Bach, heute ist die Wasserführung durch die Verkarstung des Untergrundes nur noch unbedeutend. Charakteristisch ist die S-förmige Schleife des Tales, der sog. »Trichter« bietet amphitheaterähnliche Formen. Die Hänge sind mit zahlreichen Hecken reichgegliedert, diese Gebüsche bieten Nistgelegenheiten für viele Vogelarten. Dazu kommen Teile mit Halbtrockenrasen, brachgefallene Grundstücke mit Sukzessionen. Für den Freund der Landschaftsgeschichte besonders wichtig sind die verbackenen ehem. Neckarschotter am Rand der Hochfläche gegen Osten, auf dem schmalen Grat.

Das Naturschutzgebiet »Oberes Steinach«, im Neckartal nordwestlich Bühl gelegen und 7,5 ha Fläche einnehmend, ist gewissermaßen ein »Paradies aus zweiter Hand«. Ein Baggersee, der teilweise noch genutzt wird, bietet einen überregional bedeutenden Lebensraum für zahlreiche Vogelarten. Schon seit Jahrzehnten wird dieser See außerdem als Rastplatz von durchziehenden Vögeln genutzt; zahlreiche Brutvögel können beobachtet werden. Neben seiner Bedeutung für den Tierartenschutz zeichnet sich dieses Gebiet durch eine reiche Gliederung kleiner und größerer Lebensräume aus: Schilfgürtel, ein Erlen-Weiden-Auewald sowie Sand- und Schlammbänke sind ebenso vertreten wie Steilufer und Flachwasserzonen.

Das letzte Naturschutzgebiet im Bereich dieses Wanderführers ist die »Kapfhalde« im unteren Starzeltal. Sie umschließt eine Fläche von 11,8 ha und zeigt einen bis zu 90 m hohen Steilhang im Muschelkalk mit einer abwechslungsreichen Gliederung dieses Hanges. Das Spektrum der Lebensräume reicht von extrem trockenen Standorten mit Trokken- und Halbtrockenrasen bis zu nassen Bereichen entlang der Starzel. Trockenhangwälder, Gebüschgruppen und Bereiche lückig besiedelter Felspartien wechseln miteinander ab. Typisch sind Saumgesellschaften und Gehölze unterschiedlicher Artenzusammensetzung entlang des Baches. Deshalb ist in diesem vielfältigen Mosaik Raum für seltene Pflanzen und deren Vergesellschaftungen, zahlreiche Insekten, Amphibien und Vögel. Eine Wanderung in dieses landschaftlich besonders reizvolle Gebiet lohnt sich eigentlich in jeder Jahreszeit.

Insgesamt umfassen diese acht Naturschutzgebiete eine Fläche von rd. 76 ha, das sind 2 Prozent aller Naturschutzgebiete unseres Landes der Zahl, nicht ganz 0,3 Prozent der Fläche nach (Stand 31. 12. 1983). Daß alle diese Bereiche, in denen ein absoluter Schutz von Pflanzen und Tieren geboten ist, von allen Besuchern geschont werden müssen, sollte eigentlich eine Selbstverständlichkeit sein. Dies gilt auch hinsichtlich des Beunruhigens von Tieren, des Fotografierens; die Mahnung zur Ruhe ist gewiß nicht unnütz, aber echte Wanderer wissen dies schon lange.

Landschaftsschutzgebiete

Auf die Bedeutung des Schönbuchs als Naturpark wird von Walter Arnold in einem gesonderten Beitrag hingewiesen. Zum Thema Landschaftsschutzgebiete ist dabei anzumerken, daß der »Schönbuch« als geschützter Bereich in vier Landkreisen des beschriebenen Bereichs immerhin 14 987 ha Fläche einnimmt. Davon liegen im Landkreis Böblingen 5272, Esslingen 1083, Reutlingen 1492 und Tübingen 7140 ha.

Meist schon früher wurden die Ränder des Schönbuchs unter Schutz gestellt, weil hier die Gefahr einer Zersiedelung, vor allem durch Wochenendhäuser, Gerätehütten und ähnliche Bauten, häufig verbunden mit Einzäunungen, bestand. Einige Bereiche gegen die Gäuflächen lassen Reste einstiger Bautätigkeit noch heute erkennen.

Landschaftsschutzgebiete sollen nach dem Willen des Gesetzgebers der Erhaltung von Vielfalt, Eigenart und Schönheit, eines leistungsfähigen Naturhaushaltes und einer nachhaltigen Nutzung der Naturgüter dienen. Außerdem ist ihre besondere Bedeutung für die Naherholung – sie spielt im mittleren Neckarraum eine große Rolle – hervorzuheben. Dabei sind die Landschaftsschutzgebiete – entgegen einer weitverbreiteten Meinung – keine absoluten »Tabuzonen«, wie etwa die Naturschutzgebiete, in denen lediglich gezielte Pflegemaßnahmen zugelassen werden können, aber es muß alles vermieden werden, was den Naturgenuß beeinträchtigt, die Landschaft verunstaltet oder die Natur schädigt.

Um das zentrale Landschaftsschutzgebiet des Schönbuchs lagern sich kranzförmig zahlreiche kleinere und größere geschützte Bereiche, die, in Herrenberg beginnend und im Bereich Ammerbuch endend, gewissermaßen im Uhrzeigersinn geschildert werden sollen. Dabei können wir einige Gruppen besonders charakteristischer Gebiete unterscheiden. Zum ersten den Schönbuchrand als Keuperstufe gegen die Gäuflächen, als weitere zahlreiche kleinere und größere Täler, teilweise noch mit naturnahen Bachläufen, wenig genutzten Wiesen und schließlich Obstwiesen an den Hängen, Schafweiden, in diesem Bereich im Gegensatz zur Alb und den Muschelkalkgebieten des Oberen Neckars, des Schwarzwaldvorlandes und der Hohenloher Ebene eine relative Seltenheit, markante Berge oder Hügel um den Schönbuch, kleinere oder größere Waldgebiete, besonders auf der Filderebene und letztlich den großen Bereich von Rammert und Rauhem Rammert im Albvorland.

Der Schönbuchrand von der Grenze zum Regierungsbezirk Tübingen nahe Kayh bis Dettenhausen zeigt landschaftlich außerordentlich reizvolle Bilder. Sechs Landschaftsschutzgebiete mit einer Gesamtfläche von 599 ha umschließen u. a. den Herrenberger Schloßberg, den Hang unterhalb der Rohrauer Köpfe, Schwendehau und Wasserfallenhau westlich von Schaichhof, Stockhau und Buchrain bei Weil im Schönbuch, aber auch das dortige Schaichtal samt Ramsbachtal und Österhalde. Hier sind auch die charakteristischen Wiesen am Nordrand des Schönbuchs geschützt.

Im nördlichen Vorland des Schönbuchs liegen zahlreiche Landschaftsschutzgebiete, beginnend mit dem Gebiet nördlich der Ketternlenshalde der Gemarkung Ehningen in drei Teilen um den Füllesbrunnen, den Bereich beim Kaisersbusch und am Birkensee. Von der Autobahn A 81 östlich Ehningen bis nahe Altdorf und Hildrizhausen reicht das Landschaftsschutzgebiet des oberen Würmtales und Glemsbaches, eine weiträumige Wiesenlandschaft mit einer Fläche von 416 ha, die ihre Ergänzung im Schutzgebiet »Gelände um Würmursprung und Rosne« südlich Hildrizhausen findet.

Südwestlich und südlich von Böblingen sind die Bereiche »Maurener Täle«, »Gutwiesen und Tomried« sowie »Waldwiese nördlich der Winterhalde« geschützt, sie umschließen insgesamt 77 ha. Hier handelt es sich um schöne Wiesentäler, bekannt ist der sog. Marktbrunnen, der Albvereinsweg Böblingen – Breitenstein – Weil im Schönbuch berührt dieses Schutzgebiet der Gutwiesen und des Tomriedes.

Die Hangflächen um die Pfefferburg, das Ghägnet östlich dem Waldteil Häselbau und Waldwiesen im Gewann Weihdorf liegen um Schönaich. Hier treffen wir um die Pfefferburg interessante Obstwiesen an, Wiesengelände und Waldwiesen in den zwei genannten Schutzgebieten. Ein wesentlich größeres Schutzgebiet begleitet das langgestreckte Wiesental von Krähenbach und Aich, beginnend am Freibad Schönaich und bis Waldenbuch reichend. Dabei werden die Seitentäler eingeschlossen. Bemerkenswert sind dabei die interessanten Namen dieser Bäche: Grundbach, Seebach, Losklinge, Sulzbach, Faulbach.

Um Breitenstein sind das Aischbachtal nördlich und südlich des Ortes, die »Alte Halde« und die »Bergwiesen« in drei Teilen geschützt. Am Nordwesthang des Betzenberges stehen ausgedehnte Wiesenflächen auf Gemarkung Weil im Schönbuch unter Schutz, nämlich Totenbach- und Reishaldenbachtal mit Stallberg samt deren Umgebung. Ebenfalls auf dieser Gemarkung liegt das weitere Landschaftsschutzgebiet »Reutebrunnen mit Umgebung«, ein hübsches Wiesengelände, sowie Schaich- und Ramsbachtal samt Österhalde am Rande des Schönbuchs.

Um Steinenbronn und Waldenbuch finden sich etliche Landschaftsschutzgebiete meist kleinerer Fläche, von denen der Wiesenhang des Aichtales mit den Gewannen »Brühlwiesen«, »Blähwiesen«, »Neue Länder«, »Unteres Gewand« und »Kohlrain« mit 81 ha die größte geschützte Fläche darstellt. Westlich von Steinenbronn liegen »Neue Wiesen und Maiermahd« in einem Wiesentälchen. Bemerkenswert sind außerdem die Landschaftsschutzgebiete »Östlicher Steinenberg mit Katzenpeter« und »Gelände um den Hasenhof« mit insgesamt 28 ha.

Z. T. noch im Gebiet des Landkreises Böblingen, aber auch in den Landkreis Esslingen hineinreichend oder dort größere Flächen umfassend, liegen die interessanten Landschaftsschutzgebiete der Wälder und Wiesentäler südsüdwestlich der Landeshauptstadt. Das Siebenmühlental ist wohl eines der bekanntesten Täler des mittleren Neckarraumes insgesamt und gut mit Wander- und Radfahrwegen erschlossen. Dieses reizvolle Wiesental mit seinen zahlreichen Mühlen, den Wäldern und Waldwiesen in seiner Umgebung liegt in den Landschaftsschutzgebieten »Weiler Wald, Banholz und Reichenbachtal mit angrenzenden Geländestreifen« auf den Gemarkungen Sindelfingen, Steinenbronn und Leinfelden-Echterdingen sowie »Reichenbacher Tal und Kochenäcker« auf den Gemarkungen Filderstadt und Leinfelden-Echterdingen; sie weisen eine Gesamtfläche von 184 ha auf.

Unmittelbar an das Wandergebiet angrenzend bilden »Baumbachtal und Uhlberg« mit einer Fläche von 518 ha Landschaftsschutzgebiet ein wichtiges Naherholungsgebiet und gleichzeitig markante Landschafts-

und Waldbilder im Nordosten des großen Waldgebietes Schönbuch. Die Stadt Filderstadt betreut dieses Gebiet, das seine Fortsetzung im Landschaftsschutzgebiet »Landschaftsteile im Aichtal und am Uhlberg«, zur Stadt Aichtal gehörend und fast 130 ha Fläche umfassend, findet. In diesem Bereich ist das Tal der Aich besonders interessant, die im Schutzgebiet noch die charakteristischen Mäanderbildungen zeigt. Im Bereich des Landkreises Reutlingen liegt das Landschaftsschutzgebiet, »Neckartal zwischen Tübingen und Plochingen«, das auch im Landkreis Tübingen seine Fortsetzung findet. Im Bereich der Stadt Reutlingen und der Gemeinde Pliezhausen wurden 376 ha unter Schutz gestellt. Neben dem Tal selbst sind die überwiegend bewaldeten Hänge eingeschlossen. Bemerkenswert ist die unterschiedliche Talbreite, die deutlich die Härte der angeschnittenen Gesteine erkennen läßt. Auf den Höhen sind teilweise noch Schotter des ehem. Neckarlaufes zu beobachten. Eingeschlossen in dieses Gebiet sind auch recht reizvolle kleinere Seitentäler. Störungen des Landschaftsbildes sind durch Kiesgruben, aber auch durch die neue B 27 unübersehbar; es gilt hier, durch landschaftsgestalterische Maßnahmen, auch die Schaffung neuer Biotope, das Schlimmste abzuwenden.

Das eben Gesagte gilt auch für den anschließenden Bereich des Neckartales im Landkreis Tübingen, das älteste Landschaftsschutzgebiet dieses Kreises überhaupt. Hier sind noch sehr unterschiedliche Standorte im Tal selbst und an dessen Hängen zu beobachten, Baggerseen bieten Rastplätze für Durchzügler, aber auch Lebensräume für Brutvögel. Sehr interessant ist die sog. »Blaulach«, ein Feuchtgebiet unterhalb des Banholzes nach Kusterdingen. 376 ha umschließt dieses Landschaftsschutzgebiet, das durch den Neubau der B 27 stark beeinträchtigt wird.

Westlich von Tübingen liegen zwei weitere interessante Landschaftsschutzgebiete: der bereits unter den Naturschutzgebieten erwähnte Spitzberg zwischen Tübingen und Wurmlingen: »originellster Keuperzug von ganz Schwaben«. Der bewaldete Höhenrücken mit seinen ebenfalls vom Wald bedeckten Nordhängen, interessanten Keuperklingen und den einst durchweg Weinberge tragenden Südhängen bietet alle Variationen an Standort und Pflanzen- sowie Tiergemeinschaften auf engstem Raum nebeneinander. Er ermöglicht gute Beobachtungen der Natur im Jahreslauf und ist zudem ein bevorzugtes Spazier-, Wander- und Erholungsgebiet. Eine Monographie von 1966 bietet die umfassende Übersicht des ganzen Bereiches.

Zwischen Pfäffingen und Wendelsheim liegt das Landschaftsschutzgebiet »Pfaffenberg« mit 300 ha Fläche. Neben Weinbergen und Obstwiesen findet sich hier ein artenreicher Mischwald auf der Kuppe des Berges selbst, nahe dabei der »Märchensee«, ein Naturdenkmal mit reicher Fauna. Zu erwähnen sind außerdem die zahlreichen Hecken als gute Lebensräume für zahlreiche Vogelarten.

Zwischen dem Pfaffenberg und Herrenberg liegen vier weitere Landschaftsschutzgebiete. »Oberes Ammertal mit dem Seitental Merkental« (45 ha) umfaßt einen Teil des Durchbruchs der Ammer durch die Muschelkalkaufwölbung bei Reusten, wobei die Hänge eine interessante Flora und Vegetation aufweisen. Nach Westen schließt sich das Gebiet »Kirchberg und Kochartgraben« (113 ha) an, ein vorgeschichtlich bedeutsamer Bergrücken und ein ebenfalls in den Muschelkalk eingeschnittenes Seitental der Ammer. Bei Tailfingen ist das »Schmalbachtal« (11 ha), ein reizvolles Wiesental, geschützt. Ein ebenfalls landschaftlich wertvolles Gebiet stellt das »Ammertal vom Ursprung bis zur Kochmühle mit Umgebung« (66 ha) bei Herrenberg dar.

Südwestlich von Tübingen bis nahe Hechingen zieht sich das große Waldgebiet des Rammerts hin. Es bietet mit seinen – einschließlich des »Rauhen Rammerts« im Südwesten – insgesamt 6128 Hektar Schutzgebietsfläche ein ideales Wander- und Erholungsgebiet, aber auch wertvolle Lebensräume für Pflanzen und Tiere. Dabei sind nicht allein die Waldgebiete selbst, die interessanten Täler und Schluchten im Keuper geschützt, sondern auch die Waldrandlagen mit Obstwiesen, herrlichen Ausblicken auf den Albtrauf im Süden und das Neckartal mit Rottenburg, dem Spitzberg und Tübingen im Nordwesten und Nordosten. Durch eine Reihe genußreicher Wanderwege ist dieser schöne Bereich gut erschlossen. Bedroht werden Teile im Norden durch das Projekt eines Speicherbeckens zur Aufhöhung der Niedrigwasserführung des Neckars im Bühlertal. Erwähnenswert sind außerdem am Rande des Rammerts brachliegende Flächen mit interessanten Sukzessionen und einige Halbtrockenrasen, die eine reichhaltige Artenzusammensetzung aufweisen.

Östlich des Steinlachtales finden wir im Landschaftsschutzgebiet »Ehrenbachtal mit Kaltem Brunnen«, benannt nach den beiden Bächen, die dieses Gebiet durchfließen, eine eigenartige Wiesenlandschaft mit Gebüschsäumen an den Gewässern, angrenzendem Wald, zahlreichen Hecken und damit idealen Lebensräumen, besonders für Brutvögel. Aber auch als Naherholungsgebiet ist dieser Bereich vielbesucht.

Westlich von Rottenburg und nordwestlich dieser Stadt liegen zwei weitere Landschaftsschutzgebiete, die große Bedeutung haben: »Weggental« mit der gleichnamigen Wallfahrtskirche, ein besonders reizvolles Trockental im Muschelkalk mit 133 ha und »Heuberg« südwestlich von Wendelsheim. Dieser geradezu klassische Zeugenberg im Keuperbereich überragt die Gäuflächen und bietet von seinem Aussichtsturm aus einen guten Überblick über die ganze umgebende Landschaft. Mit

17,2 ha ist dieser Bereich ein verhältnismäßig kleines Landschaftsschutzgebiet, es hat aber eine große Bedeutung inmitten der meist intensiv landwirtschaftlich genutzten Umgebung.

Südlich von Bad Niedernau liegt das »Katzenbachtal«, ein schmales Tälchen, das auch im Volksmund »Sieben Täler« genannt wird. Bemerkenswert sind die reizvollen Aufschlüsse an den Talflanken sowie die 107 m lange Sieben-Täler-Höhle, eine der größten Höhlen im Muschelkalkgebiet um den mittleren Neckar, als Naturdenkmal geschützt und ein wichtiges Winterquartier für Fledermäuse. Eine Wanderung (s. W 18a und 20) durch dieses reizvolle Tal auf einem der Albvereinswege, etwa von Bad Niedernau nach Hemmingen, Hirrlingen oder Weiler gehört zu den schönsten Erlebnissen in der Rottenburger Umgebung.

Das obere Neckartal ist im Landschaftsschutzgebiet »Oberes Neckartal mit den Seitentälern Rommelstal, Starzeltal und Eyachtal« zu Recht ausgewiesen, findet sich doch hier ein reizvolles Landschaftsbild mit prägnanten Hängen, teilweise steilwandigen Einschnitten, feuchten Wiesen und reichem Ufergehölz, aber auch sehr trockenen Partien mit typischen Trocken- und Halbtrockenrasen, auch steppenheidewaldähnlichen Bildungen. Interessant sind auch die kleinen Trockentälchen am Übergang zu den Gäuflächen und die artenreichen Wälder an den Hängen. Die offenen Talflächen bieten zusammen mit den Waldrändern reiche Lebensräume inmitten einer recht intensiv genutzten Agrarlandschaft. Im Bereich dieses Wanderführers liegt das Starzeltal, das genußreiche Wandermöglichkeiten bietet (s. W 18a und 18b).

Zum Zollernalbkreis gehört das letzte Landschaftsschutzgebiet, das unser beschriebenes Gebiet allerdings nur zum kleinen Teil berührt, »Schloß Lindich und Umgebung«. Hier handelt es sich um die Landschaftsteile im Bereich der mittleren Starzel, eine sehr typische Landschaft des Albvorlandes mit einem bunten Wechsel von Wiesen, Äckern, Wäldern und reizvollen Tälern und Tälchen. Bemerkenswert ist hierbei, daß dieser Bereich schon 1931 unter Schutz gestellt wurde als eines der preußischen Naturdenkmäler, zu denen auch beispielsweise der Hangwald am Dreifürstenstein und der Schloßpark von Inzigkofen gehörten.

Damit endet unsere gedankliche Wanderung durch die Natur- und Landschaftsschutzgebiete des Wanderführers »Schönbuch – Tübingen – Rammert«, und es bleibt nur der Wunsch anzumerken, daß möglichst viele Freunde der Natur diese Schönheiten selbst erleben möchten und dazu beitragen, daß das Verständnis für die Notwendigkeit des Schutzes weiterer Gebiete, vor allem auch der Naturdenkmale und biologisch-ökologisch wichtigen Lebensräume zunimmt und diese Bereiche nachhaltig gesichert werden.

SIEGFRIED ALBERT

Die vor- und frühgeschichtliche Besiedlung von den Anfängen bis zur alamannischen Landnahme

Einleitung

Die für den vorliegenden Wanderführer gegebenen Grenzen umschließen Landschaftsräume, die siedlungsgeographisch keine Einheit darstellen. Während die höher gelegenen Gebiete von Schönbuch, Rammert, Spitzberg und Pfaffenberg sich durch karge Böden und ein oft ungünstiges Relief bis heute als siedlungsabweisend zeigen, haben die niedrigeren Gebiete des Schönbuchs und die am Rand gelegenen, teilweise mit Löß bedeckten Liasplatten sowie die Terrassen beiderseits des Neckars schon in vorgeschichtlicher Zeit eine intensive Besiedlung erfahren. Erst recht gilt dies für die fruchtbare Landschaft des Oberen Gäus zwischen Herrenberg und Rottenburg. Das heute geschlossene Waldgebiet des südlichen Schönbuchs muß allerdings in keltischer und römischer Zeit sehr viel mehr offene Flächen besessen haben, die erst in späterer Zeit wieder vom Wald eingenommen wurden. Auf diese Tatsache verweisen die vielen Gruppen hallstattzeitlicher Grabhügel und die Funde der Römerzeit.

Die meisten vor- und frühgeschichtlichen Fundstellen sind im Gelände nicht mehr erkennbar. Sie sind deshalb, sieht man von einer herausragenden oder typischen Lage ab, für den archäologischen Laien uninteressant. Neben einer knappen Beschreibung der frühen Kulturen und ihrer Spuren in unserem Raum soll deshalb hauptsächlich auf die Bodendenkmale verwiesen werden, die heute noch sichtbar sind und, z. T. restauriert, einen direkten Bezug zu der Zeit ihrer Entstehung ermöglichen.

Die Alt- und Mittelsteinzeit (bis 5000 v. Chr.)

Die Jäger der Alt- und Mittelsteinzeit mußten ihren Nahrungsquellen folgen. Sie konnten deshalb keine dauerhaften Wohnplätze errichten und sich auch nicht in größeren Gruppen zusammenschließen. In unserem Gebiet sind die Zeugen dieser frühen Zeit spärlich, denn im Gegensatz zur Schwäbischen Alb fehlen hier die Höhlen, die die Menschen im Laufe der Jahrtausende immer wieder aufsuchten und in denen sie ihre Spuren hinterließen. Die bisher einzige altsteinzeitliche Fundstelle liegt am Fuß des »Napoleonkopfs« im Katzenbachtal bei Rottenburg-Weiler, wo 1906 ein Lagerplatz der jüngeren Altsteinzeit, aus der Zeit vor etwas mehr als 15000 Jahren, aufgedeckt wurde. Neben Werkzeugen und Schmuck aus Feuerstein, Gagat, Knochen und Muscheln fand man auch Knochen der eiszeitlichen Jagdtiere, Mammut, Rentier, Wildpferd, Wollnashorn, Eisfuchs und Schneehuhn.

Mit dem Ende der letzten Eiszeit vor rd. 10000 Jahren änderte sich die Tier- und Pflanzenwelt. Die eiszeitlichen Großtiere starben aus, und es kam zur allmählichen Wiederbewaldung der Landschaft. Die Jagd auf kleineres Wild und der Fischfang gewannen an Bedeutung, worauf die nun typischen mikrolithischen Geräte hinweisen. Solche mittelsteinzeitlichen Feuersteingeräte liegen von sieben Gemarkungen hauptsächlich aus dem Bereich des Schönbuchs und des Spitzbergs vor, so daß wir diese Gebiete mit ihren Höhen und Tälern als bevorzugten Lebensraum der mesolithischen Bevölkerung ansehen können. Die in neuerer Zeit archäologisch teilweise untersuchte Fundstelle »Fünf Eichen« auf einem Vorsprung am Nordostende des Herrenberger Schloßberges ist in ihrer topographischen Lage kennzeichnend für die mittelsteinzeitlichen Fundstellen in unserer Gegend.

Die Jungsteinzeit (5000–2000 v. Chr.)

Vor etwa 10000 Jahren vollzog sich im Vorderen Orient der Wandel hin zur bäuerlichen Lebensart. Die Domestikation von Schaf, Ziege, Rind und Schwein sowie der Anbau bestimmter Getreidesorten ermöglichten eine größere Vorratshaltung, bedingten Seßhaftigkeit, und diese wiederum förderten technische Errungenschaften wie Töpferei, Weberei, Steinschliff und Hausbau. Gegen Ende des 7. Jahrtausends gelangte die neue Wirtschaftsweise nach Europa, und von einem sekundären Zentrum im mittleren Donauraum aus erreichten um 5000 v. Chr. die ersten Ackerbauern und Viehzüchter Südwestdeutschland. Sie besiedelten vorzugsweise die leicht zu bearbeitenden fruchtbaren Lößflächen und errichteten große rechteckige Pfostenhäuser mit lehmverstrichenen Flechtwänden. Nach den geritzten bandförmigen Verzierungen ihrer Tongefäße nennt man diese früheste Bauernkultur Mitteleuropas »Bandkeramik«. Schönbuch und Rammert blieben unbesiedelt, doch in den benachbarten Gäulandschaften, auf den Fildern und den Terrassen des Neckartals häufen sich die ehem. Siedlungsstellen. Sie liegen

Jungsteinzeitliche Gefäße und Steinwerkzeuge aus Ammerbuch-Reusten

meist am Rand der Lößflächen in der Nähe von Quellen oder Wasserläufen. Die bisher in Württemberg noch seltene älteste Phase der Bandkeramik, die sich durch eine schwachgebrannte, oft mit breitrilligen Bändern geschmückte Tonware auszeichnet, ist im Oberen Gäu durch Funde aus Pfäffingen, Hailfingen, Reusten und Entringen nachgewiesen. Zwar fehlen bisher größere Ausgrabungen, doch kennt man die Siedlungsstellen durch Lesefunde von Steingerät und Scherben recht gut. In ausgesprochener Tallage befanden sich bandkeramische Siedlungen in Bühl, Poltringen und östlich des Ammerhofs bei Tübingen.

Die darauffolgenden mittelneolithischen Kulturen »Stichbandkeramik«, »Hinkelstein«, »Großgartach« und »Rössen«, benannt nach der Verzierungsart ihrer Keramik oder nach bedeutenden Fundorten, hatten eine ähnliche, wenn auch nicht so dichte Verbreitung wie die Bandkeramik. Nun wurden aber auch weniger günstige Böden besiedelt, wie z. B. eine Großgartacher Siedlungsstelle am Fuß des Pfaffenbergs zwischen Wendelsheim und Oberndorf zeigt. Die Gefäße dieser Kulturen sind oft sehr kunstvoll mit zunächst bandartigen, später flächig angeordneten Stichmustern verziert. Die Steingeräte sind während der ganzen Jungsteinzeit in der Regel aus heimischen Rohmaterialien hergestellt. In einer Siedlungsgrube der Rössener Kultur bei Wankheim lag eine Klinge aus Maasfeuerstein, ein Hinweis auf beachtlich weitreichende Beziehungen der Menschen vor mehr als 5000 Jahren.

Die wenigen bekannten spätneolithischen Fundstellen konzentrieren sich im Ammertal in der Gegend um Reusten, wo Funde von Keramik

auf Siedlungen der Kulturen »Schussenried«, »Michelsberg«, »Glockenbecher« und »Schnurkeramik« schließen lassen. Eine Siedlung dieser Zeit lag am Schönbuchrand südwestlich von Einsiedel.
Das Wissen um die jungsteinzeitliche Besiedlung unseres Raumes stützt sich hauptsächlich auf die Erforschung der Wohnplätze, während es bisher nur wenige Grabfunde gibt. In späteren Epochen ist diese Quellenlage gerade umgekehrt.

Die Bronzezeit (2000–1200 v. Chr.)

Die Kenntnis der Bronze, einer Legierung aus Kupfer und Zinn, und ihre Verarbeitung zu Werkzeugen, Waffen und Schmuck charakterisieren diesen neuen Abschnitt der Vorgeschichte. Die verhältnismäßig spärlichen Funde ermöglichen noch kein detailliertes Siedlungsbild für unseren Raum.
Die Frühbronzezeit ist in Süddeutschland hauptsächlich durch Hortfunde von Bronzegegenständen faßbar. So wurden z. B. in der Neckarhalde in Rottenburg zusammenliegend ein Dolch, das Bruchstück eines Randleistenbeiles und zwei Ösenhalsringe geborgen. Eine aufgrund ihres reichen keramischen Fundstoffs bedeutende Siedlung der frühen bis mittleren Bronzezeit lag auf dem Kirchberg von Reusten.
Während in der älteren Bronzezeit meist die schon im Neolithikum übliche Hockerbestattung in Flachgräbern noch Sitte war, schüttete man in der mittleren Bronzezeit kleine Grabhügel über den Toten auf. Zwar sind in unserem Bereich nur wenige solcher Grabhügel, etwa bei Einsiedel, Schwalldorf und Nehren bekanntgeworden, doch ist zu vermuten, daß sich unter den vielen, der Hallstattzeit zugewiesenen und noch nicht untersuchten Hügeln weitere Gräber der Bronzezeit befinden. Die bronzenen und erstmals auch goldenen Grabbeigaben werden ergänzt durch Fundgegenstände aus Bronze, die immer wieder in Kiesgruben des Neckars geborgen werden, und die vermutlich einst als Weihegaben in den Fluß gelangt sind.

Die Urnenfelderzeit (1200–750 v. Chr.)

Die Urnenfelderzeit ist nach dem nun überwiegenden Brauch benannt, die Toten zu verbrennen und die Überreste in Urnen beizusetzen. Die Verarbeitung von Bronze erreichte jetzt eine große Kunstfertigkeit, und gegen Ende dieser Phase wurde das Eisen als neuer Werkstoff bekannt. Kennzeichnend ist eine oft hart gebrannte Tonware mit markanten Formen und geometrischen Verzierungen in Ritztechnik und Kerbschnitt. Die meisten Bronzegegenstände stammen auch jetzt aus dem Neckarkies; hervorzuheben sind zwei guterhaltene Schwerter aus Kirchentellinsfurt und Kiebingen.

Neben etwa einem Dutzend Siedlungsstellen sind auch einige Gräber, z. B. in Tübingen und Holzgerlingen, bekanntgeworden. Die Siedlungen lagen z. T. im Bereich der Lößflächen, und es scheint neben kleinen »Einzelhöfen«, wie sie bei Hailfingen festgestellt wurden, auch ausgedehnte Siedlungen gegeben zu haben. Hinweise auf Siedlungen in sicherer Lage, die vielleicht einst befestigt waren, sind Scherbenfunde von einem Bergvorsprung des Rammerts südlich von Kiebingen, vom »Burgholz« am Rand des Neckartals bei Tübingen und vom Kirchberg in Reusten.

Die Keltenzeit (750 v. Chr. – 1. Jh. n. Chr.)

Die Zeit der Kelten wird archäologisch in zwei große Abschnitte unterteilt. Aus der Urnenfelderkultur entwickelte sich zunächst im Raum nordwestlich der Alpen die nach Aussagen griechischer Schriftsteller von Kelten getragene Hallstattkultur (750–450 v. Chr.), die nach einem großen Gräberfeld in Österreich benannt ist. Der jüngere Abschnitt bis hin zur Zeit der römischen Besetzung heißt nach einem Fundort in der Schweiz Latènezeit. Die gesamte Keltenzeit ist in unserem Gebiet durch eindrucksvolle Geländedenkmale dokumentiert. Für die ältere Zeit sind dies Grabhügelgruppen und große Einzelgrabhügel, für die jüngere drei sog. Viereckschanzen.

Die rd. 350 erhaltenen Grabhügel liegen vorwiegend im Waldland des Schönbuchs und in den Randbereichen des Rammerts. Im offenen Ackerland sind ehem. Grabhügel meist schon lange dem Pflug zum Opfer gefallen. Guterhaltene Gruppen von 20 bis 30 Hügeln gibt es in der »Federlesmahd« bei Echterdingen und im »Weilerhau« bei Plattenhardt. Zahlreiche kleinere Gruppen häufen sich im südlichen Schönbuch zwischen Bebenhausen und Walddorf, andere im Wald zwischen Remmingsheim und Wolfenhausen sowie südöstlich von Tübingen. Viele dieser Hügel sind durch Raubgrabungen und Baumaßnahmen beschädigt oder zerstört worden; so umfaßte ein heute fast ganz verschwundenes Gräberfeld auf der Waldhäuser Höhe bei Tübingen ehemals 45 Hügel. Dennoch erlauben die bekanntgewordenen frühkeltischen Funde weitreichende Einblicke in diese Kultur. Aufgrund der Grabbeigaben wird im 6. bis 5. Jahrhundert v. Chr. erstmals eine soziale Differenzierung der Bevölkerung erkennbar. Überdurchschnittlich große Hügel mit hölzernen Grabkammern und reichen Beigaben weisen auf eine wohlhabende Oberschicht hin. Zur Ausstattung der zentralen Grabkammern dieser oft isoliert gelegenen Hügel gehörten häufig ein leichter Wagen, Geräte und Schmuck aus Gold, Bronze und Eisen sowie eine reichverzierte Keramik. Im »Bühl«, einem Hügel östlich von Rottenburg-Baisingen, der heute noch 4 m hoch ist und einen Durchmesser von 45 m aufweist, wurden gegen Ende des 19. Jahrhunderts ein Bronzekessel und je ein goldener Hals- und Armreif gefunden. Zu diesen Großgrabhügeln, die meist auch Nachbestattungen aufweisen, gehören u. a. der »Eichenbuckel« bei Dußlingen, der »Birtinleh« östlich von Rottenburg, der »Fuchsberg« bei Mittelstadt, ein Hügel im »Hinteren Mönchswald« südwestlich von Neuenhaus sowie als größter mit einem Durchmesser von 75 m bei einer erhaltenen Höhe von 2,5 m der Hügel östlich von Schlaitdorf. Zwei archäologisch untersuchte kleinere Hügel der älteren Hallstattzeit sind im Raum Tübingen bei Stockach und Kilchberg restauriert worden. Beide umgibt ein Kranz von Sandsteinplatten, und die Hügelspitzen schmücken die Abgüsse grobgearbeiteter anthropomorpher Steinstelen, die man bei den Ausgrabungen am Fuß der Hügel gefunden hat. Von der späten Keltenzeit zeugen die Viereckschanzen in der »Federlesmahd« bei Echterdingen, im Wald »Süßer Wasen« bei Einsiedel und auf dem Westausläufer des Betzenbergs südwestlich von Waldenbuch. Bei den annähernd quadratischen Schanzen handelt es sich um spätkeltische Kultanlagen. Wall und Graben umgrenzten einen heiligen Bezirk mit Holztempel und Opferschächten. Als Kultbilder sind wohl zwei bei Steinenbronn und Holzgerlingen gefundene Steinstelen anzusehen. Letztere zeigt eine stilisierte menschliche Figur mit einem Januskopf. Sowohl aus der Hallstatt- als auch der Latènezeit sind relativ wenige Siedlungsfunde bekannt. Eine Zuordnung von Gräbern zu bestimmten Siedlungen ist in unserem Gebiet bisher noch nicht möglich.

Restaurierter frühkeltischer Grabhügel bei Tübingen-Kilchberg

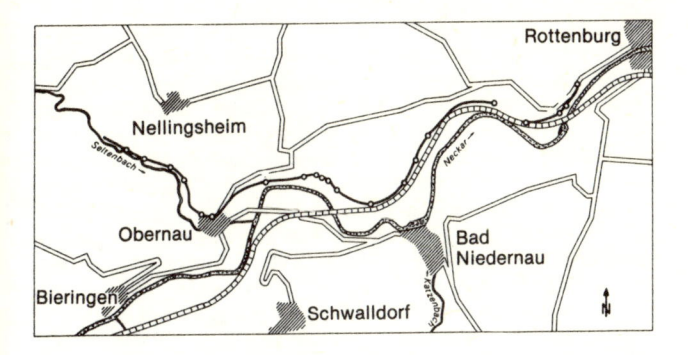

Die römische Wasserleitung von Rottenburg

Die Römerzeit (bis 260 n. Chr.)

Um das Jahr 85 n. Chr. schoben die Römer ihre Grenze vom oberen Neckar und der Schwäbischen Alb gegen den mittleren Neckar vor. In der Folgezeit entwickelte sich Sumelocenna, das heutige Rottenburg, zu einer der wichtigsten römischen Städte rechts des Rheins. Hier gabelte sich die von Rottweil (Arae Flaviae) kommende Straße, um nach Nordosten neckarabwärts in Richtung Köngen (Grinario) und nach Nordwesten durch das Ammertal in Richtung Herrenberg weiterzuführen. Wie an verschiedenen Stellen der Stadt nachgewiesen werden konnte, war das römische Rottenburg von einer etwa 1800 m langen Mauer umgeben, der ein Spitzgraben vorgelagert war. Im Norden der Stadt ist ein kleines Stück dieser Mauer wiederaufgebaut worden. Eine 7,16 km lange, heute noch an mehreren Punkten sichtbare Wasserleitung brachte aus dem Seltenbachtal nordwestlich von Obernau Quellwasser in die Stadt. Da heute meterdicke Schotterschichten den römischen Siedlungshorizont überdecken, ist über Einzelheiten der Stadtarchitektur relativ wenig bekannt. Im östlichen Stadtbereich wurden zwei Badanlagen festgestellt, von denen eine konserviert wurde und unter dem heutigen Eugen-Bolz-Gymnasium besichtigt werden kann. Beiderseits der nach Wurmlingen führenden römischen Hauptstraße wurden außerhalb der Stadt mehrere Töpfereien und Begräbnisstätten nachgewiesen. Zahlreiche Fundgegenstände im Sülchgaumuseum Rottenburg illustrieren die Geschichte und Bedeutung der römischen Stadt.

Die Lebensmittelversorgung der in Kastellen stationierten Truppen und der städtischen Zivilbevölkerung sicherten die vielen Gutshöfe (villae rusticae), die von fast allen Gemarkungen unserer Gegend bekannt sind. Zehn dieser Höfe lagen im Umkreis von weniger als vier Kilometern um Rottenburg. Auch die Randgebiete von Schönbuch und Rammert waren auf diese Weise landwirtschaftlich erschlossen. Einige der Gutshöfe, z. B. bei Mittelstadt und Rottenburg, sind archäologisch untersucht worden. Einen hervorragenden Einblick in die topographische Lage, die Bauweise und die Raumaufteilung einer größeren Hofanlage vermittelt das erst 1976 entdeckte und inzwischen freigelegte Hauptgebäude eines Hofs am südwestlichen Ende des Rammerts bei Hechingen-Stein. Ein 1972 aufgefundenes Brandgräberfeld bei Hailfingen erlaubt Rückschlüsse auf die Bevölkerung des in der Nähe gelegenen Gutshofs und auf die Bestattungssitten.
Römische Töpfereien im Schönbuch bei der »Schnapseiche« südlich vom Schaichhof und bei Einsiedel zeugen von handwerklicher Tätigkeit. Bei Einsiedel wurde auch ein Topf mit 863 römischen Silbermünzen gefunden, und hier ist, einbezogen in einen archäologischen Lehrpfad, an originaler Stelle ein Viergötterstein als Unterbau einer Jupitergigantensäule erhalten. Zahlreiche im Württembergischen Landesmuseum Stuttgart und im Sülchgaumuseum Rottenburg aufbewahrte steinerne Bildwerke und Inschriften stammen von Grabmälern oder Gedenksteinen unserer Gegend.

Die alamannische Landnahme (ab 260 n. Chr.)

Um 260 n. Chr. beendeten die Alamannen die knapp zweihundertjährige Herrschaft der Römer, deren Siedlungen zerstört wurden und allmählich verfielen. Über die Zeit bis zur Eingliederung der Alamannen ins Frankenreich um 500 n. Chr. ist nur wenig bekannt. Für die weitere Besiedlungsgeschichte dienen die Ortsnamen und die im 6. Jahrhundert einsetzenden Reihengräberfriedhöfe als Hauptquelle. Interessante Erkenntnisse dürften frühmittelalterliche Siedlungsreste liefern, die im Sommer 1982 beim Straßenbau in der Flur »Alter Markt« östlich Rottenburgs zutage kamen. Wie die Funde der Reihengräberfriedhöfe zeigen, gehören die Orte mit auf -ingen endenden Namen zur ältesten Siedlungsphase. Gehäuft finden wir sie in den Talauen von Neckar, Ammer und Steinlach sowie im alten Ackerland des Oberen Gäus. Holzgerlingen, auf der schon in der Vorgeschichte siedlungsgünstigen Liasplatte, ist der einzige -ingen-Ort im Schönbuch. Weil im Schönbuch leitet seinen Namen vom römischen »Villa« ab und gehört damit ebenso wie Kalkweil bei Rottenburg, Weilheim und Wannweil zu

Die alamannische Landnahme

Restaurierte Reste des römischen Gutshofs von Hechingen-Stein

den ältesten Orten. Ein Teil der Orte mit den Namensbestandteilen -heim und -dorf geht wohl auf die Anfangszeit der fränkischen Oberherrschaft zurück.

Aus einigen Ortschaften sind mehrere merowingerzeitliche Friedhöfe bekannt; vier sind es aus Hailfingen, je drei aus Derendingen und

Schwalldorf. In den teils geringen, teils sehr reichen Grabbeigaben von Waffen, sonstigen Gebrauchsgegenständen und Schmuck spiegeln sich Unterschiede im Wohlstand und in der sozialen Stellung der Bevölkerung wider. Zu den herausragenden Fundstücken gehören eine Brakteatenfibel mit Reiterdarstellung aus Pliezhausen, ein goldener Fingerring mit einer römischen Carneol-Gemme aus einem Kindergrab von Dettingen sowie Goldblattkreuze aus Pliezhausen und Derendingen. Diese machen deutlich, daß nun die germanischen Glaubensvorstellungen von christlichen abgelöst wurden.

WILFRIED SETZLER

Die geschichtliche Entwicklung

Eine schriftliche Bestätigung über die Existenz von Siedlungen in unserem Raum erhalten wir erst im 9. Jahrhundert: 843 wird Bierlingen, 888 Dußlingen genannt. Sicher sind diese -ingen-Orte wie andere schon Jahrhunderte vorher gegründet worden. Im 1007 erstmals genannten Holzgerlingen beispielsweise belegt ein großes, 366 Bestattungen umfassendes alamannisches Reihengräberfeld Siedlungsanfänge im 5. Jahrhundert. Allgemein kann davon ausgegangen werden, daß uns über Jahrhunderte nur ein Bruchteil der Dörfer, Weiler und Höfe schriftlich bekannt wird, obwohl sie längst existieren. Den -ingen- und -heim-Orten folgen im 6. und 8. Jahrhundert die -hausen- und -dorf-Orte (Walddorf, Pfrondorf, Wachendorf, Dettenhausen, Pliezhausen, Hildrizhausen), in diese Zeit gehören wohl auch die Siedlungen mit -au (Obernau, Lustnau, Hirschau, Niedernau). Der Landausbau, die Entstehung neuer Orte zieht sich hin bis etwa 1150. Zu diesen späten hochmittelalterlichen Dörfern, deren Namen auch auf Rodungstätigkeit hinweisen, gehören u. a. Häslach, Dörnach, Gniebel, Hagelloch, Breitenholz und Steinenbronn. In diese letzte Phase der Landeserschließung gehört auch der in der 2. Hälfte des 11. Jahrhunderts einsetzende Bau von Höhenburgen, denen vielfach Wirtschaftshöfe angeschlossen waren; so vor allem am Schönbuchrand: Roseck, Hohenentringen, Müneck. In diese Zeit fällt auch die Entstehung der Städte Tübingen, Herrenberg und Rottenburg.
Auf die Erweiterung von Siedlungsräumen, an der sich auch noch die Klöster beteiligten (Bebenhausen, Wankheimer Propstei Himbach bei Unterjesingen), folgt bis etwa 1450 die sog. Wüstungsperiode.
Pestepidemien und Abwanderungen in die Städte oder nach Ostdeutschland entvölkerten die Siedlungen. Zahlreiche Dörfer wurden aufgegeben, an die heute nur noch Flurnamen erinnern. Über die frühmittelalterlichen Herrschaftsverhältnisse in unserem Raum wissen wir wenig. Erwähnt wird neben dem Ammergau der Sülchgau (nach dem abgegangenen Ort Sülchen bei Rottenburg) als größerer Herrschaftsbereich, der im Süden bei Dußlingen an die Hatten- und im Norden bei Hildrizhausen an die Gle-huntare stieß. Einzelne Urkun-

den verdeutlichen, daß weite Bereiche königlicher Besitz waren. So vermachte König Heinrich IV. sein Gut Sülchen an das Hochstift Speyer, 1007 schenkte König Heinrich II. Kirchentellinsfurt an das Bistum Bamberg. Die Verwaltung der Gaue und Huntare, einschließlich des königlichen Eigentums oblag »von Reichs wegen« verschiedenen Grafen.

Das geschichtliche Dunkel beginnt sich erst gegen Ende des 11. Jahrhunderts zu lichten. Die Grafen von Tübingen, seit etwa 1146 Pfalzgrafen, und ihre Dienstmannen beherrschten und besaßen den größten Teil des Gebiets. Noch heute führen die Städte Böblingen, Herrenberg und Tübingen die pfalzgräfliche (Lehens-)Fahne als ihr Stadtwappen (die dreilatzige Fahne), das einst auch Wappenbild ihrer Städtegründer, der Grafen von Tübingen, war. Neben den Tübingern stehen die Grafen von Hohenberg, Verwandte der Hohenzollern, mit Besitz und Herrschaftsrechten in und um Rottenburg.

Eine bedeutende wirtschaftliche Macht erlangte das von den Pfalzgrafen von Tübingen um 1190 gegründete Kloster Bebenhausen, das vor allem im 12. und 13. Jahrhundert wirtschaftlich stark expandierte und zahlreiche Dörfer, viele Höfe, Kirchen, Keltern, Mühlen, Weinberge in seinen Besitz bringen konnte. Neben Bebenhausen waren vor allem die beiden anderen Gründungen der Pfalzgrafen die Klöster Blaubeuren (Unterjesingen) und Obermarchtal (Ammerhof bei Tübingen) sowie die Klöster Kreuzlingen (Wurmlingen) und Zwiefalten (Derendingen, Weilheim) in unserem Gebiet begütert.

Einschneidende Veränderungen der politischen und wirtschaftlichen Verhältnisse brachte das 14. Jahrhundert. Die einst so mächtigen und reichen Pfalzgrafen von Tübingen verarmten in zwei, drei Generationen, so daß sie, von Schulden geplagt, 1342 ihre namengebende Stadt Tübingen und 1381 Herrenberg verkaufen mußten. An ihre Stelle traten die Grafen von Württemberg. Ähnlich erging es den Grafen von Hohenberg: 1381 sind sie, die noch wenige Jahrzehnte zuvor als nahe Verwandte des Königs Rudolf von Habsburg höchste Ämter im Reich bekleideten, gezwungen, Rottenburg und die umliegenden, zur Grafschaft gehörenden Dörfer um 66000 schwere Goldgulden an Österreich zu verkaufen.

Wie andernorts entstanden in den »Pufferzonen« zwischen den »Großmächten« Österreich und Württemberg sowie im Grenzbereich kleine und Kleinstterritorien, Rittergüter: So etwa in Bühl, Hirrlingen, Rübgarten, Kilchberg, Wankheim.

Zu einem tiefgreifenden Wandel kam es im 16. Jahrhundert. Zu Beginn des Jahrhunderts erschütterten soziale Unruhen Württemberg. Mit Hilfe der Stadt Tübingen – der Vogt Konrad Breuning hatte gerade Unruhen im Steinlachtal mit Waffengewalt »beruhigt« – gelang es 1514

Die geschichtliche Entwicklung 65

Herzog Ulrich, den Aufstand des »Armen Konrad« niederzuschlagen. Dabei mußte er im Tübinger Vertrag allerdings der Tübinger Ehrbarkeit (städtische Oberschicht) Zugeständnisse machen.
Die darin schriftlich gefaßten Grund- und Menschenrechte – die ersten im Festland-Europa – bildeten neben den politischen Mitbestimmungsrechten für die folgenden Jahrhunderte ein wichtiges Instrument zur Durchsetzung »demokratischer« Rechte gegenüber Herzog und Regierung.
Der Aufstand war niedergeschlagen, doch statt seine Ursachen zu beseitigen, vollbrachte Herzog Ulrich mit der Hinrichtung seiner einstigen Helfer und Retter, mit der Ermordung seines Stallmeisters Hans von Hutten, mit dem Überfall auf die Reichsstadt Reutlingen Taten, die weit über Württemberg hinaus Aufsehen erregten und 1519 zu seiner Vertreibung durch den Schwäbischen Bund führten. Württemberg und somit die zu Württemberg gehörenden Dörfer, Besitztümer und Untertanen wurden österreichisch. Da die ehem. Grafschaft Hohenberg seit 1381 den Habsburgern gehörte, war nun der weitaus größte Teil des Gebiets »Schönbuch-Rammert« in einer Hand.
Doch die Rückeroberung Württembergs 1534 durch Herzog Ulrich trennte die beiden Teile wieder, und nun nachhaltiger als je zuvor. In den württembergischen Dörfern und Städten wurde die Reformation eingeführt, das unter württembergischem Schutz und Schirm stehende Kloster Bebenhausen aufgelöst und dem württembergischen »Staat« einverleibt (s. Geschichte des Klosters Bebenhausen S. 94). Tübingen war fortan mit seiner Universität und dem Evangelischen Stift eine Hochburg der süddeutschen (orthodoxen) Protestanten. Die Grafschaft Hohenberg und die zu ihr gehörenden Dörfer blieben nach anfänglichem Zögern katholisch. Das evangelisch gewordene Bühl wurde rekatholisiert.
So war nun durch die konfessionelle Spaltung eine klare und fast undurchlässige Grenze gezogen zwischen dem württembergischen und österreichisch-hohenbergischen Gebiet. Rottenburg wurde von Tübingen aus zum Ausland und umgekehrt. Studenten aus Rottenburg studierten so beispielsweise in Freiburg oder Innsbruck und nicht in Tübingen. Heiraten von einer Seite zur anderen wurden als Familienkatastrophen angesehen.
Gemeinsam erlebten allerdings alle gleich schrecklich den 30jährigen Krieg, der nach der Schlacht von Nördlingen 1634 größtes Elend und furchbare Not ins Land brachte. Den kaiserlichen Truppen, den Bayern und Österreichern folgten Schweden, dann Franzosen. Städte und Dörfer litten gleichermaßen, Hunger und Pest, plündernde und mordende Soldaten dezimierten die Bevölkerung.
Von diesen Verheerungen hat sich das Land lange nicht mehr erholt. In

den meisten Dörfern werden erst 100 Jahre später wieder die gleichen Bevölkerungszahlen erreicht wie vor dem Krieg. Besonders schlimm war, daß auch nach dem Friedensschluß von 1648 immer wieder Kriege aufflackerten – drei Eroberungskriege des französischen Königs, der Spanische Erbfolgekrieg – und Truppen das Land verwüsteten. Friedvollere Zeiten kamen erst ab 1714 mit dem Rastatter Frieden.

Die seit Jahrhunderten bestehenden politischen Strukturen wurden zu Beginn des 19. Jahrhunderts in einer harten, raschen, rücksichts- und beispielslosen Operation, in der sog. Napoleonischen Flurbereinigung, zerschlagen und neu gestaltet. Von den vielen Dutzend Staaten und Städtchen in Süddeutschland überlebten nur drei diese Reform. Einer davon, Württemberg, wurde 1806 Königreich, ausgestattet mit zahlreichen – nun ihrer Hoheitsrechte beraubten – Herrschaften, Klosterterritorien, Reichsstädten, Grafschaften und Fürstentümern.

In unserem Gebiet wurde die politische Grenze zwischen Hohenberg, Ritterschaften und Württemberg aufgehoben und in einer Verwaltungs- und Gebietsreform der Raum »Schönbuch-Neckar-Rammert« verschiedenen z. T. neugeschaffenen Ämtern und Oberämtern zugeordnet; die konfessionelle Grenze blieb noch lange Zeit sichtbar und ist eigentlich erst nach dem Zweiten Weltkrieg verschwunden.

Doch nicht nur die Neuordnung der Länder im Südwesten kündete vom Anbruch einer neuen Zeit. Das Mittelalter ging in vielen Bereichen des Lebens nun zu Ende. Ein Bündel von Gesetzen schuf die Grundlage zur sog. Bauernbefreiung, in der die wirtschaftlichen und sozialen Verhältnisse weitreichenden Veränderungen unterworfen wurden: Die Bauern erlebten die Ablösung vieler Pflichten, der Fronen, die Aufhebung der Leibeigenschaft. Ein umfangreicher Ablösekomplex betraf die Rechte der im Schönbuch oder in seiner Nachbarschaft gelegenen Dörfer am und im Wald: Weiderechte, Holznutzung, Kalkbrennen etc. Obwohl von staatlicher Seite umfangreiche Waldstücke den Gemeinden als eigen übertragen und den Markungen eingefügt wurden, gab es viel Streitigkeiten, kam es wiederholt zu Tätlichkeiten gegenüber Forstbeamten. Die meisten Schönbuchgenossen konnten zwischen 1817 und 1830 für eine vertragliche Regelung gewonnen werden, andere sträubten sich noch lange. Die Gemeinde Dettenhausen willigte erst 1878 in einen Ablösevertrag ein.

Abgelöst wurden in diesem Jahrhundert auch die bislang vorherrschenden politischen Kräfte. Der führende Adel wurde vom immer selbstbewußter werdenden Bürgertum, das sich in der 1848er Revolution erstmals als politische Kraft zeigte, verdrängt. Das Jahrhundert war jedoch auch gekennzeichnet von äußerer, wirtschaftlicher Not. Dem Hungerjahr 1816 folgten in unregelmäßigen Abständen andere. Das rasche Bevölkerungswachstum trat zu den Mißernten, so daß vor allem

Ehrenfried Kluckert

Kunstgeschichte im Raum Schönbuch – Rammert

Römer und Alamannen

Durch unser Wandergebiet verlief eine wichtige römische Konsularstraße: Aus Helvetien kommend, verband sie das Quellgebiet der Donau (Brigobanne/Hüfingen) mit Rottweil (Arae Flaviae), Sülchen bei Rottenburg (Sumelocenna) und Köngen (Grinario). Eine nicht ganz so bedeutende West-Ost-Achse verlief von Baden-Baden (Aquae) über Herrenberg, Altingen (hier gibt es eine »Römerstraße« und eine »Römerlinde«) und Unterjesingen nach Tübingen.

Rottenburg ist zweifellos der interessanteste Ort mit römischen Denkmälern in unserem Wandergebiet (s. S. 84). Aber auch das Merkurrelief von Pliezhausen ist beachtenswert (links vom Eingang der Kirche). Der Attiskopf mit phrygischer Mütze von Kirchentellinsfurt ist ebenfalls sehenswert (Württembergisches Landesmuseum Stuttgart). Er wurde zusammen mit anderen Bruchstücken zwei Kilometer nordöstlich von Kirchentellinsfurt in einem sog. Pfeilergrab gefunden. Möglicherweise gehörte er zu einem bei Altenburg gelegenen römischen Gutshof.

Im Schloßmuseum von Wachendorf (im Besitz des Freiherrn von Ow-Wachendorf. Anmeldung erbeten) kann man zahlreiche römische Funde aus der Umgebung besichtigen, u. a. drei kleine bronzene Statuetten, die von einem römischen Gutshof stammen, den man südlich von Bierlingen ausgegraben hat. Zu den bedeutendsten Exponaten des kleinen Privatmuseums in Wachendorf zählen alamannische Funde aus Oberflacht. Es handelt sich vorwiegend um Grabbeigaben einer überdurchschnittlich wohlhabenden Familie aus der Zeit um 600 n. Chr. Die Fundstücke vermitteln einen sehr guten Einblick in den Formenreichtum der alamannischen und frühchristlichen Kunst Südwestdeutschlands. Schauplätze alamannischer Kultur in unserer Wanderregion sind hauptsächlich Friedhöfe und Gräberfelder (s. S. 60ff.).

Pliezhausen. Merkurrelief

Romanik

Bebenhausen, um 1185 von Pfalzgraf Rudolf I. von Tübingen als Prämonstratenserkloster gegründet, wurde 1190 von den Zisterziensern übernommen. Deren karger Baustil ist heute noch in einigen Gebäudeteilen nachzuvollziehen: Die Klosterkirche ist im wesentlichen noch der Bau von 1191 bis 1227, eine flachgedeckte Pfeilerbasilika auf kreuzförmigem Grundriß mit dem für die Zisterzienser typischen geraden Chorabschluß, in den erst später ein gotisches Maßwerkfenster eingebrochen wurde. Das Gewölbe stammt aus spätgotischer Zeit. Kapitelsaal, Parlatorium und Brudersaal weisen schwere romanischstaufische Bauformen auf. Doch kann man an einigen Beispielen den seltenen Übergangsstil von der Romanik zur Gotik erkennen.
Unweit Tübingen, in Schwärzloch, kann man romanische Dämonen und Fabelwesen an der Hofseite der ehem. Kirche (heute Ausflugslokal) betrachten. Der dunkle Chorraum ist noch zugänglich. Nahe des Gartencafés neben dem Hühnerstall ist die Apsis zu sehen.

In der Nähe, am Ammerhof vorbei, steht die Wurmlinger Kapelle, deren erster Bau auf das 12. Jahrhundert zurückgeht. Die romanische Krypta ist noch erhalten.

Die St.-Johannis-Kirche von Wannweil zählt zu den ältesten Kirchen Württembergs. Sie stammt aus dem zweiten Drittel des 12. Jahrhunderts. Auffallend sind die drei Blendnischen mit Rundbögen, die an lombardische Vorbilder erinnern (Pavia). Der Turm, dessen Mauerwerk auf einen noch älteren Bau hinweist, ist in seinem ursprünglichen Zustand erhalten. Im Erdgeschoß des Turmes befindet sich eine Altarplatte, in der Reliquien aufbewahrt wurden. Sie wird von zwei Säulen gerahmt, die mit romanischen Bildmotiven geschmückt sind (Männerkopf mit Bart, Vogel und Flechtwerk). Hier ist auch ein ehem. Türsturz, der wahrscheinlich aus karolingischer Zeit stammt.

Die Kirchen von Hildrizhausen und Nufringen bestehen ebenfalls aus überwiegend romanischen Bauteilen. Besonders beachtenswert ist das romanische Tympanon im Südportal der Stiftskirche St. Nicomedes von Hildrizhausen (Nicomedes, römischer Märtyrer, Schüler des Petrus). Ein äußerst selten in diesem Gebiet noch erhaltener romanischer Profanbau steht in Holzgerlingen: das (später umgebaute) Wasserschloß »Kalteneck« (frühes 11. Jh.) ist am Ortsrand (Richtung Weil im Schönbuch) zu finden.

Gotik

Auch hier zeichnet sich vor allem das Kloster Bebenhausen aus: der zwischen 1407 und 1409 erbaute filigranartige Dachreiter der Klosterkirche gilt als einer der schönsten Glockentürme; ein Meisterwerk ist der spätgotische Kreuzgang mit den wunderschönen Gewölben und den herrlich gearbeiteten Schlußsteinen. Am beeindruckendsten freilich ist für viele das zweischiffige Sommerrefektorium, dessen freistehende schlanke Pfeiler von 1335 ohne Kapitelle sich – Palmbäumen ähnlich – in ein mit zarten Ornamenten bemaltes Sternengewölbe »verzweigen«.

Viele Kirchen des Landes sind in spätgotischer Zeit, also um 1500 gegründet worden. Andere schon bestehende romanische Bauten hat man »modernisiert«, also gotisch umgebaut. Diese rege Bautätigkeit im Spätmittelalter läßt sich u. a. mit der zu dieser Zeit wachsenden Volksfrömmigkeit erklären. Hinzu mag noch ein relativer Wohlstand gekommen sein – Resultat einer verhältnismäßig ruhigen politischen und wirtschaftlich lebhaften Phase. Nun wollen wir einige bemerkenswerte Dorfkirchen aufsuchen, um vor und in ihnen verschiedene Bauformen sowie Altäre oder Wandmalereien zu studieren:

Die Petruskirche in Dußlingen wurde erstmals im 9. Jahrhundert erwähnt. Heute zeigt sie sich als einheitliches gotisches Bauwerk (1501 bis 1508) mit einem schön durchgeformten Netzgewölbe. Sehenswert sind die Schlußsteine (Schweißtuch der hl. Veronika, Georgsschild und zwei Rosenwappen).

Die Altdorfer Kirche ist vom Meister Hans von Bebenhausen im Jahre 1495 erbaut worden. Von ihm stammt auch der Kreuzgang in Bebenhausen, der Plan zum Rottenburger Kirchturm und der Bau der Weilheimer Kirche. Die spätgotischen Strebepfeiler sind schwer und massig.

Die monumentale Dorfkirche von Holzgerlingen (1473) besaß früher wahrscheinlich einen Westchor. Über der heute noch zugänglichen Westhalle erhebt sich der mächtige Turm (vgl. die ähnliche Anlage in Herrenberg). Triviale Emporenmalereien erzählen vom Alten und Neuen Testament. Links vom Chor befindet sich ein Stifterbild aus der Renaissance mit hervorragenden ornamentalen Arbeiten. Im Chor fällt das besonders harmonisch eingebrachte Netzgewölbe auf.

Fast alle Wege in Weil im Schönbuch führen hinauf zur gotischen Stadtkirche, die nach einem Brand im Jahre 1558 wiederhergestellt wurde. Neben dem Turm ein Aufgang zur Empore, wie man ihn auch in Altdorf und in Holzgerlingen beobachten kann. Am unteren Teil des vorwiegend noch romanischen Turms sind Sterbeanzeigen aus dem 17. und 18. Jahrhundert angebracht.

Im benachbarten Breitenstein und in Neuweiler stehen kleine Dorfkirchen, die nicht unbeachtet bleiben sollen. Die Breitensteiner Kirche mit dem zierlichen Fachwerkturm stammt vom Meister Franz von Tübingen (1488). Das Schiff der Neuweiler Kirche ist noch romanisch. Es schließt sich ein erhöhter spätgotischer Chor an. Im mittelalterlichen Dorfzentrum von Ehningen steht eine um 1440 erbaute Kirche. Im 16. Jahrhundert wurde sie von Heinrich Schickhardt umgebaut. Vor einigen Jahren hat man im Kirchenschiff Wandmalereien entdeckt, die Szenen aus dem Jüngsten Gericht darstellen (Mitte 15. Jh.). Der Maler war offensichtlich von ähnlichen Kompositionen der Alten Niederländer inspiriert. Aus der Kirche stammt übrigens das ausgezeichnete Altarwerk mit Christusszenen vom stark an Dirk Bouts orientierten »Meister des Ehninger Altars«. Es hängt heute in der Staatsgalerie Stuttgart.

In der Kusterdinger Marienkirche (Grundsteinlegung 1506), die als eine der schönsten gotischen Dorfkirchen gilt, sind vor allem die spätgotischen Gewölbemalereien im Chor in ihrer »Phantasie, Schönheit und Eigenheit« einzigartig. Dargestellt werden nicht nur die »üblichen« Flammen- und Pflanzenornamente, sondern zahlreiche Blumen und Vögel, darunter Tauben, Eulen und Pelikane. Die origina-

le, flache Holzfelderdecke im Kirchenschiff weist eine reiche, phantasievolle Flachschnitzerei auf. Der Taufstein mit Stabwerk (1521) und die steinerne gotische Kanzel stammen wie das lebensgroße Holzkruzifix aus der Erbauungszeit.
Auch die Kirche von Gärtringen (1496) wird zu den schönsten Dorfkirchen des Landes gezählt. Auf erhöhter Lage ist sie von großen Parkbäumen umgeben. Der Innenraum wirkt wie der einer Hallenkirche, Seitenschiffe und Mittelschiff sind annähernd gleich hoch. Im Chor und im Hauptschiff ein spätgotisches Netzgewölbe. Bedeutend sind die Malereien an den Längswänden des Chors. Die Apostel könnten von der Hand Jerg Ratgebs, dem Meister des Herrenberger Altars, sein – der in Ornamentformen verschlungene Engel ist es sicherlich. An der rechten Langhauswand ein spätmittelalterliches Fresko mit einem seltenen Thema: Christus in der Weinkelter.
In der Altinger St.-Magnus-Kirche sind im Jahre 1954 spätgotische Malereien aufgedeckt worden. Die Darstellungen sind zwar nicht gut erhalten, sie vermitteln aber immer noch den Eindruck einer geschlossenen Chorausmalung. An der Nordwand sind Szenen aus dem Marienleben zu erkennen. Etwas deutlicher sind die Darstellungen an der Ostwand: Goldene Pforte, Geburt der Maria, Verkündigung, Heimsuchung, Geburt Christi, Anbetung und unten rechts das Abendmahl. Im Kreuzgratgewölbe sind die vier Evangelisten mit den vier Kirchenvätern zu sehen. Beachtenswert ist der gemalte Kassettenfries der inneren und äußeren Triumphbogenwand (Zugang zum Chor) sowie in der Laibung ein Gastmahl des Herodes mit dem Martyrium des Täufers.
Von Altingen gelangt man über Reusten nach Oberndorf, das seit kurzem Stadtteil von Rottenburg ist. Der Chor der unscheinbar wirkenden Dorfkirche ist von einem Altar ausgefüllt, der in der weiten Umgebung seinesgleichen sucht. Es grenzt schon fast an ein kleines Wunder, daß dieser kostbare spätgotische Schnitzaltar noch immer an seinem originalen Ort zu finden und nicht schon längst aus Sicherheitsgründen von einem Museum »beschlagnahmt« worden ist. Das 3,60 m breite und 3,30 m hohe Altarretabel steht auf einem mittelalterlichen Steinsockel. Die Hauptnische ist durch einen kastenförmigen Untersatz erhöht und zeigt die Krönung Mariens durch Gottvater und Christus. Diese Szene wird von zwei weiteren Nischen mit je zwei Figuren flankiert. Links erkennt man Johannes den Täufer und den Evangelisten. Rechts die hll. Petrus und Andreas. Über der Hauptnische erhebt sich eine Kreuzigungsgruppe mit Maria und Johannes. Ihnen zur Seite je ein Engel. Für den unteren Altarteil, die Predella, wurde in der zu dieser Zeit üblichen Weise das Motiv »Christus inmitten seiner Jünger« gemalt.
Man kann vermuten, daß der Altar Flügel hatte, die abmontiert worden

und verschollen sind. Die Geschichte des Altars ist ebenfalls nicht gesichert. Herkunft, Datierung und der Name des Meisters oder der Werkstatt sind unbekannt. Die durch eine Figurennische erhöhte Mittelgruppe weist auf eine oberrheinische Werkstatt, desgleichen die Maßwerkfenster der Nischen. Zwei oberrheinische Altäre, die in der Werkstatt des Hans Sixt von Staufen im ersten Viertel des 16. Jahrhunderts entstanden sind, weisen viele stilistische Gemeinsamkeiten mit unserem Altar auf. Noch deutlicher sind schwäbische Einflüsse geltend zu machen. Die Marienfigur und der hl. Laurentius sind mit Skulpturen des Blaubeurer Hochaltars des Gregor Erhart (1493/94) zu vergleichen. Die etwas nach oben gezogene Oberlippe mancher Figuren ist ein typisches Kennzeichen vieler Riemenschneider-Physiognomien. Hinzu kommen Arm- und Beinstellungen sowie die Drehung des Körpers, die ebenfalls auf den Riemenschneider-Umkreis verweisen. Die Malereien könnte man dagegen wieder der Ulmer Schule um Bartholomäus Zeitblom zuordnen.

Der Oberndorfer Altar wird wohl zu Beginn des 16. Jahrhunderts von fränkisch und schwäbisch geschulten Händen gefertigt worden sein. Da Retabel und einige Figuren auf Hans Sixt von Staufen verweisen und dieser Künstler vermutlich seine Lehrjahre in Franken und Schwaben verbracht hat, könnte es möglich sein, daß der Altar in einer »Sixt-Filiale« entstanden ist.

16. und 17. Jahrhundert

Während aus dem Spätmittelalter hauptsächlich Kirchengründungen und -umbauten überliefert sind, ist das 16. und 17. Jahrhundert auch die Zeit der Schloßbauten. Das bedeutendste und vielleicht schönste in unserem Wandergebiet ist das Poltringer Wasserschloß. Ausgrabungen haben ergeben, daß es schon um 1000 auf Pfählen erbaut und mit einem Graben umgeben worden war. Sein heutiges Aussehen erhielt das Schloß im Jahre 1613. Der Baumeister Winland hat es nach Plänen von Heinrich Schickhardt errichtet. Übrigens ist das Poltringer Wasserschloß das einzig erhaltene Schloßbauwerk von Heinrich Schickhardt, nachdem das Schloß Mauren bei Böblingen im Zweiten Weltkrieg zerstört worden ist. Sein unvergleichliches Aussehen wird durch vier von Zeltdächern abgeschlossenen Ecktürmen geprägt. Diese flankieren die vier dreigeschossigen Seitentrakte. Poltringen besaß noch ein weiteres Schlößchen. Der Flurname »Schlößlesäcker« (nordöstlich vom Dorf Richtung Entringen) erinnert an den ehem. Standort.

Das Hirrlinger Schloß, das den Herren von Ow gehörte, wurde im Jahre 1557 erbaut. Eine mächtige Ringmauer umgibt den Baukörper.

Im Hof fällt das Hauptgebäude mit dem ungewöhnlich hohen Giebel auf. Die Mittelachse wird durch einen achteckigen Treppenturm betont.

In Wachendorf stehen zwei Schlösser, das Alte Schloß (Anfang 16. Jh.) und das Neue Schloß (1666). Über einen kleinen Zwischenbau mit einem sehenswerten wappengeschmückten Tor aus dem Jahre 1555 gelangt man in den Schloßhof. Man sollte nicht versäumen, den großen Ahnensaal im Haupttrakt aufzusuchen.

Das von David von Stein erbaute Bühler Schloß (1550) ist kürzlich restauriert worden. Der dreigeschossige Bau wird von zwei Rundtürmen flankiert. An der Hofseite ist ein Treppenturm, der im Untergeschoß zu gewölbten Räumen führt. In einem schmalen Zimmer kann man heute noch Reste von Wandmalereien aus dem 16. Jahrhundert erkennen.

Das Kilchberger Schloß, das den Herren von Ehningen gehörte, stammt aus dem 13. Jahrhundert. Der spätmittelalterliche Bergfried und die mit Rundtürmen bewehrte Ringmauer erinnern an die Form einer typischen Ritterburg. Zwischen 1721 und 1723 wurde das Schloß umgebaut. Bis 1829 stand hier der berühmte Kilchberger Altar von Bartholomäus Zeitblom (um 1480). Heute kann man ihn im Württembergischen Landesmuseum Stuttgart besichtigen.

Das sog. Schlößle in Kirchentellinsfurt (16. Jh.) besteht aus zwei Gebäuden, dem »großen Schloß« und dem parallel dazu liegenden »kleinen Schloß«, dem »Reiterhäuslein«. Beide Gebäude sind nur wenig verändert worden. Das Erdgeschoß besteht aus Bruchsteinmauerwerk mit markant hervortretenden Eckquadern. Darüber erheben sich zwei Fachwerkgeschosse. Vor die nördliche Giebelwand ist ein fünfeckiger Treppenturm geblendet.

Das Schönbuchstädtchen Waldenbuch liegt auf einem Höhenrücken. Das 1562 erbaute Schloß mit steiler Wendeltreppe und gewölbten Säulenhallen bildet mit der nur wenig Jahre später von Gunzenhäuser erbauten Kirche ein typisches Renaissance-Ensemble. Vor dem Rathaus (1575) steht der barocke Marktbrunnen (1728). Von hier führt ein Stadtlehrpfad zu interessanten Plätzen und Gebäuden (Plan) wie z. B. zur alten Pfarrscheuer, zu mittelalterlichen Stiegen, zum Haus Dannekker, zum Oberen Tor, zur Alten Post und zum alten Backhaus, einem herrlichen Fachwerkbau.

Von Fachwerkhäusern war so gut wie noch gar nicht die Rede, und es fällt schwer, eine Auswahl zu treffen. Sehenswert sind die stattlichen Fachwerkhäuser von Weil im Schönbuch, von denen viele im 16. und 17. Jahrhundert entstanden. Die Fachwerkhäuser von Altingen sollte man ebenfalls sehen. Das »Schwendenhaus« (1680) gehört zweifellos zu den Prunkstücken in unserem Wandergebiet. Es zeichnet sich durch geschwungene Balkenformen aus, in die teilweise Muster geschnitzt sind. Das Rathaus von Kayh, vor kurzem hervorragend restauriert, zeigt dagegen den ruhigen Fachwerktypus des 16. Jahrhunderts. Im Innern kann man sich von der Zimmermannskunst des späten Mittelalters überzeugen lassen.

Barock

Die Barockarchitektur Alt-Württembergs ist entsprechend der religiöspolitischen Situation des Landes eine »protestantische Architektur«, also karg und nüchtern. Sie hat nichts zu tun mit den schwelgerischen Formen des oberschwäbischen Barock. Typisch für den württembergischen Barock ist die Pfäffinger Michaeliskirche aus dem frühen 18. Jahrhundert (am Westtor die Jahreszahl 1711). Die 1275 zum erstenmal erwähnte Kirche weist einen zierlichen Fachwerkturm auf. In dem fast düsteren Innenraum fehlen die üppigen Ornamentformen. Der Raum wirkt eher spätmittelalterlich. Die überlebensgroßen Apostelbilder im Chor hat Johann Emanuel Schleich, ein Tübinger Maler, im Jahre 1721 (Inschrift) gemalt.
Wenige Kilometer weiter, in Richtung Tübingen, steht die Ammerhofkirche. Hier kann man Barockformen studieren, wie man sie vom katholischen Oberschwaben her gewohnt ist. Im Jahre 1171 hatte der Tübinger Pfalzgraf Hugo das Prämonstratenserkloster Obermarchtal gegründet. In diesem Zusammenhang bestimmte er die Kirche und den Zehnten in Ammern (Ammerhof) mit der Grundausstattung des Klosters. Später, zur Zeit der Reformation, galt die Ammerhofkirche als Zufluchtsstätte der Tübinger Katholiken. Erst um die Mitte des 18. Jahrhunderts konnte sie sich selbständig machen. In dieses Jahrhundert fällt die Entstehung des heutigen Baus, der z. Z. restauriert wird. Der Baumeister des Deutschen Ordens, Johann Caspar Bagnato (und nach seinem Tod sein Sohn Franz Anton) übernahmen die Arbeiten. Es handelt sich um eine schlichte Saalkirche, auf deren Chor der Turm steht. Fassade und Seitenwände sind nur wenig gegliedert. Ein leichtes Gesims wird in einem eleganten Schwung um die Chorrundung bis zur Fassade herumgeführt. Das Nordportal ist ein kleines Schmuckstück: eine halbkreisförmig angelegte Freitreppe führt zu den von Eckpilastern und vorgestellten Säulen gerahmten Portaltüren. Korinthisierende Kapitelle leiten zum Gebälk über, das mit einer Rocaillekartusche abgeschlossen wird. Die illusionistische Chorkuppel wurde von J. A. Veeser ausgemalt. Der Wessobrunner Stukkator Franz Xaver Schmuzer, der u. a. Ettal und Obermarchtal ausgestaltet hat, bemühte sich um ein Dekorationssystem, das zwischen traditioneller Rokokoform und dem damals schon modernen Klassizismus vermitteln sollte.

Portal der Ammerhofkirche

Klassizismus, Historismus und Jugendstil

Tübingen ist reich an Bauten aus dem mittleren und dem späten 19. Jahrhundert. Viele Verbindungshäuser und manche Altstadtgebäude sind Repliken mittelalterlicher Palastbauten und Burgen. Ebenso sind die strengen klassizistischen Bauformen betrachtenswert, die man u. a. in der Wilhelmstraße sehen kann. Die Pankok-Villa in der Mörikestraße und die alte Universitätsbibliothek gelten als hervorragende Beispiele des Jugendstils.

Portal in der Neckargasse in Tübingen

Solche Bauformen sind auch in manchen Dörfern unseres Wandergebiets anzutreffen. Auf einige Besonderheiten sei im folgendem aufmerksam gemacht: Am Ortsausgang von Altingen (Richtung Reusten) steht die ev. Kirche, ein historistischer Bau (Neugotik), der von Friedrich Leins errichtet wurde, dem Erbauer der Villa Berg in Stuttgart. In der Dorfkirche von Kayh kann man prächtige Jugendstilfenster im Chor besichtigen. Otto Flück, Glasmaler und Kunstglaser aus Cannstatt, hat sie im Jahre 1908 gestaltet. Jugendstil kann man auch in Weil im Schönbuch bewundern, neben dem alten Rathaus steht ein auffallend schönes Jugendstilhaus, die Post.

WILFRIED SETZLER

Tübingen

Geschichtlicher Überblick

Wie bei anderen »-ingen-Orten« – Reutlingen, Esslingen, Böblingen – weist der Name Tübingen auf eine alamannische Siedlung hin, die sich, durch Gräberfunde aus der ersten Hälfte des 7. Jahrhunderts belegt, in der Nähe der heutigen Stiftskirche befand. Doch wird der Ort zum Jahr 1078 erstmals schriftlich erwähnt, als in der Zeit des Investiturstreits König Heinrich IV. das »castrum Alemannorum, quod Twingia vocatur«, belagerte.
Nach dieser Burg nannten sich wenige Jahre später ihre Erbauer, die Grafen des Nagoldgaues, Grafen von Tübingen, die in der Regierungszeit des staufischen Königs Konrad III. (1136–1156) die Pfalzgrafenwürde erwarben. Unter ihnen erlebte Tübingen eine erste große Blüte. Der »Tübinger Pfennig«, eine in der Stadt geschlagene Münze, Tübinger Maße und Gewichte fanden eine weite Verbreitung. Um 1150 begann der Neubau einer großen romanischen Kirche, 1191 werden neben dem Pfarrer auch Kaufleute erwähnt, um 1204 besitzt man einen Galgen, Merkmal der hohen Gerichtsbarkeit, und 1231 endlich wird Tübingen als civitas, also als Ort mit Stadtrecht und Bürgerschaft bezeichnet; wenige Jahre später sind dann auch die Stadtmauern bezeugt.
Der Untergang des staufischen Hauses brachte den Pfalzgrafen von Tübingen einen Verlust ihrer politischen Macht und leitete ihren wirtschaftlichen Niedergang ein. 1342 schließlich verkauften sie ihre namengebende Stadt an Württemberg.
Nach Stuttgart war Tübingen, gemessen an der Einwohnerzahl und der Wirtschaftskraft, für Jahrhunderte die zweitgrößte Stadt des Landes. Ihre politische Rolle zeigte sich deutlich, als die Tübinger städtische »Ehrbarkeit« 1514 dem Herzog Ulrich von Württemberg im Zusammenhang mit dem »Remstalaufstand« in dem sog. »Tübinger Vertrag« wichtige Grund- und Menschenrechte abgewann. In dieser »Magna Charta Württembergs« gelang es den bürgerlichen Landständen, ein weitgehendes Mitbestimmungsrecht durchzusetzen, die Macht des Landesherrn einzuschränken und sich selbst wichtige Privilegien zu sichern. Dieser Vertrag bestimmt auf Jahrhunderte die württembergische Verfassungsentwicklung.

Das folgenschwerste und bedeutsamste Ereignis in der Geschichte Tübingens war die 1477 erfolgte Gründung der Universität durch Graf Eberhard im Bart in der damals etwa 3000 Einwohner zählenden Stadt. Die Hohe Schule erreichte trotz mancher Bedenken dank ihrer guten wirtschaftlichen und personellen Ausstattung rasch ein großes Ansehen.

Hand in Hand mit dem Aufschwung der Universität ging die bauliche Ausweitung der Stadt: der Neubau der gotischen Stiftskirche als Festsaal der Universität wurde vollendet, Vorlesungsgebäude, Professorenwohnungen, Studentenwohnheime wie die Burse, ja sogar eine neue Brücke über den Neckar entstanden. Das Bild der noch heute existierenden Altstadt geht im wesentlichen auf jene Zeit zurück.

Wie andernorts in Deutschland bedeutete der Dreißigjährige Krieg eine harte Zäsur. Von seiner Verheerung haben sich Stadt und Universität lange nicht mehr erholt. Zur wirtschaftlichen Misere gesellte sich eine geistige Verengung. Die vorher blühende Universität – noch 1623 erfand Wilhelm Schickhardt die erste mechanische Rechenmaschine der Welt – sank auf das Niveau einer Lehranstalt bescheidenen Mittelmaßes, die zudem von Provinzialismus, Konfessionalität und Vetterleswirtschaft geprägt war. Die Zahl der Studenten lag in der Mitte des 18. Jahrhunderts bei etwa 300.

Als gar Herzog Karl Eugen in Stuttgart mit der Hohen-Karls-Schule eine Konkurrenz-Universität gründete, schien sich für Tübingen eine neue wirtschaftliche Katastrophe anzubahnen. In Tübingen sanken die Studentenzahlen unter 200. Wohl nur der Tod des Herzogs verhinderte das Schlimmste.

Die politischen Veränderungen zu Beginn des 19. Jahrhunderts blieben nicht ohne Einfluß auf die Geschichte Tübingens. Den neuen Bedürfnissen entsprechend wurde 1817 an der Universität eine staatswissenschaftliche Fakultät – die erste in Deutschland – neu eingerichtet mit Friedrich List als Professor. Im selben Jahr erhielt Tübingen eine Katholisch-theologische Fakultät, was ihr Studenten aus den an Württemberg gefallenen katholischen Gebieten zuführte. Ein enormer Aufschwung der Naturwissenschaften ließ die alten Fächer unter Schaffung neuer Lehrstühle immer mehr differenzieren. 1863 erhielt Tübingen als erste deutsche Universität eine Naturwissenschaftliche Fakultät. Die Spezialisierung der alten Fächer und die Institutionalisierung neuer Disziplinen zeigte sich am deutlichsten im Bereich der Medizin.

Diesem Neubeginn am Ende des 18. und zu Beginn des 19. Jahrhunderts verdankt die Stadt auch ihren Ruf als Stadt der Dichter und Denker, als »Sedes Musorum«, Sitz der Musen, als »Neckar-Athen«. Hegel, Hölderlin und Schelling wohnten und studierten 1790/91 zusammen in einem Zimmer des Evangelischen Stifts. Ludwig Uhland – Dichter, Gelehrter und Politiker –, Wilhelm Hauff, Gustav Schwab, Justinus Kerner, Eduard Mörike wurden weit über die Grenze Württembergs hinaus bekannt. Der Tübinger Johann Friedrich Cotta publizierte in seinem Verlag die Werke der deutschen Klassiker.

Mit der Universität veränderte sich die Stadt. Die mittelalterlichen Tore wurden abgerissen, Stadterweiterungen folgten den Universitätsbauten vor die Stadtmauer. 1900 zählte man bei 1000 Studenten 15000 Einwohner, 1925 bei 2500 Studenten 20000 Bürger. Doch hielten sich die räumliche Ausweitung und die zahlenmäßige Vergrößerung der Einwohnerschaft verglichen mit anderen Städten in Grenzen, da industrielle Ansiedlungen fast gänzlich unterblieben.

Nach dem Zweiten Weltkrieg war Tübingen bis zur Gründung des Südweststaates 1952 Hauptstadt des Landes Württemberg-Hohenzollern. Da die Stadt den zahlreichen Behörden kaum genügend Platz bot, tagte der Landtag im benachbarten (1974 eingemeindeten) ehem. Kloster Bebenhausen. Im Zuge der Gebietsreform wurden 1971 die Dörfer Bühl, Hagelloch, Hirschau, Kilchberg, Pfrondorf, Unterjesingen und Weilheim eingemeindet.

Die letzten 25 Jahre sind geprägt von einem explosionsartigen Wachstum der Universität. Ihr Raumbedarf wies der Stadt den Weg aus dem Neckar- und Ammertal auf die Höhen zur »Morgenstelle«, zur »Wanne« und nach »Waldhausen«. 1983 hat Tübingen mit 22000 Studenten bei etwa 75000 Einwohnern die höchste »Studentendichte« in Deutschland.

Doch gelang es der Stadt trotz aller Vermassung, trotz aller Modernisierung und Anpassung an die neue Zeit, sich viel von ihrer alten Atmosphäre und von ihrem besonderen Zauber zu bewahren.

Kunsthistorische Sehenswürdigkeiten

Platanenallee (1) mit Blick auf die »Neckarfront«.
Zwingel (2), alte, bis ins 13. Jahrhundert zurückgehende Stadtmauer.
Hölderlinturm, »Gruft und Tempel zugleich«. Hier lebte Friedrich Hölderlin in geistiger Umnachtung von 1807 bis 1843 bei der Familie Zimmer.
Burse (3), Studentenwohnhaus und -lehranstalt (1478–1482 errichtet); 1803/05 im Stil des Klassizismus zum ersten Tübinger Klinikum umgebaut. Gedenktafel für Philipp Melanchthon, der in der Burse Vorlesungen hielt.
Neckarbad (4), einst Badeanstalt vor der Stadtmauer.

Evangelisches Stift (5), ehem. Augustinerkloster. Seit Einführung der Reformation Ausbildungsstätte ev. Theologen. Die Geschichte des Stifts ist zugleich ein Stück europäischer Geistesgeschichte. U. a. studierten hier (zugleich in einem Zimmer!) Hegel, Hölderlin und Schelling.

Burgsteige (6), eine der frühesten Straßen mit den ältesten Häusern. Nr. 7 Wohnhaus des Astronomen Mästlin, Lehrer Keplers.

Schloß Hohentübingen (7), Renaissanceportal um 1604/06 im Stil eines römischen Triumphbogens. Das Schloßgebäude stammt in seiner jetzigen Form aus dem 16. Jahrhundert. Schöner Ausblick in das Neckar- und Ammertal.

Marktplatz mit Neptunbrunnen (8), Rathaus mit einer von Johannes Stöffler um 1511 geschaffenen kunstvollen astronomischen Uhr. Im ersten Stock Großer Sitzungssaal mit alamannischem Fachwerk, im zweiten Stock Empfangssaal (Öhrn) mit interessanten Grisaillen, sog. »Gerechtigkeitsbildern«, aus dem 16. Jahrhundert.

Judengasse (9), im Mittelalter Wohngebiet der Tübinger Juden, die 1477 aus der Stadt vertrieben wurden.

Reste der alten *Stadtmauer* (10). *Jakobuskirche* (11) aus der Zeit um 1500. Zentrum der unteren Stadt, der sog. »Gogei«.

Krumme Brücke mit dem *Bürgerheim* (12), ehem. Spital.

Fruchtschranne (13), als herzoglicher Fruchtkasten eines der ältesten und schönsten Bauwerke der Stadt mit alamannischem Fachwerk aus dem 15. Jahrhundert.

Stiefelhof (14), das älteste urkundlich erwähnte (1323) Haus Tübingens, »Stiefels, des Ledergerbers Gesäß«.

Kornhaus von 1453 (15), früher im Erdgeschoß Getreidehandel und Lager; in den Obergeschossen spielte sich einst bürgerschaftliches, geselliges Leben ab; etwa um 1600 Theateraufführungen reisender Komödianten.

Lammpassage mit dem *Lammhof* (16), eines der interessantesten Sanierungsgebiete der Stadt.

Konvikt (Wilhelmsstift) (17), ehem. Ritterakademie, Collegium illustre, erbaut von 1588 bis 1592. Seit 1817 Ausbildungsstätte kath. Theologiestudenten.

Lange Gasse 18, altes Schlachthaus (18), Druckzentrum und Ausstellungsort des Tübinger Künstlerbunds.

Nonnenhaus (19), Fachwerkbau aus dem 14. Jahrhundert mit hübschem Treppenaufgang und »Sprachhaus« zur Ammer.

Ehem. Pfleghof des Klosters Bebenhausen (20) vom ausgehenden 15. Jahrhundert.

Schulberg 10; Verwaltungsgebäude (21), in der u. a. das Kulturamt untergebracht ist. Einst »anatolische« Schule (am Österberg).

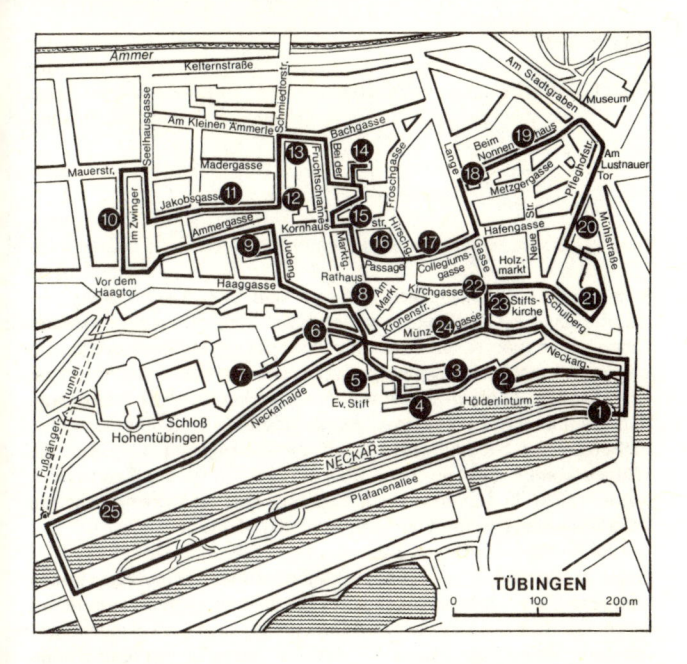

Tübingen

Holzmarkt mit Georgsbrunnen (22), in der Heckenhauerschen Buchhandlung: Hermann Hesse von 1895 bis 1899.
Stiftskirche (23), spätgotischer Bau mit fürstlicher Grablege des Hauses Württemberg. Hervorragende Ausstattung: Glasfenster, Lettner, Chorgestühl, reichverzierter Taufstein, spätgotische Steinkanzel, Altar des Dürer-Schülers Hans Schäufelein. Vom Turm guter Blick über die Stadt. Gegenüber: Münzgasse 15 »Cottahaus«, ehem. Sitz des berühmten Verlags.
Münzgasse mit der Alten Aula (24), einstiges Zentrum der 1477 gegründeten Universität. Haus Nr. 20 alter Universitätskarzer.
Neckarhalde 31 (25), Theodor-HaeringHaus/Städtische Sammlungen.

Dieter Manz

Rottenburg am Neckar

Geschichte und Sehenswürdigkeiten

Von einer vorausgegangenen größeren keltischen Niederlassung her trug die römische Siedlung, die im letzten Viertel des ersten nachchristlichen Jahrhunderts am Platz des heutigen Rottenburg gegründet wurde, den keltischen Namen Sumelocenna. Bedingt durch ihre verkehrsgünstige Lage an einem wichtigen Neckarübergang im Schnittpunkt vielbefahrener Straßen, wurde das römische Rottenburg zu einer gutbevölkerten, wohlhabenden Stadt, die sich sogar einer Stadtmauer rühmen konnte und von deren Bedeutung bis in unsere Tage immer wieder reiche Bodenfunde Zeugnis geben. Hervorzuheben ist die rd. 7 km lange Wasserleitung aus dem Rommelstal, die größte der Römerzeit im rechtsrheinischen Gebiet.

Nach der Zerstörung Sumelocennas während der alamannischen Landnahme im 3./4. Jahrhundert, nach der Entstehung frühmittelalterlicher Dörfer am Rand des römischen Ruinenfeldes, nach der Gründung des mittelalterlichen Rottenburg als zunächst dörfliche Siedlung im 11. oder 12. Jahrhundert, nach Stadterhebung und -erweiterung durch Graf Albert II. von Hohenberg um 1270/80 war der Übergang der Stadt und ihres Umlandes an das Haus Habsburg-Österreich anno 1381 ein Meilenstein ihrer Geschichte. Eine neue Blütezeit gab es für Rottenburg zwischen 1454 und 1482. In diesen Jahren residierte Mechthild von der Pfalz, die Gemahlin Erzherzog Albrechts VI. von Österreich, in der Stadt und machte sie zur »literarischen Hauptstadt Südwestdeutschlands«, aber auch zu einem Zentrum der Bildenden Kunst.

Im 16. Jahrhundert beeinflußten Bauernkrieg, Hexenprozesse, die Wirren von Reformation und Gegenreformation die Geschicke der Stadt und ihrer Bewohner kaum weniger als ein Jahrhundert später mehrfache Belagerung und Einquartierungen im Dreißigjährigen Krieg, die verheerende Pestepidemie von 1635 und vor allem 1644 der erste der großen Stadtbrände, dem das mittelalterliche Rottenburg fast restlos zum Opfer fiel. Der allmähliche Wiederaufbau in den folgenden Jahrzehnten war immer wieder von Truppendurchmärschen und Einquartierungen begleitet, bis dann schließlich der zweite Stadtbrand 1735 die Stadt erneut in Schutt und Asche legte.

Vom folgenden barocken Wiederaufbau wurden Gesicht und Wesen Rottenburgs bis auf den heutigen Tag entscheidend beeinflußt. Die große Anlage des Karmeliterklosters (das Jesuitenkolleg blieb 1735 unversehrt), Rathaus, Adels- und Klosterhöfe bestimmen das Erscheinungsbild der Stadt, in deren Straßen und Gassen die barocken Züge an Bürgerhäusern, Türen, Portalen, Fenstergewänden, Hausmarken und Heiligenfiguren noch immer gegenwärtig sind.

Auch in den folgenden Jahrzehnten fehlten nicht die Einquartierungen und die Kontributionszahlungen, fehlten nicht Unglücksfälle wie der große Brand von 1786 im Stadtteil Ehingen. Ein Hauch von eleganter Welt und hoher Politik streifte die Stadt zwischen 1792 und 1795, als das französische Emigrantencorps unter dem Prinzen von Condé mehrmals sein Winterquartier hier aufschlug.

Im Januar 1806 endete mit der Besitzergreifung durch Württemberg die 425jährige Zugehörigkeit Rottenburgs zum Haus Österreich. Die vormalige Hauptstadt der Grafschaft Hohenberg und Sitz eines österreichischen Landeshauptmanns wurde 1817 württembergische Oberamtsstadt. Nach der Auflösung des Oberamts kam Rottenburg 1938 mit seinem Umland zum Kreis Tübingen. Nachdem sich im Zug der baden-württembergischen Verwaltungsreform zahlreiche Orte der Umgebung der Stadt angliederten, ist Rottenburg seit der Jahresmitte 1972 Große Kreisstadt mit nunmehr über 30000 Einwohnern.

An die kirchlichen Traditionen der Stadt knüpfte die württembergische Regierung an, als sie 1817 das vier Jahre zuvor in Ellwangen errichtete Generalvikariat für die Katholiken des Landes nach Rottenburg verlegte. Aus ihm entstand 1821 das katholische Landesbistum für Württemberg, dessen erster Bischof 1828 inthronisiert wurde. Heute ist die Stadt Zentrum einer der größten deutschen Diözesen.

Bau- und Kunstdenkmäler

Dom St. Martin (1), gegründet im späten 12. Jahrhundert als Liebfrauenkapelle; vom 15. Jahrhundert ab Pfarrkirche, seit 1828 Bischofskirche. Baubeginn am Chor 1424, gotischer Turm von 1486/91. Neugestaltung des Innenraums nach dem Stadtbrand von 1644. Innenrenovation 1977/78.

Marktbrunnen (2), die schönste gotische Brunnensäule Südwestdeutschlands, von unbekanntem Meister um 1476/82 geschaffen (Kopie von 1911). Die Fürstenbildnisse der unteren Galerie nach dem neuesten Forschungsstand: Kaiser Friedrich III. (gegen das Rathaus), Erzherzog Sigmund von Tirol (gegen den Marktplatz), Herzog Friedrich IV. von Tirol (gegen den Dom).

Rathaus (3), nach dem Stadtbrand von 1735 erbaut durch Johann Felder aus Bezau im Bregenzer Wald. Das vierte Rathaus an dieser Stelle.

Waldhorn (4), als »Neuer Bau« 1670 für die Landeshauptmannsfamilie der Freiherren von Hohenberg errichtet. Nach deren Aussterben 1728 auf dem Erbweg an die Familie Raßler von Gamerschwang. Mit einem der schönsten und qualitätvollsten Wirtsschilder des Landes aus der Zeit um 1760/65.

Adelshäuser (5), um den Marktplatz weitere Adelshäuser: das der Herren von Weitingen, später den Precht von Hohenwart gehörend (heute Dompfarrhaus), das der Herren von Ow und der Wagner, das des Junkers Dietrich Erckenbrecht von Sinsheim.

Barocke Klosterhöfe (6), an der Königstraße der 1740 erbaute Kreuzlinger Hof des Augustinerklosters Kreuzlingen bei Konstanz, von 1825 bis 1938 Verwaltungssitz des Oberamts Rottenburg. An der Oberen Gasse der Pfleghof des Paulinerklosters Rohrhalden aus dem Jahr 1736.

Ritterbrunnen (7), auf dem Brunnenstock Standbild eines Ritters mit Kette des Ordens vom Goldenen Vlies; Symbolfigur für die österreichische Landeshoheit. Neuzeitliche Kopie der Originalfigur aus der Mitte des 16. Jahrhunderts.

Bischöfliches Palais (8), der 1644 abgebrannte Vorgängerbau war Sitz der Herren von Bubenhofen. Neuerbaut 1657/58 durch die Freiherren von Hohenberg. 1661 vom Jesuitenorden erworben und seit 1663 zur heutigen Größe ausgebaut. Bis zur Ordensaufhebung 1773 Jesuitenkolleg mit Gymnasium, danach Sitz österreichischer und nach 1806 württembergischer Behörden. Seit 1828 Sitz der Verwaltung für die Diözese Rottenburg. Der dritte Flügel, die ab 1711 errichtete St.-Josephs-Kirche, wurde 1787 abgebrochen.

Wernauer Hof (9), ehem. Adelshof, im letzten Drittel des 13. Jahrhunderts angeblich den Amann von Wendelsheim gehörend. Seit dem 14. Jahrhundert Besitz der Herren von Ehingen, im 16./17. Jahrhundert der Herren von Wernau (Allianzwappen Wernau/Weichs von 1647 über dem Eingang). Von 1669 bis nach 1735 den Freiherren Schenk von Stauffenberg gehörend.

Vogteihaus (10), Amtshaus der hohenbergischen Statthalter Melchior (1542/46) und Christoph Wendler von Prengenroth (seit 1571). Bis nach der Mitte des 18. Jahrhunderts Kanzleigebäude für die Verwaltung der K. K. Herrschaften Ober- und Niederhohenberg. Um 1792/95 Hauptquartier des französischen Emigrantencorps unter dem Prinzen von Condé, dem Duc de Bourbon und dem Duc d'Enghien.

Kalkweiler Tor (11), Torturm aus dem frühen 14. Jahrhundert mit Vorbau aus dem 16. Jahrhundert. In der Torchurchfahrt stadtseitig 1975 entstandene Kopie eines Kreuztragungsfreskos aus der Zeit um 1770/80.

Bau- und Kunstdenkmäler

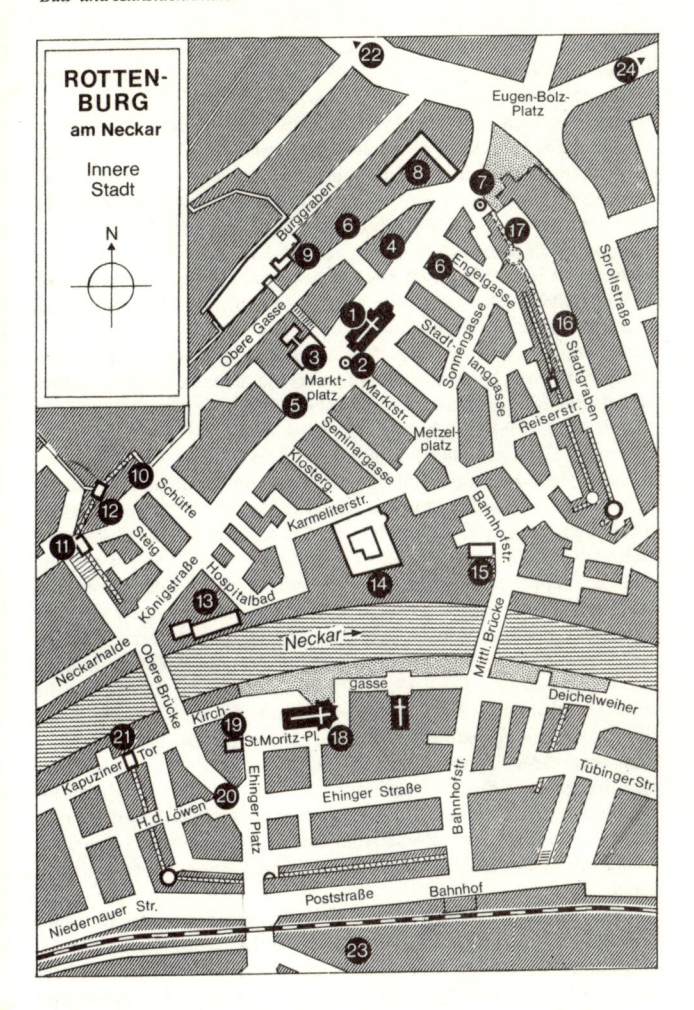

Rottenburg

Schütteturm (12), Teil der zu Beginn des 14. Jahrhunderts fertiggestellten Ummauerung der Spitalvorstadt; früher an den Bezirk des abgegangenen hohenbergischen Schlosses angrenzend.

Spital zum Hl. Geist (13), wohl zu Beginn des 14. Jahrhunderts gegründet. Neubau errichtet 1560/61; von ihm nach Ausweis der Steinmetzzeichen Kapelle und Tordurchfahrt erhalten; die oberen Stockwerke nach dem Brand von 1735. In der Nähe die Reste der seit der Mitte des 15. Jahrhunderts nachweisbaren Spitalkelter, der letzten der früheren fünf Keltern Rottenburgs.

Priesterseminar (14), am Platz einer vermuteten Wasserburg der hochadeligen Herren von Rotenburg gelegener Baukomplex des 1806 aufgehobenen Karmeliterklosters, für das 1281 die Grundsteinlegung beurkundet ist. Nach Zerstörung in den Stadtbränden von 1644 und 1735 Erbauung der heutigen Vierflügelanlage ab 1736. Seit 1817 Priesterseminar der Diözese Rottenburg-Stuttgart.

Kulturzentrum (15), in den 1645 errichteten Gebäuden der ehem. Herrschaftlichen Zehntscheuer (Fassadenschmuck: zwei Doppeladler-Reliefs des 18. Jahrhunderts) und der ehem. Großen Stadtmühle, die seit dem 14. Jahrhundert erwähnt wird. Beide Gebäude liegen im Zentrum mittelalterlichen Herrschaftsbesitzes (»Bauhof«) in der Stadt. In der Zehntscheuer das Sülchgau-Museum mit reichhaltigen Sammlungen zur Vor- und Frühgeschichte Rottenburgs, zur Geschichte des römischen Sumelocenna und zur Stadtgeschichte in Mittelalter und Neuzeit (z. Z. im Neuaufbau).

Stadtbefestigung mit Zwinger (16), guterhaltener Teil der ostseitigen Stadtbefestigung mit Doppelmauer, Graben, Zwinger und zwei Türmen. Der Zwinger mit Zwingerturm des 14. Jahrhunderts Teil der Befestigungsanlage zwischen einstigem Innerem und Äußerem Kiebinger Tor.

Römische Baureste (17), im oberen, aufgefüllten Teil des ostseitigen Stadtgrabens aufgebautes Originalstück der römischen Wasserleitung vom Rommelstal hinter Obernau nach Rottenburg (7,2 km). Unter dem Eugen-Bolz-Gymnasium eindrucksvoller Überrest einer öffentlichen Badeanlage des römischen Sumelocenna aus dem 2. nachchristlichen Jahrhundert. Im Südwesten der Stadt beim Neckardurchbruch der »Porta Suevica«, Säulenpaar von einem römischen Gutshof der Umgebung.

St.-Moriz-Kirche (18), vermutlich bereits vor der Jahrtausendwende gegründet; älteste baulich nachweisbare Anlage vom Beginn des 13. Jahrhunderts. Heutiger Bau errichtet um 1300/1323, erweitert 1412/13, Turm 1433 vollendet. Ulrichskapelle 1489/91 angebaut. 1706/09 Versuch einer Barockisierung, 1969/74 regotisiert. Von 1330 bis 1806 Stiftskirche des Chorherrenstifts St. Moriz. Sehr bedeutende Freskenausstattung des 14. und 15. Jahrhunderts; figürliche Grabdenkmäler der Grafen von Hohenberg aus dem 14. Jahrhundert.

Nonnenhaus (19), ältestes Wohngebäude der Stadt. Fachwerkbau der

Zeit um 1440 mit Erweiterungen aus dem 16. und 18. Jahrhundert; war im 16. Jahrhundert im Besitz der Herren von Speth und von Gemmingen. Seit 1688 den Franziskanerinnern der 1782 aufgehobenen Oberen Klause gehörend.

Kirchbergersches Haus (20), stattlicher Fachwerkbau, 1569 errichtet. Zunächst Sitz der aus Niederösterreich eingewanderten Adelsfamilien der Kirchberger von Kirchberg, die der Stadt im 16./17. Jahrhundert mehrere Bürgermeister stellte. Nahe gelegen das Themarsche Haus (datiert 1555), das Dr. Ambrosius Widmann von Mühringen, Stiftspropst von St. Moriz und Kanzler der Universität Tübingen, erbaute und das dann als Stadthaus der Wernher v. Themar zu Schadenweiler diente.

Kapuzinertor und Pulverturm (21), von der westseitigen Befestigung im Stadtteil Ehingen sind erhalten das Kapuzinertor aus dem 14. Jahrhundert – benannt nach dem 1806 aufgehobenen und später abgetragenen Kapuzinerkloster – und der gleichalte Pulverturm, der runde, südwestliche Eckturm der inneren Mauer.

Wallfahrtskirche Weggental (22), Entstehung der Wallfahrt zur Schmerzhaften Mutter Gottes um 1517, Blütezeit im 17./18. Jahrhundert. Heutige Kirche nach Plänen des Vorarlbergers Michael Thumb 1682/95 erbaut. Stuckdekoration von Prospero Brenno und Johann Georg Brix. Neben der Kirche Klostergebäude von 1773 mit erneuerter Fassadenmalerei des späten 18. Jahrhunderts.

Klause (23), Mutterkirche des einstigen Dorfes Ehingen, bis 1782 Klosterkirche der Franziskanerinnen der Oberen Klause, heute Friedhofskirche. Ausstattung aus der nach 1806 abgebrochenen Klosterkirche der Kapuziner.

Sülchen (24), Mutterkirche von Rottenburg, am Platz eines alamannisch-fränkischen Gaugrafensitzes gelegen. Der heutige Bau spätgotisch von 1513 mit Resten des romanischen Vorgängerbaus; Grablege der Bischöfe von Rottenburg.

Kapellen (25), Kalkweil. Rest des zu Beginn des 15. Jahrhunderts abgegangenen gleichnamigen Dorfes. Schlichter gotischer, im 17. Jahrhundert nach Brand erneuerter Bau.

St. Theodor. Zierlicher Saalbau in spätgotischen Formen, um 1477/1500 entstanden, 1898 neugotisch überarbeitet. – *Gutleuthaus.* Ursprünglich Teil des seit dem 14. Jahrhundert genannten Leprosoriums (Aussätzigenhaus); gotischer Kapellenbau des 14. Jahrhunderts. – *Altstadt-Kapelle;* Spätromanischer, 1688 barock umgestalteter Bau, dessen Hochaltar 1268 Albertus Magnus weihte.

Traugott Schmolz

Herrenberg

Geschichtlicher Überblick

775 finden wir Reistingen und Mühlhausen erstmals genannt, 1228 die Burg Herrenberg. Danach werden die Bauern von Reistingen und Mühlhausen an den »Herrenberg« umgesiedelt zur Gründung der befestigten Stadt Herrenberg: 1271 werden die Bürger von Herrenberg genannt, das älteste Stadtsiegel stammt aus dem Jahr 1278. Um 1276 wird der Bau der Stadt- und Herrenkirche St. Maria begonnen, 1347 die Stadt zwischen Rudolf und Konrad die Scheerer (Herrenberger Linie der Tübinger Pfalzgrafen) geteilt. 1382 erfolgt der Verkauf der Stadt und Herrschaft Herrenberg an Württemberg, 1400 die Gründung des Spitals. 1439 wird das weltliche Chorherrenstift gegründet. 1481 Einführung der »Brüder vom gemeinsamen Leben«, die den Kirchenbau vollenden, ihn mit der Kanzel von Hanselmann (1503/04) und dem Chorgestühl von H. Schickhardt (1517) ausstatten und den Hochaltar an J. Ratgeb (fertig 1519) in Auftrag geben. Sie werden 1517 durch »die alte Regel« abgelöst, und das Stift wird durch die Reformation 1534/36 aufgehoben. Am 8. Mai 1525 wird Herrenberg von den Bauern erstürmt und 1548 bis 1551 von Spaniern besetzt.

Geboren werden hier Heinrich Schickhardt, Baumeister, am 5. Februar 1558; Wilhelm Schickhardt, Professor, Erfinder der Rechenmaschine am 22. April 1592; Johann Valentin Andreae, Kirchen- und Schulmann, am 17. August 1586. Der Dreißigjährige Krieg verursacht hohe Menschenverluste (1630: 1700 Einwohner, 1640: 750 Einwohner). 1635 fast völlige Vernichtung der Stadt durch den zweiten Stadtbrand (erster Stadtbrand 1466). 1749 bekommt die Stiftskirche ihre »welsche Haube«. 1807 wird das Schloß auf Abbruch verkauft, ab 1820 werden Tor- und Mauertürme abgebrochen. 1938 wird das Oberamt Herrenberg aufgehoben. Nach 1945 setzt schnelles Wachstum ein: 1939 3650 Einwohner, 1965: 12000, 1974: durch Eingliederungen Große Kreisstadt, 1982: 25000 Einwohner.

Stadtrundgang

Stadtrundgang

Zugänge zur alten ummauerten Stadt waren Tübinger, Nufringer und Bronntor; das Hagtor – kein eigentliches Stadttor – zählte zum Schloßbereich, von Tübingen kommend der Hasenplatz als Vorstadt beim Tübinger Tor. Am *Fruchtkasten* (1) und gegenüber Pfeiler eines späten Zolltores. Ein Wohnturm (»Steinhaus«), eine Zeughütte und eine Kelter mit Vorplatz wurden 1683/84 mit dem Stiftsfruchtkasten überbaut; an seiner Stadtmauerecke (Zugang zwischen Tübinger Str. 32 und Hasenplatz 9) ein Scharwachtürmchen mit Inschrift aus dem Bauernkrieg; das Fachwerk des Fruchtkastens ist reichornamentiert. An der Mündung der Schuhgasse in die Tübinger Straße steht Haus Nr. 24 mit dem Wappen Dörtenbach (1752) am Barockportal. Nr. 27 ein eindrucksvolles Fachwerk aus dem 17. Jahrhundert. Tübinger Str. Nr. 23 aus der gleichen Zeit Keller und Hofanlage als *Hirsauer Klosterhof* (2), schon 1461 bestehend.

Stadteinwärts an der Tübinger Straße giebelständige Fachwerkhäuser – durch ihre raumteilenden Ständer und Pfosten fast alle als Wohnstallhäuser ausgewiesen, z. T. noch mit Scheunentor (Nr. 27) –. Ein Kompromiß zur Erhaltung der rentablen Nutzung aller Häuser ist hier durch den neuzeitlichen Ausbau der Erdgeschosse seit der Mitte der fünfziger Jahre zustande gekommen. Tübinger Str. 4, die *Spitalkirche* (3), 1412 Stiftung eines ewigen Lichtes; die Außenmauern überstanden beide Stadtbrände; Giebelportal mit Schweißtuch der hl. Veronika in Wappenform; Intarsienkanzel von C. Kleber, Danzig, 1655. An die Spitalkirche anschließend das *alte Spitalhaus* (4), Geburtsstätte von Johann Valentin Andreae. Tübinger Str. 1 mächtiges *Fachwerk*, 1680 erbaut von dem Handelsmann H. J. Khoenle mit eindrucksvollem schmiedeeisernen Gitter an der Straßenseite. Der *Marktplatz* (5) – in foro – 1276 schon genannt, ist mit Warenumschlag und Gericht (bis 1504 unter freiem Himmel, danach im Rathaus) Zentrum der alten Stadt. Alle Häuser um ihn entstanden nach dem Brand 1635, das klassizistische Rathaus erst 1806 nach Abbruch des Vorgängers von 1649; rechts am Portal barocke Fassung des Stadtwappens: dreilatzige Fahne der Tübinger Pfalzgrafen mit Ritterhelm und Inful als Helmzier. In der Terrasse Gewölbe der früheren Stadtwache mit »Zuchthäusle«. Der Marktbrunnen von 1680/81; auf der Säule Löwe mit Württemberg. Wappen (erneuert 1908). Eindrucksvolles Raumbild des Platzes bekrönt durch den Westbau der Stiftskirche (Armsünderglöckle 1190). An der westlichen Platzseite und an der nach Norden führenden Stuttgarter Straße stattliche Fachwerkhäuser mit Hofdurchfahrten in die hangabwärts stehenden Scheunen an der Hirschgasse, aber auch einen ganzen landwirtschaftlichen Betrieb umfassende Wohnstallhäuser. Im Bereich des Nufringer Tores älteste noch bestehende *Gebäudegruppe* (6): Nr. 17, 18 und 22 mit Hausteilen von ca. 1430 und 1470; Nr. 15 mit Flachrelief »Eulenspiegel« (um 1650). Zwischen Nr. 19 und 22 stand das *Nufringer Tor* (7) bis etwa 1820; bergwärts wird zwischen Nr. 22 und 24 die Stadtmauer sichtbar. Nr. 21 zeitweilig Realschule. Nach links auf steiler Staffel abwärts in die Froschgasse, an der hier der *Hexenturm* (8) (Frauengefängnis) stand. Durch die Froschgasse mit schmaler Passage in den unteren Zwinger: kleinbäuerliche Haus- und Hofverhältnisse; die äußeren Gebäudefluchten von der früheren Stadtmauerführung bestimmt; überraschend die Durchblicke zur oberen Stadt und Stiftskirche. Über dem Auslauf der Hirschgasse stand das *Gerbertor* (9). Zwischen Hirschgasse Nr. 11 und Badgasse Nr. 17 Stadtmauerabschnitt mit Wehrgang. Badgasse 31 Erinnerung an die zwei mittelalterlichen Badestuben der Stadt. Badgasse aufwärts links der Hirschplan, rechts die 1977 neuerstellte *Bronntorgruppe* (10) (modernes Einkaufszentrum). Gegenüber der Ausmündung der Badgasse in die Bronngasse das alte *Hofkameralamt* (11) – im 15. Jahrhundert Bebenhäuser Klosterhof – Fachwerkbau Mitte 17. Jahrhundert auf steinernem Erdgeschoß von 1484. Zwischen dem abwärtsfolgenden alten Eichamt und Bronngasse Nr. 20 stand das *Bronntor* (12), von hier nach Osten ziehend Stadtmauerreste. Zurück zur Spitalgasse; Haus Nr. 13 trägt älteste Datierung nach dem 2. Stadtbrand: 1637. An der Kreuzung mit der Schulstraße der *Spitalbrunnen* (13). Schulstraße 7 (14) von 1779 bis 1877, Schulstraße Nr. 1 (15) ab 1877 *Deutsche (Volks)-Schule*. An der Stadtmauer auf dem *Graben* (16) alte Bogenschützenstände und jüngere Maul- und Beobachtungsscharten. Wieder zur Spitalgasse, vorbei am idyllischen »Spittelhöfle«, durch Fischer- und Turmgäßle zur Schuhgasse: auf kleinem Platz der *Heilig-Königs-Brunnen* (17) beim früheren Marstall und Gefängnis (»Turm«). Vor der Ausmündung in den Markt links Schuhgasse Nr. 4 und 2 (18) mit reichem *Portalschmuck*, rechts – mit Giebel zum Rathaus – die *alte Vogtei* (19) (»das Oberamt«) von 1655. Durch die Kirchgasse Nr. 5, *Deutsche Schule* 1654 (20) – oder durch die Rathausgasse über die »hohen Kirchstaffeln« zur *Stiftskirche* (21) mit mächtigem Westbau, dreischiffiger ältester Halle in Schwaben und hochgelegenem Chor. Nördlich der Kirche mit Stegverbindung das *Beginenhaus* (22). Vom östlich stehenden *Hagtor* (23) mit Schloßwächterhaus und von der südöstlich stehenden *Propstei* (24) bergwärts bis an das Schloß zinnengekrönte Mauerarme, dazwischen die bis um 1900 Reben tragende *Burghalde* (25). Die *Schloßruine* (26) mit Resten des Pulverturmes mit tiefem Verlies (oberer Teil mit Aussichtsplatte 1957 neuaufgebaut, Teilen der Ring- und Schildmauer sowie Keller (mit Bewirtschaftung) sind letzte sichtbare Zeugen pfalzgräflicher Herrlichkeit.

Stadtrundgang 93

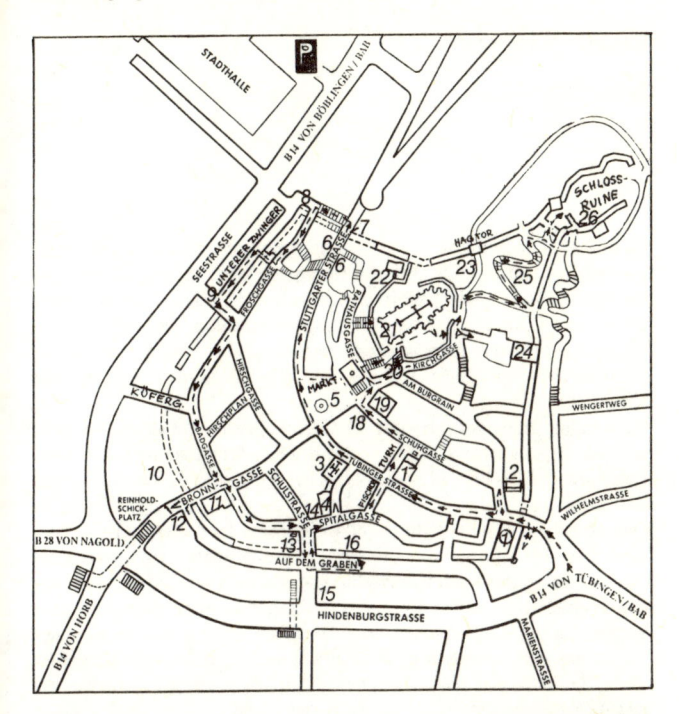

Herrenberg. 1 Fruchtkasten, 2 Hirsauer Klosterhof, 3 Spitalkirche, 4 Altes Spitalhaus, 5 Marktplatz, 6 Älteste noch bestehende Gebäudegruppe, 7 Nufringer Tor, 8 Hexenturm, 9 Gerbertor, 10 Bronntorgruppe, 11 Hofkameralamt, 12 Bronntor, 13 Spitalbrunnen, 14 Deutsche (Volks-)Schule von 1779 bis 1877, Schulstraße 7, 15 Deutsche (Volks-)Schule ab 1877, Schulstraße 1, 16 Graben, 17 Heilig-Königs-Brunnen, 18 Portalschmuck, Schuhgasse 2 und 4, 19 Alte Vogtei, 20 Deutsche Schule 1654, 21 Stiftskirche, 22 Beginenhaus, 23 Hagtor, 24 Propstei, 25 Burghalde, 26 Schloßruine

WILFRIED SETZLER

Bebenhausen

Das Kloster Bebenhausen, 1187 erstmals genannt, wurde von Pfalzgraf Rudolf von Tübingen als Prämonstratenserkloster gegründet und 1188 mit Besitz ausgestattet. Schon kurz danach verließen aus unbekanntem Grund die Prämonstratenser die junge Gründung, worauf Pfalzgraf Rudolf das Kloster dem Zisterzienserorden übertrug, der es am 29. Oktober 1190 mit Mönchen aus Schönau bei Heidelberg endgültig besiedelte.
Großzügige Schenkungen der Pfalzgrafen und ihrer Dienstmannen vermehrten in kurzer Zeit den Besitz des Klosters. In einer päpstlichen Urkunde wird schon 1229 klösterlicher Grundbesitz in 47 Dörfern aufgezählt.
Der enorme wirtschaftliche Expansionsdrang fand einen Höhepunkt 1301, als das Kloster von den schwerverschuldeten Pfalzgrafen für einige Zeit sogar die Hoheitsrechte über deren Stadt Tübingen erwerben konnte. Erst gegen Ende des 14. Jahrhunderts kam es zu einer Stagnation im Umfang des Grundbesitzes und zu einem gewissen Rückgang der Einnahmen, doch blieb Bebenhausen von allen Klöstern, die in Württemberg bei der Reformation aufgelöst wurden, das mit Abstand reichste.
Hand in Hand mit der wirtschaftlichen Entwicklung ging die geistig-geistliche. Im 13. Jahrhundert war die Abtei mit 60 bis 80 Mönchen und zusätzlich bis zu 130 Laienbrüdern voll belegt. Anfang des 14. Jahrhunderts sank die Zahl der Mönche auf 40. Bei seiner Aufhebung 1534 zählte der Konvent 38 Mönche.
Von seiner Verfassung her zählte Bebenhausen zu den reichsunmittelbaren Klöstern, doch geriet es seit der Mitte des 15. Jahrhunderts immer stärker in die Abhängigkeit der Grafen von Württemberg, die das Kloster, das samt seinem weiten Besitz in württembergischem Territorium lag, landsässig machten.
So besuchte seit 1498 der Abt von Bebenhausen den württembergischen Landtag, womit er die württembergische Obrigkeit und Hoheit anerkannte.
Damit war dann allerdings auch die rechtliche Voraussetzung für die damals gewiß nicht vorhersehbare Aufhebung des Klosters durch Herzog Ulrich geschaffen. Die Einführung der Reformation 1534

brachte die Auflösung. Von den 38 Mönchen bekannten sich 18 zum Luthertum, der Rest mußte Bebenhausen verlassen.
Die davor gewachsene Wirtschafts- und Verwaltungseinheit Bebenhausen blieb davon weitgehend unberührt. Der Besitz – 1623 zählte man u. a. 14 Dörfer und Weiler, 8 große Höfe, ein Schloß, 10 Keltern, 8 Mühlen und 867 erwachsene, männliche Untertanen – wurde zu einem Klosteramt, später Oberamt, zusammengefaßt und von einem weltlichen Amtmann, der seinen Sitz im Klosterhof Lustnau hatte, verwaltet. Die – von einem kurzen Intermezzo während des sog. Interims – leerstehenden Klostergebäude wurden ab 1556 wieder mit Leben gefüllt, als in Bebenhausen eine Evangelische Schule eingerichtet wurde, die ab 1559 auf das Theologiestudium am Evangelischen Stift in Tübingen vorbereitete.
Erst die Neuordnung des zum Königreich gewordenen Württemberg 1806 brachte die Schließung der Klosterschule und die Aufhebung des Klosteramts Bebenhausen mit sich. Bebenhausen wurde nun unter dem 1. württembergischen König Friedrich Sitz des Oberforstamts und »Schauplatz prächtiger Jagdvergnügen«. So wurden beim Dianenfest 1812 beispielsweise in zwei Stunden 800 Stück Wild aller Art erlegt, das in sechs Wochen aus allen Teilen des Landes zusammengetrieben worden war.
Eine große Änderung trat ein unter Friedrichs Sohn, König Wilhelm. Dieser bot die Häuser und Güter des ehem. Klosters den in Bebenhausen lebenden Verwaltungsleuten, Handwerkern und sonstigen Staatsdienern zum Kauf an. So entstand 1823 eine bürgerliche Gemeinde, zu der 13 Wohnhäuser, rd. 30 Nebengebäude, ein Gasthaus, eine Mühle und ein Forsthaus gehörten: aus dem Kloster, aus der Schule wurde das Dorf Bebenhausen. Der engere Klosterbezirk – die Kirche mit der Klausur, das ehem. Abthaus, Herren- und Krankenhaus – blieben von der »Pivatisierung« ausgeschlossen bzw. wurden später wieder »verstaatlicht«. Das einstige Klosterkrankenhaus samt dem Herrenhaus wurde 1873 königliches Jagdschloß, 1918 nach der Abdankung Wohnsitz der königlichen Familie. Die letzte württembergische Königin ist dort 1946 gestorben.
Eine neue Nutzung erfuhr das Kloster nach dem Zweiten Weltkrieg. Bis zur Gründung des Landes Baden-Württemberg 1952 beherbergte es den Landtag von Württemberg-Hohenzollern. Das Winterrefektorium wurde Plenarsaal, in den einstigen Mönchszellen schliefen die Landtagsabgeordneten; Heute ist in dem Klostergebäude die Forstdirektion untergebracht; in der zur Besichtigung freigegebenen Klausur hat sich das Württembergische Landesmuseum eingerichtet.
Die Aufhebung des Klosters bedingte die weitgehende Bewahrung seiner Bauwerke im Zustand von 1534 (zur Baugeschichte siehe S. 70).

Wo anderswo in der Barockzeit ganze Klöster abgerissen und neu errichtet wurden, blieb in Bebenhausen (fast) alles beim alten. Erst im 19. und 20. Jahrhundert setzte im Dorf Bebenhausen wieder eine größere Bautätigkeit ein, doch auch diese hielt sich sehr in Grenzen. Während andernorts nach dem Zweiten Weltkrieg ganze Neubauviertel entstanden, diskutierte man in Bebenhausen über die Errichtung eines Wohnhauses.

Wie kein anderer Ort in Südwestdeutschland hat sich Bebenhausen auf diese Art den Charakter eines Klosters erhalten. Daß auch dies künftig so bleibt, dafür wurde mit Zustimmung aller Betroffenen gesorgt, als der Ort 1975 als erster in Baden-Württemberg unter Ensemble-Denkmalschutz gestellt wurde.

Führungen werden duch das Kloster täglich angeboten:
vom 1. März bis 31. Oktober von 8.00 bis 11.00 und von 14.00 bis 16.00 Uhr, samstags, sonn- und feiertags erst ab 10.00 Uhr; vom 1. November bis 28./29. Februar täglich um 10.00, 11.00, 14.00 und 15.00 Uhr, stets je zur vollen Stunde!

WALTER FISCHER

Der geologische Lehrpfad am Kirnberg bei Tübingen – Ein Gang durch den Keuper im südlichen Schönbuch

Der Ausgangspunkt des geologischen Lehrpfades liegt an der Bundesstraße 27 zwischen Tübingen und Bebenhausen, an der Einmündung des Kirnbachs in den Goldersbach. Die Abzweigung von der B 27 ins Kirnbachtal ist ausgeschildert, und für den Autofahrer wurde ein Wanderparkplatz eingerichtet. Das Goldersbachtal ändert in diesem Abschnitt die Talrichtung und schwenkt im Verlauf aus der Nord-Süd-Richtung nach Nordwesten um. Durch den Schwemmfächer des einmündenden Kirnbachs wurde der Goldersbach an die westliche Talflanke gedrückt und bildet dort einen Prallhang aus. Einige Meter über der Bachsohle steht der Schilfsandstein an, der auch weiter talabwärts noch an verschiedenen Stellen vom Goldersbach angeschnitten ist, z. B. am Salzwasen in Lustnau, gegenüber der alten Sophienpflege, an der *Henodus*-Fundstelle (s. S. 16). Der Schilfsandstein ist als ein graugrüner bis -violetter, feinkörniger Sandstein mit Rippel- und Kreuzschichtung ausgebildet.

Nicht weit vom Kirnbach-Parkplatz entfernt steht die erste von 15 Schautafeln und markiert den Beginn einer etwa zwei- bis dreistündigen geologischen Rundwanderung. Wegzeichen und Orientierungshilfe ist ein kleines »k« auf grünem Grund, wobei der Buchstabe »k« für Keuper steht, entsprechend der Signatur der geologischen Karte. Zum besseren Verständnis der gesamtgeologischen Situation zeigt ein Blockbild (Schautafel 1) die in der Umgebung des Kirnbergs an der Oberfläche anstehenden Gesteinsschichten und deren Lagerung. Fast ausschließlich handelt es sich dabei um Gesteine des Mittleren und Oberen Keupers (Schautafel 2). Auf dem Kirnberg überlagern aber auch noch untere Schwarzjura-Mergel (Lias-alpha 1) den Rätsandstein des Oberkeupers. Hier ist eine wichtige Zeitmarke dokumentiert: die Trias-Jura-Grenze und damit der Beginn einer großräumigen Meeresüberflutung. 50 Millionen Jahre dauerte es, bis wieder Land in Sicht war.

Die Gesteinsschichten des Schönbuch lagern nicht horizontal, sondern neigen sich mit ½° bis 2° nach Südosten. Schautafel 6 erläutert die Zusammenhänge zwischen Schichtlagerung und Talbildung, und ein Aufschluß im Kirnbach liefert den Beleg dazu.

Bei Bebenhausen gestalten sich diese Lagerungsverhältnisse etwas verwickelter und unregelmäßiger. Dort sind in einer schmalen Einbruchszone Gesteinsschichten des Unteren und Mittleren Lias grabenartig eingesunken. Es ist die Bebenhauser Grabenzone, die in SW-NO-Richtung durchzieht. Fast senkrecht dazu trifft eine Reihe von Störungen (Brombergstörungen, Fildergraben-Verwerfung) auf diesen Grabenbruch. Auch im Kirnbachtal sind Verwerfungen aufgeschlossen und durch Schautafel 7 verdeutlicht.

Die Aufschlußfolge im Kirnbach beginnt über dem Schilfsandstein (km 2) mit der Roten Wand (km 3 t). Sie umfaßt den Hauptteil der Unteren Bunten Mergel (km 3 u), einer sehr uniformen, 11 bis 15 m mächtigen, überwiegend rotfarbigen Tonsteinfolge mit z. T. dolomitischen Tonmergelsteinen. Nach einigen hundert Metern auf der Talstraße erreicht man den Aufschlußpunkt Rote Wand (Schautafeln 3 + 4). Der Kirnbach hat hier an einem Prallhang Teile der Roten Wand und des Unteren Kieselsandsteins (km 3 s) freigelegt. Die Tonsteinserie zwischen Schilfsandstein und Kieselsandstein wird in der Kartiergliederung geologischer Karten als Unterer Bunter Mergel (km 3 u) bezeichnet.

Süddeutschland lag zur Ablagerungszeit der Gesteine der Roten Wand im südlichen Bereich des langsam sich absenkenden Germanischen Beckens. Von den höhergelegenen Beckenrändern, von der Vindelizischen Schwelle im Südosten beispielsweise, etwa dem heutigen Bayerisch Schwaben entsprechend, wurde durch Schichtfluten Verwitterungsmaterial in Richtung des Beckentiefs transportiert. Aus der mittransportierten roten Tontrübe entstand nach dem Verdunsten des Wassers roter Tonstein. Damals herrschten bei uns festländische Ablagerungsverhältnisse, und die roten Tonsteine kennzeichnen einstige Wüstenbildungen. Für die Bildungszeit einer etwa 20 cm mächtigen Tonsteinlage rechnet man mit etwa 10000 Jahren.

Die Kieselsandsteinstufe (km 3 s) leitet die Sedimentation des Sandsteinkeupers oder Vindelizischen Keupers ein. Im Gegensatz dazu liegt das Herkunftsgebiet der Sedimente des Schilfsandsteins, des Gipskeupers und des Lettenkeupers im Ostseeraum. Man bezeichnet deshalb auch diese Folgen als Nordischen Keuper. In den randlichen Bereichen des süddeutschen Keuperbeckens herrschen Sandsteine vor, beckenwärts ist die Tonsteinausbildung bestimmend. Der Kieselsandstein des Tübinger Gebiets wurde in einem Übergangsbereich sedimentiert, in dem sich sandige und tonige Ablagerungen verzahnen. Außer im

Kirnbach ist die Stufe km 3 s auch westlich von Bebenhausen am Geschlossenen Brunnen und in Tübingen im Elysium und z. T. in der Gmelinstraße aufgeschlossen. Über dem unteren Kieselsandstein, der im Kirnbach in überwiegend sandiger Ausbildung vorliegt (Schautafel 3), folgt eine vorwiegend rotviolette Tonsteinserie, wechsellagernd mit harten, dolomitischen Steinmergelbänken (Schautafel 5). Diese Steinmergel stellen in der Tübinger Gegend brauchbare Leitbänke dar. Zeitlich repräsentieren diese Letten die Oberen Kieselsandsteinschichten. Die darüber folgenden vorwiegend grüngrauen bis ockerfarbigen Tonsteine (Basisletten) werden bereits zur Stubensandstein-Stufe (km 4) gestellt. Die Schichten zwischen den Sandsteinen von Kiesel- und Stubensandstein werden nach der Kartiergliederung auch als Obere Bunte Mergel (km 3 o) bezeichnet. Unweit des Aufschlußpunktes Rote Wand (Schautafel 3), etwa 150 m bachaufwärts, befindet sich der entsprechende Beobachtungsort (Schautafel 5). An dieser Engstelle hat eine gewaltige Rutschmasse fast das gesamte Kirnbachtal abgeriegelt. Dadurch wurde der Kirnbach an die südliche Talflanke gedrückt, und als Folge bildete sich ein Prallhang aus. Einige hundert Meter weiter informieren die Schautafeln 6 und 7 über Schichtlagerung und Talbildung, ebenso über tektonische Verschiebungen oder Störungen. Im Kirnbachbett ist ein kleinformatiger, antithetischer Staffelbruch aufgeschlossen. Sandsteinbänke des Mittleren Stubensandsteins bilden kleine Treppen, wodurch eine Reihe kleiner Wasserfälle entstehen. Zwischen den Schautafeln 6 und 7 quert den Kirnbach eine weitere Störung mit einer Sprunghöhe von annähernd zehn Metern. In diesem Bachabschnitt lagern Gesteinsschichten der Oberen Bunten Mergel im gleichen Niveau mit Sandsteinen des Mittleren Stubensandsteins.

Auf unserer Route verlassen wir nun das Kirnbachtal und folgen steil bergauf dem Spartacusweg. An dieser Abzweigung verdeutlicht eine Profiltafel (Schautafel 8) die Schichtenfolge und Gliederung des Stubensandsteins. Die einzelnen Sandschüttungen werden als 1. bis 4. Stubensandstein bezeichnet und die eingeschalteten Tonsteine als 1. bis 3. Hangendletten. Einem gröberen Raster folgt die Gliederung in Unteren, Mittleren und Oberen Stubensandstein. Zum Mittleren Stubensandstein gehört z. B. der 2. Stubensandstein und der 2. Hangendletten. Da Leitfossilien im Keuper fehlen, stützt sich die Gliederung auf Unterschiede in der Gesteinsbeschaffenheit. Besonders eignen sich rote Tonsteinhorizonte und Krustenkalke. Die roten Letten sind auf größere Distanz zu verfolgen und kennzeichnen Zeitabschnitte langsamer Sedimentation. Die Ablagerung der Sande des Stubensandsteins erfolgt dagegen wesentlich schneller.

Fast auf halber Höhe ist neben dem Spartacusweg ein Klopfplatz im Mittleren Stubensandstein angelegt, und auf Schautafel 9 werden die paläogeographischen Verhältnisse Südwestdeutschlands zur Stubensandsteinzeit dargestellt. In diesem Zeitabschnitt nehmen nicht nur die Niederschläge langsam zu, sondern auch die Schüttungsweiten der Sande. Im Oberen Stubensandstein ist die Vindelizische Schwelle so gut wie abgetragen, die weiter im Osten gelegene Böhmische Masse wird nun zum Schuttlieferanten. Die Transportweite erreicht damit ungefähr 500 km.

Im Schönbuch gibt es zahlreiche aufgelassene Steinbrüche im Stubensandstein. Die Sandsteine fanden Verwendung als Bausteine, in Weinbergen oder als Mühlsteine. Scheuersand, Glas- und Bausand wurde ebenso daraus gewonnen, und für die Häfner lieferte er den benötigten Töpferton. Auf dem Weiterweg gelangt man zu einem Aufschluß mit Krustenkalk (Schautafel 11), einer erdgeschichtlichen Klimamarke, typisch für trocken-heißes Klima. Die folgende Schautafel (12) informiert über die Entstehung einer Schichtstufenlandschaft. Zwischen Tübingen und Herrenberg bildet der Schönbuch eine entsprechende Schichtstufe. Hauptstufenbildner ist der Stubensandstein. Schilfsandstein und Rätsandstein können je nach Mächtigkeit ebenfalls morphologisch hervortreten.

Auf einem längeren, ebenen Wegstück erreicht man den Olgahain. Hier beginnt die bucklige Welt des Knollenmergels mit Blockschutthalten (Steinriegel), Rutschhängen, »Wellblechwegen« und Wildschweinsuhlen. Beobachtungsstation (Schautafel 13) zeigt die kräftig violettroten Tone des Knollenmergels. Zur Ablagerungszeit breitete sich in Süddeutschland eine weite, lebensfeindliche Tonwüste aus. Die Saurier von Trossingen, deren Skelette im Tübinger Geologischen Institut aufgestellt sind, stammen aus diesen Schichten. Am Olgahain bildet der Rätsandstein die Traufkante. Die feinkörnigen, sehr harten, quarzitischen Sandsteine sind in einem Steinbruch auf dem Kirnberg erschlossen, über die zwei Informationstafeln (14 + 15) Auskunft geben. Die Rätsandsteine wurden im Küstenbereich eines Flachmeeres abgelagert. Auf Schichtflächen kann man deshalb Spuren einstiger Meeresre finden, und im Gestein sind Freß- und Wohnbauten von Würmern, Muscheln und Krebsen erhalten. In einem Bonebed (Knochenlager) an der Sandstein-Obergrenze kann man Knochenreste, Fischschuppen und -zähnchen, Knochenplatten von Sauriern oder auch Flossenstacheln von Haien finden.

Ein Teil der Tübinger Pflastersteine sind solche Rätsandsteine. Vor 190 Millionen Jahren, am Ende der Trias-Zeit, wurden sie gebildet. Am Ende dieser geologischen Keupertour hat man auf dem Kirnberg zugleich einen lohnenden Aussichtspunkt erreicht.

Im Süden erhebt sich die letzte und mächtigste Schichtstufe in Süddeutschland, die Schwäbische Alb.

SIEGWALT SCHIEK

Der archäologisch-historische Wanderweg um den Einsiedel

Zufahrt zum Einsiedel: Aus Richtung Stuttgart: Auf der B 27 bis zur Abzweigung nach links (Osten) in Richtung Walddorfhäslach, nach 1,4 km an der Kreuzung nach rechts (Süden) in Richtung Pfrondorf, unmittelbar vor Verlassen des Waldes nach links (Osten) zum Einsiedel.
Aus Richtung Tübingen: Über die Kreuzung mit der B 27 durch Lustnau in Richtung Pfrondorf, nach Erreichen der Höhe an der Straßengabel nach links, an der Sophienpflege vorbei bis zum Waldrand, dort nach rechts zum Einsiedel.
Aus Richtung Nürtingen und Reutlingen: Auf der B 297 bis zur Abzweigung nach Kirchentellinsfurt, gegenüber dieser Abzweigung führt im spitzen Winkel ein Sträßchen nach rechts (Norden) auf die Höhe zum Einsiedel.
Parkplätze am Waldrand nördlich des Einsiedel und am Schlößchen. Im Schloß eine Wandergaststätte. Länge des markierten Wanderweges 4,5 km. Die im folgenden Text in () stehenden Zahlen beziehen sich auf die Numerierung der Stationen, an denen ausführliche Erläuterungstafeln stehen, weshalb hier auf weitere Beschreibungen verzichtet werden kann.
Schlößchen (1) und Hofgut Einsiedel liegen auf der Hochfläche nördlich des Neckars inmitten einer Rodungsfläche. Die bereits im 14. Jahrhundert vorkommende Erwähnung »zu dem Einsiedel« läßt vermuten, daß hier ursprünglich ein Waldbruderhaus stand. Um 1460 richtete Graf Eberhard V. von Württemberg (im Barte) hier ein Gestüt ein, das bald zu den größten im späteren Herzogtum gehörte. Neben diesem Gestüt baute er 1482 ein Schlößchen, von dem heute jedoch nur noch Teile des Tores und die Umfassungsmauern in jene Zeit zurückreichen. Das heutige Schloßgebäude dürfte aus der Zeit kurz vor 1600 stammen. Zehn Jahre später – 1492 – gründete der Graf das inzwischen wieder völlig abgegangene Stift St. Peter im Schönbuch, besetzte es mit Brüdern vom gemeinsamen Leben und schenkte ihnen das kleine Jagdschloß. 1496 wurde der kurz zuvor in den Herzogsstand erhobene Eberhard im Bart, der Gründer der Universität Tübingen, in der

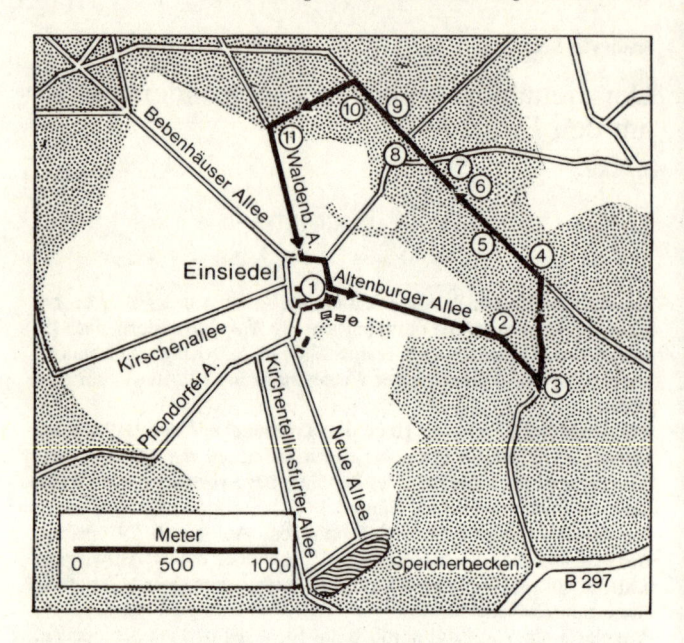

Wanderweg um den Einsiedel: 1 Schlößchen, 2 Tafel über die Geschichte des Waldes, 3 Tafel über die Ablösung der Schönbuchgerechtigkeiten, 4 Vorgeschichtliche Grabhügelgruppe, 5 Tafel über die Waldweide, 6 Reste eines römischen Bildsteins, 7 Grenzsteine des ehem. Stifts St. Peter im Schönbuch, 8 Tafel über die Jagd, 9 Römischer Bildstein, 10 Viereckschanze, 11 Tafel mit Wiedergabe einer Kieserschen Forstkarte

Kirche jenes Stiftes beigesetzt. Nach der Reformation und der Auflösung des Stiftes wurde er in die Tübinger Stiftskirche überführt. Später gingen das Schlößchen und das aus dem Gestüt (aufgelöst Anfang des 19. Jh.) hervorgegangene Hofgut wieder in herzogliches Eigentum über, in dem es sich noch heute befindet. Das Hofgut ist seit 1913 an die Süddeutsche Zucker AG verpachtet, die hier Saatgutveredelung, den Anbau von Zuckerrüben und Bullenmast betreibt. Im Schlößchen befindet sich ein Jugendheim der katholischen Kirche.

Vom Einsiedel senkt sich der Wanderweg nach Osten, quert im Wald das Tälchen des Schlierbaches (2) und führt mit mäßiger Steigung wieder zur Höhe. An einer Tafel (3), auf der die Ablösung der Schönbuchgerechtigkeiten erläutert wird, vorbei führt er zu einer vorgeschichtlichen Grabhügelgruppe (4) der Hallstattkultur (frühe Eisenzeit, 8.–6. Jh. v. Chr.). Zur Linken informiert nach 250 m dann eine Tafel über die Waldweide (5) und zeigt eine Wiedergabe der Karte des Schönbuchs von Georg Gadner aus dem Jahre 1596. Etwa 500 m von der Grabhügelgruppe entfernt führt ein schmaler Seitenweg nach rechts zu den originalen Resten eines römischen Bildsteins (6), eines sog. Viergöttersteins, Teil einer Jupitergigantensäule, die hier im 2./3. nachchristlichen Jahrhundert zu Ehren der höchsten römischen Gottheit aufgestellt wurde. Auf den Hauptweg zurückgekehrt, führt nach wenigen Schritten ein zweiter Stichweg, ebenfalls nach rechts, zu einem der zehn im Gelände noch erhaltenen Grenzsteine des ehem. Stifts St. Peter im Schönbuch (7), die wegen der gekreuzten Schlüssel, der Attribute des hl. Petrus, vom Volk auch als Schlüsselstein bezeichnet werden. Der Hauptweg führt dann, vorbei an einer Tafel mit Hinweisen »Über die Jagd« (8) und dem Bild eines Hirsches, nach einem Kupferstich von Johann Elias Ridinger aus der Mitte des 18. Jahrhunderts, zu einem römischen Bildstein (9) der römischen Göttin Herecura (Abguß, Original im Württ. Landesmuseum in Stuttgart). Nach kurzer Strecke verlassen wir den Hauptweg nach links und erreichen eine sog. Viereckschanze (10), ein mit Wall und Graben umgebenes keltisches Heiligtum aus den letzten Jahrhunderten v. Chr. Der Weg führt uns auf dem südlichen und westlichen Wall des Heiligtums entlang und zweigt dann an der nach Westen gerichteten Wallecke nach Westen ab. Nach etwa 150 m erreichen wir den Waldrand, wo neben einem Rastplatz mit Feuerstelle eine Tafel (11) steht, mit der fotografischen Wiedergabe zweier Blätter aus der insgesamt 280 Blätter umfassenden Forstkarte, die Kriegsrat Andreas Kieser in den Jahren zwischen 1682 und 1686 aufgemessen hat. Sie bildet die erste genaue Vermessung großer Teile des Herzogtums Württemberg. Von hier aus führt der Weg, einst eine der Alleen, die Herzog Carl Eugen um 1765 strahlenförmig auf ein von ihm gebautes neues Schloß, das jedoch schon nach wenigen Jahrzehnten wieder abgebrochen wurde, zuführen ließ, zurück zum Ausgangspunkt unseres Wanderweges, zum Schlößchen Einsiedel.

WALTER HAHN UND HEINZ WOLPERT

Wanderungen

Hinweise

Diesem Wanderführer liegt eine Karte im Maßstab 1:100000 bei, auf der die beschriebenen Wanderungen mit Nummernangaben eingezeichnet sind. Sie kann jedoch die Wanderkarten im Maßstab 1:50000 mit den Wegbezeichnungen des Schwäbischen Albvereins, herausgegeben vom Landesvermessungsamt Baden-Württemberg, nicht ersetzen. Das beschriebene Wandergebiet wird von folgenden topographischen Karten 1:50000 abgedeckt: L 7318 Calw, L 7320 Stuttgart-Süd, L 7518 Rottenburg, L 7520 Reutlingen, L 7718 Balingen, L 7720 Albstadt. Diese Karten gibt es im Buchhandel, bei der Verkaufsstelle des Landesvermessungsamtes, Stuttgart, Büchsenstraße 54, für Mitglieder des Schwäbischen Albvereins auch bei der Geschäftsstelle Postfach 683, 7000 Stuttgart 1.

Im Text werden folgende Abkürzungen verwendet:

AP	Aussichtspunkt	NSG	Naturschutzgebiet
bl	blau	r	rot
Ew	Einwohner	re	rechts
g	gelb	Ri	Richtung
ge	geradeaus	RW	Rundwanderweg
HW	Hauptwanderweg	Std	Stunden
Jh	Jahrhundert	Str	Straße
li	links	SW	Streckenwanderung
LSG	Landschaftsschutzgebiet	W	Rundwanderung
Min	Minuten	WP	Wanderparkplatz
ND	Naturdenkmal	oZ	ohne Zeichen

Für die Besonderheiten werden folgende Symbole verwendet:

A	mit mehreren Aussichtspunkten
B	Badegelegenheit
E	verhältnismäßig eben
F	besonders reiche Tier- und Pflanzenwelt
G	geologisch interessant
H	größere Höhenunterschiede
K	geschichtlich und kunstgeschichtlich besonders bemerkenswert
P	Parkplatz
R	Rastplatz mit genehmigter Feuerstelle
S	Spielplatz
T	größere Wegstrecke mit Teer- und Asphaltbelag
U	größtenteils unbewaldet
W	lange Strecken im Wald

Übersicht der Wanderungen

Bez.	Nr.	Wegstrecke	km	Std.	Besonderheiten
Rundwanderungen (W)					
W	1	Bebenhausen – Geschlossener Brunnen – Postbotenweg – Königsjagdhütte – Kaiserlinde – Diebsteigbrücke – Teufelsbrücke – Bebenhausen	15	4	F,G,P,R,S,W
W	2	Bebenhausen – Geschlossener Brunnen – Arenbachtal – Hohen-Entringen – Roseck – Himbachtal – Hagelloch – Heuberger Tor – Bettelweg – Bebenhausen	16	4¼	A,F,H,K,P,R,S,W
W	3	Bebenhausen – Widenmannsdenkmal – Fohlenweide – Fohlenweidetraufweg – Jordantraufweg – Bebenhausen	6,5	2	A,F,G,P,R,W
W	4	Tübingen/Heuberger Tor – Bogentor – Hohen-Entringen – Entringer Sportplatz – Arenbachtal – Königsjagdhütte – Postbotenweg – Bettelweg – Heuberger Tor	15	4½	A,F,G,H,P,R,S,W
W	5	Unterjesingen – Roseck – Hohen-Entringen – Hagelloch – Himbachtal – Unterjesingen	9,5	2½	A,F,H,K,P,R,S

Bez.	Nr.	Wegstrecke	km	Std.	Besonderheiten
W	6	Breitenholz – Ruine Müneck – Schaugehege »Stöckle« – Diebsteigbrücke – Breitenholz	10	2½	A,F,H,K,P,R,S
W	7	Herrenberg/Naturfreundehaus – Roßhauhütte – Böckleshütte – Neue Brücke – Kayher Tal – Sommertal – Herrenberg	13	3½	A,F,P,R,S,W
W	8	Schaichhof/WP – Schnapseiche – Seitental – Geschlossenes Brückle – Ochsenbachtal – Schaichhof/WP	6	1½	A,E,F,G,P,R,S,W
W	9	Schaichhof/WP – Kapellenbrunnen – Teufelsbrücke – Kleines Goldersbachtal – Ochsenbachtal – Schnapseiche – Schaichhof/WP	9	2½	E,F,G,K,P,R,S,W
W	10	WP Ranzenpuffer – Schlagbaumlinde – Tropfender-Wasen-Allee – Kohlhauweg – Widenmannsdenkmal – WP Ranzenpuffer	7	2	F,H,P,R,S,W
W	11	Bebenhausen – Mauterswiese – Zeitungseiche – Einsiedel – Lindenallee – Becklesklinge – Mauterswiese – Bebenhausen	12	3	A,F,G,H,P,R,S,W
W	12	Schloß Einsiedel – Rübgarten – Jägersitz – Stumpenwasen – Einsiedel	10	2½	K,P,R,S
W	13	Dettenhausen – Stadtreitereiche – Entenweiher – Jägersitz – Burgereiche – Stadtreitereiche – Dettenhausen	10	2½	F,P,R,S,W
W	14	Dettenhausen – WP Braunäcker – Ochsenschachensträßchen – Schaichbergsträßchen – Dettenhäuser Weg – Dettenhäuser Strädle – WP Braunäcker	12	3	E,F,P,R,S,W
W	15	Waldenbuch – Bonholz – Doscheten Buche – Dettenhäuser Sträßle – Glashütte – Waldenbuch	6	1½	P,R,S
W	16	Weil im Schönbuch – Totenbachtal – Waldenbuch – Rauhmühle – Weil im Schönbuch	14	3½	A,F,K,P,R,S
W	17	Wachendorf – Bierlingen – Ammelesbrunnen – Heiligengrub – Salensee – Hart – Höfendorf – Wachendorf	16	4½	A,E,K,P,R

Übersicht der Wanderungen 107

Bez.	Nr.	Wegstrecke	km	Std.	Besonderheiten
W	18a	Bieringen – Starzeltal – Burgmühle – Frommenhausen – Elbenloch – Siebentäler – Bad Niedernau – Bieringen	14	3½	A,E,K,P,R,W
W	18b	Bieringen – Starzeltal – Burgmühle – Frommenhausen – Hochmark – Schwalldorf – Bieringen	8	2	A,E,K,P,R,W
W	19	Rottenburg – Schadenweiler – Weilerburg – Dünnbachhütte – Schadenweiler	10	2½	A,K,P,R,S,W
W	20	Bad Niedernau – Siebentäler – Ziegelhütte – Weiler – Weilerburg – Rottenburg Altstadt – Bad Niedernau	16	4½	A,G,K,P,R,S,T
W	21	Rottenburg – Kalkweil – Telle – Bad Niedernau – Römersäule – Altstadt Rottenburg	9	2½	A,E,K,W
W	22	Rottenburg – Weggental – Heuberger Warte – Wendelsheim – Märchensee – Pfaffenberg – Wurmlingen – Rottenburg	16 (18)	4½ (4½)	A,E,K,P,R,S,T
W	23	Obernau – Rommelstal – Kl. Liebfrauenhöhe (Ergenzingen) – Ekkenweiler – Weitenburg – Ruine Siegburg – Bieringen – Obernau	16	4¼	A,E,F,K,P,R,S
W	24	Poltringen Stephanskirche – Reusten – Kochenhartgraben – Hailfingen – Oberndorf – Poltringen	16	4½	A,G,K,P,T,U
W	25	Hirrlingen/P Schützenhaus – Hochburg (ehem. Burg Hohenrangendingen) – Bodelshauser Kapf – Ramsbach – Bechtoldsweiler – Mönchwasen – Hirrlingen	14	3½	A,K,P,R,S,W
W	26	Ofterdinger Spielplatz (Meisenhart) – Sebastiansweiler – Bodelshausen – Rauher Rammert – Ofterdinger Spielplatz	17	4¼	A,E,F,G,P,R,S,W
W	27	Dußlingen/P Kirchholzhäusle – Eckhof – Kreßbach – Weilheim – Kilchberg – P Kirchholzhäusle	13,5	3½	A,K,P,R,S,W
W	28	Dußlingen/P Kirchholzhäusle – Bühlertal – Kiebinger Hütte – Dünnbachhütte – Nagelshütte – Ofterdinger Spielplatz – Meisenharthütte – P Kirchholzhäusle	19	5	A,F,P,R,S,W

Bez.	Nr.	Wegstrecke	km	Std.	Besonderheiten
W	29	Tübingen – Hohentübingen – Bismarckturm – Spitzberg – Wurmlinger Kapelle – Hirschau – Tübingen	16	4½	A,F,G,K,P
W	30	Hirschau/P beim Friedhof – Tiefenbachtal – Holzacker – Spitzbergrandweg – Weinbergweg – Wurmlinger Kapelle – Hirschauer Berg – Hirschau/P beim Friedhof	8	2	A,F,G,K,P,R,S
W	31	Tübingen/P Waldhörnle – Mähringer Hartwald – Immenhausen – Ehrenbachtal – Bläsiberg – P Waldhörnle	10	2½	A,K,P,R,S,W
W	32	Kusterdingen – Großholz – Aspenhau – Wankheim – Jettenburg – Auchtert – Kusterdingen	16	4	A,E,K,P,R,T,W
W	33	Dettingen – HW 3 – Pelagiustanne (Bauernhäule) – Schellentäle – Hemmendorf – Dettinger Spielplatz	10,5	2½	A,F,K,P,R,S,W

Streckenwanderungen (SW)

SW	1	Herrenberg – Schloßberg – Eiche am Roten Meer – Waldfriedhof – Mönchberger Sattel – Grafenberg – Jägergarten – Ruine Müneck – Hohen-Entringen – Roseck – Unterjesingen	20	5	A,F,K,P,R,S,W
SW	2	Hildrizhausen – Lindachspitzhütte – Neue Brücke – Katermannshaldenweg – Ruine Müneck – Breitenholz	8	2	A,F,K,P,R,S,W
SW	3	Böblingen – Mauren – Egelsberg – Rötelberg – Kalter Brunnen – Naturfreundehaus – Alter Rain – Schloßberg – Herrenberg	14	3½	A,F,K,P,R,S
SW	4	Altdorf – Eselstritt – Lindachspitzhütte – Neue Brücke – Kayher Tal – Kayher Sattel – Grafenberg – Mönchberger Sattel – Mönchberg	12	3	A,P,R,S

Übersicht der Wanderungen 109

Bez. Nr.	Wegstrecke	km	Std.	Besonderheiten
SW 5	WP Schaichhof – Birkensee – Schinderbuche – Schindereiche – Falkenkopf – Großes Goldersbachtal – Brommeleslinde – Ruine Müneck – Breitenholz	12	3	F,H,P,R,S,W
SW 6	WP Dettenhausen – Walddorfer Sträßchen – Langer-Rücken-Sträßchen – Bebenhausen	8	2	E,F,K,P,R,S
SW 7	Musberg – Siebenmühlental – Waldenbuch	13	3½	E,K,P,R,S,T
SW 8	Dettenhausen – Schaichtal – Neuenhaus	10	2½	E,F,G,P,R,S
SW 9	Unterjesingen – Burgstall – Hirschau – Neckarsteg – Kilchberg – Eck (Eckhof)	12	3¼	A,H,R

W 1–16 und die SW wurden von Walter Hahn und die W 17–33 von Heinz Wolpert abgewandert und bearbeitet, die historischen Ortsbeschreibungen stammen von Wilfried Setzler.

Rundwanderungen

W 1 Bebenhausen – Geschlossener Brunnen – Postbotenweg – Königsjagdhütte – Kaiserlinde – Diebsteigbrücke – Teufelsbrücke – Bebenhausen

Strecke: 15 km; Gehzeit: 4 Stunden
Markierungen: bis »Geschlossener Brunnen« r Strich, dann oZ
F, G, P, R, S, W
Rastplätze: Im Großen Goldersbachtal beim »Geschlossenen Brunnen«, auf der Königsjagdhütte, Diebsteigbrücke, Ziegelweiher, Teufelsbrücke, Tellerbrücke

Bebenhausen s. S. 94

Bebenhausen ist Ausgangspunkt und Ziel zahlreicher Wanderungen durch den Schönbuch. Gutmarkierte Wege des Schwäbischen Albvereins und Rundwanderwegetafeln des Forstamts Bebenhausen führen in alle Himmelsrichtungen. An der Goldersbachbrücke, an der Steige nach Waldhausen, befindet sich ein wichtiger Wanderknotenpunkt: Nach Hohen-Entringen sind es 6 km, nach Herrenberg 22 km, Unterjesingen 8 km, Tübingen (Sand) 3 km, Tübingen (Waldhausen) 2 km, gleichzeitig trifft man auf den Schwarzwald-Schwäbische Alb-Allgäu-Weg, den Wanderweg Baden-Württemberg Main-Neckar-Rhein und den Radwanderweg Baden-Württemberg.
Von Bebenhausen »Goldersbachbrücke« aus wandert man das Große Goldersbachtal aufwärts bis zum »Geschlossenen Brunnen« am Zusammenfluß von Großem Goldersbach und Arenbach.

Kurz nach Bebenhausen ist ein *Hochwasserrückhaltebecken* geplant. Quer durch das Tal soll ein 20 m hoher Staudamm gebaut werden. Der Gedanke ist bedrückend. Das Hauptor zu einem der landschaftlich schönsten Teile des kleinen Waldgebirges Schönbuch würde zerstört werden. Schon dreimal mußten ernsthafte Gefahren von dem heutigen Naturpark abgewendet werden. 1963 war weiter drinnen im Goldersbachtal ein Trinkwasserspeicher geplant, an der gleichen Stelle 1966 ein Hochwasserrückhaltebecken, und 1972 sollten für den Bau des Großflughafens Stuttgart II ca. 1100 ha der Waldfläche geopfert werden. Noch vor dem Geschlossenen Brunnen liegt rechts das *Schwefelbrünnele*. Das Wasser ist schwefelhaltig und wirkt schleimlösend.

Beim »Geschlossenen Brunnen« informiert eine Rundwanderwegetafel über zeitlich kürzere Möglichkeiten. Wir nehmen gleich nach der Brücke den Postbotenweg, der in etwa 15 Min zur Dickenbergebene hochführt. Der am Anfang stark ausgewaschene Hohlweg zeigt den

Bebenhausen

Bunten Mergel. Am Ende der Steige betritt man über einen Einstieg das Wildgehege.

König Wilhelm II., der häufig in seiner Königsjagdhütte auf dem Steingart weilte, (s. W 4), erhielt wichtige Nachrichten von Bebenhausen aus auf dem kürzesten Weg, der dadurch den Namen »*Postbotenweg*« erhielt.

Auf befestigtem Weg geht es dann durch streckenweise sehr schönen Altbuchenbestand zur Plato-Eiche (s. W 4). Sie läßt man li liegen, geht auf dem geteerten Weg 30 m bis zur Weggabelung und dann li weiter auf dem »Kayher Sträßle« zur Königlichen Jagdhütte (s. W 4).   1 km
Nach re führt der Weg über den Neuen Jägerweg; hinunter zur Teufelsbrücke und ins Große Goldersbachtal.   2 km
Man verläßt die Jagdhütte wieder auf dem nach Südwesten hangabwärts führenden »Alten Jagdhüttenweg« und trifft bei der »Münsteiche 1881–1923« (s. W 4) wieder auf das Kayher Sträßle, auf dem man re bis zur Kaiserlinde (s. W 6) weitergeht.
Am Wegedreieck »Kaiserlinde« folgt man dem Weg nach re, biegt nach 30 m auf dem ersten Weg li ab und folgt der »Ziegelklinge«, die sich bald zu einer tiefeingeschnittenen Gebirgsschlucht entwickelt, hinunter ins Große Goldersbachtal zur Diebsteigbrücke.   2 km
Nach Überqueren des Großen Goldersbach auf der »Diebsteigbrücke« folgt man dem Bach auf der linken Talseite flußabwärts bis zur »Teufelsbrücke«.

Im Talkessel der »Teufelsbrücke« fließen der Große und der aus dem Norden kommende Kleine Goldersbach zusammen. Es ist ein beliebter Rastplatz inmitten der Wälder des Schönbuchs. Man folgt dem Bach auf dem »Leichtsweg« und gelangt über die »Tellerbrücke« auf das »Goldersbachsträßchen«, das in die Talaue »Geschlossener Brunnen« hinausführt. Kurz vor dem Wildgatter fließt der »Senftenbrunnen«.
Nach Verlassen des Wildgeheges gibt es zwei Möglichkeiten zur Rückkehr nach Bebenhausen. Entweder auf der Talstr oder auf einem schattigen Spazierweg li dem Waldtrauf entlang.

W 2 Bebenhausen – Geschlossener Brunnen – Arenbachtal – Hohen-Entringen – Roseck – Himbachtal – Hagelloch – Heuberger Tor – Bettelweg – Bebenhausen

Strecke: 16 km; Gehzeit: 4¼ Stunden
Markierungen: r Strich bis Roseck, ab Himbachtal r Punkt
A, F, H, K, P, R, S, W
Rastplätze: beim »Geschlossenen Brunnen«, bei der »Becklesgarten-Hütte«, im »Schweinhag«, am Bogentor-Schweinhagweg, am Heuberger Tor

Von Bebenhausen »Goldersbachbrücke« aus wandert man das Große Goldersbachtal aufwärts bis zum »Geschlossenen Brunnen« am Zusammenfluß von Großem Goldersbach und Arenbach (s. W 1). Vom »Geschlossenen Brunnen« aus folgt man auf dem Bebenhäuser Sträßchen dem Arenbach bis zur Erholungseinrichtung »Becklesgarten-Hütte«.
300 m oberhalb der Becklesgarten-Hütte verläßt man das Arenbachtal und geht nach Überqueren des Baches halbre den Waldweg hinauf. Auf der Fahrstr nicht li oder re weitergehen. Der Weg ist gut bezeichnet (roter Strich). Auf der Höhe überquert man das Hagelloscher Sträßchen und kommt nach ca. 200 m auf die Kreuzung Himbachsträßchen/ Bogentor-Schweinhagweg, dem man nach re folgt.
Vorbei an einer Thujabaumanlage und nach Durchqueren einer Rastplatzwiese erreicht man die landwirtschaftliche Fläche von Hohen-Entringen. Am Waldrand folgt man dem »Brudergartenweg« ein kurzes Stück nach li und geht dann re auf einem Spazierweg das Feld entlang bis zum Verbindungsweg Schloß Roseck – Hohen-Entringen. Von hier aus erreicht man in 5 Min die ehem. Burganlage (s. W 5; in den Burgräumen ist Wirtschaftsbetrieb [Mostbowle]. Montags geschlossen).

Von Hohen-Entringen geht man ca. 300 m zurück und folgt dann dem guten Fahrweg nach Süden zu dem 2 km entfernten, auf der Südseite des Schönbuchs gelegenen Schloß Roseck. Ein Besuch der ehem. Schloßanlage lohnt sich der Aussicht wegen (s. W 5).

Nach dem Besuch des Schlosses geht man auf dem befestigten Weg, das Feld entlang, vorbei an einem Soldatengrab und der Feldscheuer hinunter ins Himbachtal. Im Tal kurz nach re und dann li steil hinauf nach Hagelloch auf dem von Unterjesingen kommenden Wanderweg (roter Punkt). Auf der Höhe, am Ortseingang von Hagelloch, kann man über die Panoramastr (Traufweg am Waldrand entlang) das Dorf über das Bogentor zum Heuberger Tor umgehen oder das Dorf durchqueren und über den Rosenbach die Fahrstr zum Heuberger Tor hinaufwandern.

Hagelloch. 441 m NN. Der 1106 erstmals genannte Ort wurde 1296 von den Pfalzgrafen von Tübingen an das Kloster Bebenhausen verkauft, zu dessen Amt der Ort bis 1807 gehörte. Seit 1971 ist Hagelloch nach Tübingen eingemeindet.

Der Bettelweg führt hinunter ins Große Goldersbachtal und zurück nach Bebenhausen (s. W 1).

W 3 Bebenhausen – Widenmannsdenkmal – Fohlenweide – Fohlenweidetraufweg – Jordantraufweg – Bebenhausen

Strecke: 6,5 km; Gehzeit: 2 Stunden
Markierung: bl Strich bis Widenmannsdenkmal, danach oZ
A, F, G, P, R, W
Rastplätze: Widenmannsdenkmal, Fohlenweide

Ausgangspunkt dieser Wanderung ist das Kloster Bebenhausen. Durch eine kleine Pforte verläßt man nach Norden die Klosteranlage und kommt auf das alte Böblinger Sträßchen (blauer Strich).
Auf der linken Seite befindet sich eine Orientierungstafel des Gehegeforstamtes Bebenhausen für Rundwanderungen. Nach Eintritt in den Wald beginnt li das Schwarzwildgehege. Der Weg führt nach Überqueren des Sommerkaltenbüchlesweg im Tal ge weiter den »Roten Graben« hinauf.

Der *»Rote Graben«* ist ein Stück vom alten Böblinger Sträßle, die direkte Süd-Nord-Verbindung von Bebenhausen und Weil im Schönbuch. Die im Bunten Mergel eingelagerten Stubensandsteinplatten weisen heute noch Bremsspuren der eisenbeschlagenen Wagenräder der alten Fuhrmannswagen auf.

Li am Weg der Königstein (der Königstein trägt die Inschrift W 1838, zur Erinnerung an König Wilhelm I., 1781–1864), auf halber Höhe der Hauchstein und am Ende der Steige li das Widenmannsdenkmal. Dort steht eine Sitzgruppe und auf der anderen Seite des Sträßchens eine Unterstandshütte.

Das *Widenmannsdenkmal* ist Wilhelm von Widenmann, Kreisforstrat und Oberförster in Bebenhausen, geb. 18. Oktober 1798, gest. 14. Juli 1844, gewidmet. Der Stein trägt die Inschrift: »Dem verdienten Forstmann, seine Berufsgenossen im Vaterlande.«

Hier biegt man vom Böblinger Sträßchen nach li ab und geht den Bretterzaun entlang. In der Mitte des Wegs bei einer Weggabelung befindet sich eine Sitzbank, an der man wiederum li vorbeigeht, ein Stück weiter befindet sich auf der rechten Seite eine weitere Unterstandshütte.
Auf der Höhe angekommen, hat man die Fohlenweide vor sich, auf der früher die Jungpferde des Klosters Bebenhausen weideten.
Der Weg führt dann ge weiter bis an das Ende der Hochfläche.
An der Hangkante geht man über den Fohlenweidetraufweg nach li weiter. Bei einer Ruhebank genießt man den Ausblick zur Waldhäuser Höhe und zur Schwäbischen Alb mit der Salmendinger Kapelle. Am Steinriegel stehen Altbuchenbestände, die einen besonderen Schönbucheindruck hinterlassen.

Dem westlichen Rand der Fohlenweide entlang zieht sich der Steinriegel. Über weite Strecken ist hier der *Keuperhang* mit größeren und kleineren Gesteinsblöcken und mit Schutt bedeckt, der so dicht liegt, daß der darunterliegende Waldboden nicht mehr zu erkennen ist. Man glaubt sich in ein steinernes Meer versetzt und wundert sich, daß hier überhaupt Bäume wachsen können. Die oberste Schicht der Keuperformation und gleichzeitig die Decke des Knollenmergels bildet der Rätsandstein. Überall dort, wo der Knollenmergel ausgewaschen und abgetragen wurde, brach die Kante der Rätplatte ab, und es bildeten sich – begünstigt durch Bodenfließen – an den Hängen die steinernen Meere.

Der Fohlenweidetraufweg geht in der Hangmitte in den Jordantraufweg über, den man nach Austritt aus dem Wildgehege erreicht.

Einst wurden in Holzdeichelleitungen die frischen Wasser, die hier dem Berg entspringen, ins Kloster geleitet. In Anspielung auf den heiligen Fluß in Israel entstand der Name *»Jordan-Traufweg«*.

Von ihm aus lohnt sich der Blick auf den Talkessel von Bebenhausen, auf das Große Goldersbachtal und zur Roßbergalb. Über das Böblinger Sträßchen findet man wieder zurück nach Bebenhausen.

Tübingen – Hohen-Entringen – Tübingen

W 4 Tübingen/Heuberger Tor – Bogentor – Hohen-Entringen – Entringer Sportplatz – Arenbachtal (Schaugehege) – Königsjagdhütte – Postbotenweg – Bettelweg – Heuberger Tor

Strecke: 15 km; Gehzeit: 4½ Stunden
Markierungen: ab Bogentor r Kreuz, dann r Strich bis Entringer Sportplatz, ab Bettelweg r Punkt
A, F, G, H, P, R, S, W
Rastplätze: Heuberger Tor, Schweinhag, Wildwiese am Bogentor-Schweinhagweg, Alter Entringer Sportplatz, Schaugehege im Arenbachtal, Saatschule am Dickneweg (am Fuß des Steingart), Königsjagdhütte
Raststätten: Hohen-Entringen (Burgräume bewirtschaftet, montags geschlossen), Sportheim am Entringer Sportplatz

Ausgangspunkt ist das »Heuberger Tor« nordwestlich des Tübinger Stadtteils Wanne. (Für Autofahrer aus Ri Stuttgart am besten über Bebenhausen – Waldhausen anfahren.) Von dort führt der Weg immer mit freier Aussicht, den Waldrand entlang über das Hölzlestor zum Bogentor, wo sich ein WP mit einem Rastplatz und einer Rundwanderwegetafel befindet. Von hier führen zwei Wege zum Schweinhag. Man benützt den Wanderweg parallel zur Fahrstr Hagelloch – Hohen-Entringen, oder man überquert die Fahrstr Hagelloch – Hohen-Entringen und bleibt weiterhin am Waldrand. Nach ca. 300 m stößt der zweite Fahrweg, von li aus Hagelloch kommend, auf den Wald. Hier verläßt man den Waldrand und betritt durch eine schmale Naturpforte (Achtung, im Sommer fast zugewachsen!) im Waldsaum das Waldesinnere und steigt auf einem schmalen Pfad hinunter zum Oberlauf des Himbachs, überquert diesen und kommt auf der anderen Seite zum Feld »Schweinhag«. Im ehem. Pflanzgarten stehen zwei Mammutbäume. Nach Durchschreiten der landwirtschaftlichen Fläche trifft man wieder auf den Waldrand, den man nach li entlanggeht. Nach 200 m trifft man auf die Wegmarkierung rotes Kreuz, der man re in den Wald hinein folgt. Der ge führende Bogentor-Schweinhag-Weg führt vorbei an einer Thujahainanlage über eine Wildwiese mit Erholungseinrichtungen zur Lichtung von Hohen-Entringen und schließlich zum Schloß selbst. Vom Schloßhof und von den Wirtschaftsräumen aus hat man eine weite Aussicht hinweg über das Ammertal (s. W 5).
Von Hohen-Entringen führt der Weg gutmarkiert (roter Strich) in Ri Ruine Müneck – Herrenberg zum Entringer Sportplatz. Über die Fohlensteige steigt man hinab in das Arenbachtal. Nach Eintritt in den Naturpark entdeckt man re ein Schwarzwild- und li ein Rotwildschaugehege. Zwischen den Schaugehegen und der Talaue des Aren-

bachs liegt eine gernbesuchte Erholungs- und Freizeiteinrichtung für Erwachsene und Kinder. Im Tal geht man ca. 150 m bachaufwärts das Rotwildgehege entlang und dann nach re über die »Rechtensteige« in Ri Königsjagdhütte. Auf der Ebene erreicht man den Dickneweg, der an der Saatschule (Erholungseinrichtung) und der Charlotteneiche vorbei, an der Münsteiche das Kayher Sträßle erreicht, das man überquert. Die Fortsetzung bildet der »Alte Jagdhüttenweg«, der zur Königsjagdhütte auf den Steingart hinaufführt.

Die *Königsjagdhütte* wurde im Auftrag des Prinzen Wilhelm von Württemberg (König ab 6. 10. 1891) 1888 erbaut. Angeregt durch Oberjägermeister Freiherr von Plato hatte er sich seit seinem 40. Lebensjahr immer mehr für die Jagd interessiert (vor allem, nachdem auch seine zweite Frau, Prinzessin Charlotte, für den Jagdsport ebenfalls Begeisterung zeigte) und am 1. April 1886 die Jagdpacht der Staatswaldungen übernommen.
An die königliche Jagdleidenschaft erinnert auch die Charlotten- und die Konrad-Münst-Eiche. Die *Charlotteneiche* trägt ihren Namen nach der Prinzessin Charlotte zu Schaumburg-Lippe, die seit 1886 mit König Wilhelm II. von Württemberg verheiratet war. Die Königin starb am 16. Juli 1946 in Bebenhausen. Die *Konrad-Münst-Eiche* ist nach dem gleichnamigen Forstrat benannt, der 42 Jahre lang Leiter des Forstamts Entringen war, das er 1881 als königlicher Revierförster übernommen hatte.

Der *Steingart* (gegenüber dem Bromberg 583 m NN) trägt wie die übrigen höchsten Erhebungen des Schönbuchs eine Rätsandsteindecke, die durch fortschreitende Verwitterung nicht nur an den Hangkanten, sondern auch auf der Ebene einen »Steinernen Garten« mit zahlreichen Steinblöcken bildet. Auf dem »Halbmond«, einem Teil des »Stungart«, war ein Rätsandsteinbruch.
Auf der Hangwiese bei der Königsjagdhütte wurde am 7. Juli 1972 eine junge Buche, ein *»Baum der Freundschaft«*, gepflanzt. Die Hinweistafel trägt folgende Inschrift:
L' arbre d'amitié/Baum der Freundschaft/Tree of Friendship/
Français – Deutsche – American/
Military Forces/
7. July 1972.

Man verläßt die Königsjagdhütte in östlicher Ri und bleibt immer auf diesem »Neuen Jagdhüttenweg«, der re an einem Wegdreieck vorbeiführt, bis li die beschilderte »Plato-Eiche« auftaucht.

Sie erinnert an den von 1891 bis 1905 amtierenden königlichen Oberjägermeister, Freiherrn von Plato (geb. 18. 11. 1846, gest. 29. 3. 1917), der ein Studienfreund des Königs Wilhelm II. in Göttingen war.

An der Eiche nimmt der »Postbotenweg« (s. W 1) nach li seinen Anfang in Ri Goldersbachtal und Bebenhausen. Ihm folgt man, bis man im man dem Waldweg nach li, kommt man auf eine Bergkuppe mit weitem Ausblick, auf der einst die Kapelle zu »St. Wendel« stand.

Kapelle St. Wendel. Der hl. Wendelin (Namenstag am 20. Oktober) war der Schutzpatron der Hirten und Landleute. Wahrscheinlich wurde die Kapelle von Wendel von Hailfingen, dem letzten männlichen Nachkommen der Familie, gegründet, der 1527 starb. 1875 fand man noch Bausteine.

Wieder auf den Weg zurückgekehrt, quert man die Waldabteilung »Härtlesberg«.

Härtlesberg. Im Mittelhochdeutschen war »hart« der Weidewald, der Teil der Dorfmarkung, der nicht bebaut werden konnte und deshalb zwangsläufig auf den mageren und härteren Böden der Waldgebiete lag. Im ganzen Schönbuch war der Vieheintrieb von Mai ab durch Jahrhunderte üblich.

Bald wird nun das Schloß Hohen-Entringen, das auf einem felsigen Vorsprung steht, sichtbar.

Die ersten urkundlichen Erwähnungen von *Schloß Hohen-Entringen* gehen ins 13. Jh zurück. Die Anlage ist sogar noch älter. Der starke Bau wurde durch steilabfallende Hänge von drei Seiten natürlich und auf der leichter zugänglichen Ostseite durch einen tiefen Graben geschützt, über den eine Zugbrücke führte. Ein Brunnen befand sich südöstlich der Burganlage und war mit Quadersteinen ausgemauert.
Hohen-Entringen wechselte im Laufe der Jahrhunderte sehr oft die Besitzer; darunter waren Herren von Entringen, Zollerngrafen, Markgrafen von Baden, Pfalzgrafen von Tübingen, Grafen und Herzöge von Württemberg. Im Jahre 1417 wohnten fünf Ritter mit ihren Familien »freundlich und friedlich beieinander«, die zusammen 100 Kinder hatten, wovon ein Bild im Rittersaal erzählt. 1877 erwarben die Freiherren von Ow das Rittergut, in deren Besitz (Wachendorfer Linie) es sich noch befindet.

Nach dem Besuch von Hohen-Entringen verläßt man die alte Burganlage wieder zunächst in Ri Roseck.
Beim Wegzeiger Tübingen – Bebenhausen zweigt man nach li ab und geht durch das Feld dem nahen Wald zu, erreicht dort den Brudergarten-Zaunweg, dem man 100 m nach li folgt, um dann nach re den Bogentor-Schweinhag-Weg zu benützen. Am Weg liegt eine Wildwiese mit Erholungseinrichtungen. Bei der anschließenden Wegkreuzung folgt man der Wegmarkierung rotes Kreuz. (Der rote Strich führt li weiter hinunter ins Arenbachtal und nach Bebenhausen, nach re geht es ins Himbachtal.)
An dieser Kreuzung trifft man auf die Waldabteilung »Bruderhaus«.

Am *Bruderbrunnen*, am Oberlauf des Himbach, der aus der Nähe von Hohen-Entringen nach Süden der Ammer zufließt, erbauten im 13. Jh Waldbrüder ein Bruderhaus, von dem man noch einzelne Steine findet.

Bald darauf erreicht man den Schweinhag, eine von der Gemeinde Hagelloch landwirtschaftlich genutzte Fläche im Wald, den man entlanggeht, um dann parallel zum Hagellocher Sträßchen auf einem Feldweg zum Bogentor (Waldende) zu gelangen. Über die Fahrstr geht es hinunter nach Hagelloch. Vom Bogentor führt auch ein Weg re den Waldtrauf entlang bis zum bezeichneten Weg nach Unterjesingen (roter Punkt). 2,5 km
Die Ortsmitte von Hagelloch wird über die Entringer Str umgangen, dies ist die halbre Fortsetzung der Fahrstr von Hohen-Entringen. An der Einmündung der Unterjesinger Str geht man nach re auf dem befestigten Weg die Stromleitung entlang steil hinunter ins Himbachtal. Im Tal überquert man nach ca. 100 m den Himbach und steigt nach re bergan, dem r Punkt folgend, an einer kleinen Waldwiese entlang. Nach 20 Min erreicht man das Waldende und steigt von hier aus nach li hinunter durch die Weinberge zum Ausgangspunkt, immer mit herrlicher Aussicht über die Landschaft. 3 km

W 6 Breitenholz – Ruine Müneck – Schaugehege »Stöckle« – Diebsteigbrücke im Großen Goldersbachtal – Breitenholz

Strecke: 10 km; Gehzeit: 2½ Stunden
Markierungen: bl Strich, ab Ruine Müneck r Strich, ab Stöckle oZ, ab Neue Brücke bl Punkt
A, F, H, K, P, R, S
Rastplätze: an der Müneckstr in Breitenholz, am »Stöckle«, Diebsteigbrücke, unterhalb des Soldatengrabs, bei der Goldersbachhütte, im Talgrund oberhalb der Diebsteigbrücke, am Katermannshaldenweg, in der Nähe der Schnepfeneiche

Breitenholz. 411 m NN, ca. 500 Ew. Seit 1971 Teilort der neuen Gemeinde Ammerbuch. Der um 1200 erstmals erwähnte Ort kam in der Mitte des 14. Jh an Württemberg. Das Dorf gehörte zunächst zum Amt Tübingen, kam 1810 zum Oberamt Herrenberg und schließlich 1938 zum Landkreis Tübingen.

Man verläßt Breitenholz auf der nach Osten zum Schönbuchtrauf hinaufführenden Steige. Kurz nach Beginn der Steige breitangelegter Kinderspielplatz mit Sitzgruppen und Feuerstelle. Nach dem Kinderspielplatz folgt man dem blauen Strich, der nach li die Steige verläßt

und zwischen Beerenanlagen und teilweise noch bewirtschafteten Weinbergen zur Ruine Müneck (549 m NN) hinaufführt. Schon auf halber Höhe öffnet sich der Blick weit ins Land hinaus, hinweg über das Ammer-, Neckartal zur Schwäbischen Alb, Wurmlinger Kapelle, zum Hohenzollern, zur Weiler Burg über Rottenburg und zum Schwarzwald fern im Westen (Ruine Müneck s. SW 5).
Von der Ruine aus geht man nach re am Hang entlang Ri Hohen-Entringen (r Strich) zum »Stöckle«. Dort befindet sich ein Rehwildgehege und ein Kinderspielplatz mit einer Sitzgruppe. »Am Stöckle« ist die Markungsgrenze von Breitenholz, Entringen und dem Staatswald.
Unser Weg führt ge das Kayher Sträßle weiter vorbei an der Paulineneiche zur Kaiserlinde, neben der ein älterer Weißdorn steht.

Die *Paulineneiche* erinnert an zwei Frauen aus dem Hause Württemberg: an Pauline (gest. 1873), eine Tochter des Herzogs Ludwig von Württemberg, mit der König Wilhelm I. in dritter Ehe verheiratet war, und an Prinzessin Pauline (geb. 1877), Tochter König Wilhelm II. aus erster Ehe mit Marie von Waldeck.
Die *Kaiserlinde* trägt ihren Namen nach Kaiser Wilhelm II: Als dieser als Jagdgast des württembergischen Königs im Revier Entringen weilte, wurde am 7. 11. 1893 bei dieser Linde die Jagdstrecke aufgelegt.
Kurz vor der Kaiserlinde steht auf der li Seite ein *Naturdenkmal* mit einer Hinweistafel: »*Amerikan. Gebirgsmammutbaum* (Sequoiadendron giganteum), auch *Wellingtonie* genannt. Erst 1850 in der kalifornischen Sierra Nevada entdeckt, auf Veranlassung König Wilhelms I. in den Kalthäusern der Wilhelma ausgesät und 1868 als Topfpflanzen an die Württ. Forstämter verteilt, sturmfester Traufbaum, dauerhaftes Bau- und Mastholz. In Amerika erreichen mehrtausendjährige Mammutbäume Höhen bis zu 120 m, Durchmesser über 15 m.«

Hier verlassen wir das Kayher Sträßle nach li und folgen dem Ziegelklingenweg hinunter ins Große Goldersbachtal zur Diebsteigbrücke. Schon nach wenigen 100 m hat sich die Ziegelklinge tief in die mergeligen Schichten des Keupers eingenagt.

Die Erholungseinrichtung *Diebsteigbrücke* im Großen Goldersbachtal ist zu einem beliebten Ausflugsziel geworden. Unter einer alten, schattenspendenden Fichtengruppe findet der Wanderer Tische und Bänke. Ein kleiner, aus Holz gezimmerter Pavillon im Talgrund schützt vor Wettereinbruch.
Die *Diebsteige* ist eine mitten im Wald gelegene Steige, die vor allem bei Nacht unheimlich wirkte und die angeblich oder tatsächlich von Dieben benützt wurde. Doch liegt eine andere Erklärung näher: Das Bestimmungswort »Dieb« ist entstellt und stammt von dem mittelhochdeutschen Wort »Diet« (fahrendes Volk). Die Diebsteige ist ein Teil der alten Verbindungsstraße aus dem Norden zum Süden des Schönbuchs, die von Holzgerlingen über den Schaichhof, Entringer Stein nach Entringen und Breitenholz führte.

Das Goldersbachtal aufwärts treten wir den Rückweg an, vorbei an einer weiteren Raststelle, die re im Talgrund liegt. Von li mündet der direkte Weg vom Schaugehege »Stöckle« und von der Brömeles-Linde her ein. Nach ca. 100 m weist die Wegbezeichnung blauer Punkt nach li. Von hier aus hat man nun zwei Möglichkeiten. Entweder man folgt dem Goldersbachtalweg bis zur Neuen Brücke und steigt über den Katermannshaldenweg wieder auf die Höhe, oder man benützt die Abkürzung blauer Punkt, die ebenfalls zum befestigten Katermannshaldenweg führt. Der Weg ist besonders im Juni zu empfehlen, wenn der Besenginster blüht. Nach Austritt aus dem Wildzaun weitere Erholungseinrichtung mit Unterstandsmöglichkeit. Vorbei an der Schnepfeneiche geht es zur Ruine Müneck und schließlich auf bezeichnetem Weg hinunter nach Breitenholz.

W 7 Herrenberg/Naturfreundehaus/Steighäusle – Roßhauhütte – Böckleshütte – Neue Brücke – Kayher Tal (Fischbach) – Sommertal – Waldfriedhof Herrenberg

Strecke: 13 km; Gehzeit: 3½ Stunden
Markierungen: ab Neue Brücke bl Strich, danach bl Punkt
A, F, P, R, S, W
Rastplätze: Neue Brücke, Kayher Tal, Jahnhütte Alter Rain

Der Ausgangspunkt Steighäusle (ursprünglich Unterkunft für Förster und Holzhauer) liegt mit dem Waldfriedhof (Parkplätze) und dem Naturfreundehaus (Parkplätze) an der Hildrizhauser Str am Osteingang zum Schönbuch. Nach ca. 450 m erreicht man über die Fahrstr das »Bebenhäuser Sträßchen«, auch »Bebenhäuser Weg«, »24-Buchen-Weg« oder »24-Buchen-Sträßchen« genannt. Gemeint ist ein sehr schöner, leicht fallender, fast immer von Nordwesten nach Südosten führender Waldweg.

Der Höhenrücken trägt den wasserdurchlässigen Stubensandstein und darunter die Bunten Mergel. Tiefe Schluchten haben sich deshalb von beiden Seiten in den Bergstock hineingenagt. Der »Bebenhäuser Weg« war früher der kürzeste Fußweg von Herrenberg nach Bebenhausen.
Schon bald auf der rechten Seite des Weges stehen die 13 Buchen. Auf der linken Seite am Sträßchen liegt der *»Roßhau«*. Diese Waldstelle wurde im Wirtschaftsplan von 1824 als Waldblöße aufgeführt und teilweise als Waldweideplatz für Pferde benützt. Bald werden die *»24 Buchen«* sichtbar. Wer sie genauer zählt, wird feststellen, daß in der Zwischenzeit einige fehlen.

Wir folgen dem Hinweis »Wolfsberg« – »Neue Brücke« und nehmen an der Gabelung den Weg nach re.

Nicht weit von den 24 Buchen am Sträßchen zum Lindachtal (linker Weg) steht der *Hirschstein*. Hier schoß Hofjägermeister Freiherr von Neurath am 20. Dezember 1890 einen Hirsch mit drei Stangen und ungeraden Enden.

Den 24 Buchen folgt die Waldabteilung »*Mittleres Häusle*«. Das kleine Schützenhäusle mit einer alten Dachabdeckung und seltenen Holzschiebefensterle steht unmittelbar am Wanderweg und hatte die gleiche Funktion wie die übrigen Schützenhäuser. Im Herrenberger Stadtwald übten im Jahr 1494 »Schützen« den Waldschutz aus. Im Jahr 1533 nannte man sie Waldknechte. Später wieder Waldschützen, deren Aufgabe darin bestand, über die Schönbuchordnung, vor allem über die Holzabfuhr zu wachen und die Holzfrevler zur Rechenschaft zu ziehen.

Die letzte Buchengruppe, die »*12 Buchen*«, stehen auf der linken Seite. Im 16. Jh werden die 12 Buchen im Herrenberger Stadtwald schon als Besonderheit erwähnt, die auf der Gadnerkarte »Der Tübinger Forst Schönbuch« eingetragen sind. Noch einmal wird auf Buchen hingewiesen. Zwischen den 24 und 12 Buchen liegen die »*Geschorenen Buchen*«.

Von der Böckleshütte aus führt der Weg nach einer leichten Rechtskurve fast ge nach Osten den »Wolfsberg« entlang bis über die Talhöhe bei der Neuen Brücke. Hier verläßt man den befestigten Weg und steigt ge steil hinunter ins Tal. Keine Wegbezeichnung! Vom Talgrund der Neuen Brücke (446 m NN) aus ist der Höhenunterschied zum Wolfsberg (520 m NN) schon beachtlich.

Der Name »*Wolfsberg*« erinnert an die Wölfe, die sich während des 30jährigen Kriegs im Schönbuch stark vermehrten und zur Landplage wurden.

Bis zur Neuen Brücke erstreckt sich der größte Walddistrikt der Stadt Herrenberg, der »Herrenberger Stadtwald«. Die Länge des Stadtwaldes beträgt vom Waldfriedhof bis zur »Neuen Brücke« 6 km, die durchschnittliche Breite 2,5 km. Bei der Neuen Brücke fließen die zwei Hauptquellbäche des Goldersbachs zusammen: von re der Fisch- oder Ramsbach, von li die Lindach, die ihre zahlreichen Quellen im nördlichen Stadtwald hat.

Von der Erholungseinrichtung Neue Brücke folgt man nun der Markierung blauer Strich das Fischbachtal aufwärts. Re am Weg stehen die Reste der Baumruine »Große Linde«.

Die *Große Linde* galt schon 1910 als ältester Baum des Schönbuchs. Sie hatte einen Umfang von 5,8 m. Starke Überwallungswülste zeigten damals schon, daß der Baum, dessen höchster Ast noch 23 m hinaufreichte, schon seit vielen Jahrzehnten mit dem Tode kämpfte. Aber in jedem Frühjahr wehrt sich der Baum aufs neue und treibt junge Triebe, die sich in frisches Grün kleiden.

Bei der Weggabelung nach etwas mehr als 2 km verläßt man die Markierung bl Strich, nimmt den re Weg durch das Sommertal mit der Markierung bl Punkt und gelangt auf diesem zum Ausgangspunkt.

Ammer und Gäu vom Reustener Wolfsberg

W 8 WP Schaichhof – Schnapseiche – Seitental – Geschlossenes Brückle – Ochsenbachtal – WP Schaichhof

Strecke: 6 km; Gehzeit: 1½ Stunden
Markierungen: die ganze Strecke ist gekennzeichnet mit einer rotgeränderten weißen Raute und der Ziffer 14
A, E, F, G, P, R, S, W
Rastplatz: bei der Schnapseiche

Man geht vom WP »Schaichhof« (s. SW 5) gut gekennzeichnet auf dem »Steinigen Weg« (dem ehem. Rheinsträßchen) zur »Schnapseiche«.

Schaichhof – Kleines Goldersbachtal – Schaichhof

Die Bauern aus der nördlichen Schönbuchlichtung Altdorf – Holzgerlingen – Böblingen brachten auf dem »Rheinsträßchen« ihr Korn, das zum Brennen bestimmt war, bis zur *Schnapseiche*. Die Schnapsbrenner aus dem Neckartal um Tübingen und dem Albvorland tauschten es hier gegen Schnaps ein. Während der Hofjagden der württembergischen Könige wurde bei der Eiche ab und zu »kalte Küche« gehalten, und die zur Treibjagd im Frondienst verpflichteten Schönbuchbewohner erhielten dort zur Winterszeit zum Aufwärmen einen Schnaps.

In der Nähe der Eiche (1. Weg li nach ca. 150 m re) war im 2. Jh n. Chr. eine römische *Töpferei*. Sie wurde 1857 entdeckt und 1911 ausgegraben. Gefunden wurden Brennöfen und zahlreiche Scherben von Tongefäßen. Noch heute kann dieser Fundplatz römischer Keramik mühelos erreicht werden, die Forstverwaltung ließ eine kleine Hinweistafel anbringen. Der Platz lag für eine Töpferwerkstatt denkbar günstig. Tonmaterial war in nächster Nähe, und Wasser zum Schlemmen des Tones lieferte ein dicht am Platz, in einer Klinge, vorbeifließender Nebenfluß des Kleinen Goldersbaches. Die Fundstelle selbst lag über dem Grundwasserspiegel mit Stubensandstein als Untergrund. Erzeugnisse dieser Töpferei fanden sich im Kastell Köngen und in den römischen Gruben von Gmindersdorf bei Reutlingen.

Das zweite Sträßchen nach der Schnapseiche li, das Seitentalsträßchen, führt hinunter ins Ochsenbachtal. Dort (geschlossenes Brückle) wandert man bachaufwärts bis zum Gehegezaun und geht dann diesen li entlang zurück bis zum P.

Am Oberlauf des Ochsenbaches liegt der 1974 angelegte *Ochsenschachenweiher*. Ihm gegenüber re oben auf der Höhe steht die 1972 erbaute Ochsenschachenhütte. Von dort hat man einen lohnenden Blick auf die Wälder des Schönbuchs, vor allem auch auf den östlichen Bromberghang.

W 9 WP Schaichhof – Kapellenbrunnen – Teufelsbrücke – Kleines Goldersbachtal – Ochsenbachtal – Schnapseiche – WP Schaichhof

Strecke: 9 km; Gehzeit: 2½ Stunden
Markierungen: die ganze Strecke ist gekennzeichnet mit einer gelbgeränderten weißen Raute und der Ziffer 22
E, F, G, K, P, R, S, W
Rastplätze: bei der Schnapseiche, bei der Haugeiche, bei der Teufelsbrücke im Großen Goldersbachtal, »Klaftersteigle« im Kleinen Goldersbachtal

Vom WP »Schaichhof« (s. SW 5) geht man auf dem »Steinigen Weg« den Brombergosthang entlang, vorbei an der Schnapseiche (s. W 8) zum Rastplatz Haugeiche. Ca. 3 km, kurz vor diesem Rastplatz, bevor der Weg abwärts geht, steht eine Hinweistafel nach re zur

»Einsiedelei 250 m«. Diese bestand aus einer Kapelle, deren Reste – seit langem bekannt – 1974 freigelegt wurden. Während der Grabarbeiten entdeckte man, nur 2 m von der Kapelle entfernt, die Umrisse eines 2. Gebäudes, das bis dahin völlig unbekannt war. Die Vermutung, daß es sich hier um den Wohnraum eines Einsiedlers handelte, wurde durch die Fundamentreste eines Kachelofens, »einer der ältesten, den wir aus dem Mittelalter Südwestdeutschlands kennen«, bestätigt. Wenige Meter unterhalb der Kapelle liegt ein Quellhorizont, aus dem genügend Wasser sprudelt, um den *»Kapellenbrunnen«* zu speisen.

In dem Altbuchenbestand nur wenig unterhalb des gefaßten »Kapellenbrunnen« steht eine botanische Seltenheit, die ca. 130 Jahre alte *»Eichenrindige Buche«*. Der unter Naturschutz stehende, im Absterben begriffene Buchenzwilling hat eine rissige, eichenähnliche Rinde, aber sonst das Erscheinungsbild einer Buche.

Von der »Haugeiche« steigt man den Fußweg steil hinunter zur »Teufelsbrücke«. Dort am Zusammenfluß von Großem und Kleinem Goldersbach verläuft die Grenze zwischen dem Landkreis Böblingen und dem Landkreis Tübingen.

Ein Grenzstein befindet sich hinter der kleinen Schutzhütte. So ist dies auch der richtige Ort zur Ehrung von Oskar Klumpp, ehem. Landrat von Tübingen (1963 bis 1973). Die Forstverwaltung hat am Himmelfahrtstag 1973 durch Widmung einer alten Eiche bei der Teufelsbrücke, die *Oskar-Klumpp-Eiche*, »Dem Beschützer des Schönbuchs« ihren besonderen Dank abgestattet. Landrat Klumpp hat sich 1971/72 besonders engagiert und erfolgreich gegen den geplanten Großflughafen Stuttgart II im Schönbuch gewehrt.

Von der Teufelsbrücke führt der Weg den Kleinen Goldersbach aufwärts, vorbei an der Königseiche zur Feuerstelle und Spielwiese »Klaftersteigle«. Von hier geht es weiter bis zur Einmündung des Ochsenbachs beim »Stoffelskohl«, dem man nach li bis zum »Geschlossenen Brückle« folgt. Über das Seitentalsträßchen li talaufwärts an der Schnapseiche vorbei erreicht man den Ausgangspunkt.

W 10 WP Ranzenpuffer an der B 27 – Schlagbaumlinde – Tropfender-Wasen-Allee – Kohlhauweg – Widenmannsdenkmal – WP Ranzenpuffer

Strecke: 7 km; Gehzeit: 2 Stunden
Markierung: oZ, ab Böblinger Sträßchen bl Strich
F, H, P, R, S, W
Rastplätze: Klaftersteigle am Kleinen Goldersbach, Kohltorwiese, am Oberlauf des Brühlbächle, Brühlweiher am Böblinger Sträßchen
»Ranzenpuffer« ist von Dettenhausen oder Böblingen aus in Ri Tübingen der erste P unterhalb der Kälberstelle.

Der WP *Ranzenpuffer* hat seinen Namen vom Waldgeist des Schönbuchs. Dieser war nach der Sage einst ein Jäger auf dem Einsiedel bei Tübingen, der ein gottloses Leben führte, die Menschen quälte, Wein, Weiber und Spiel über die Maßen liebte und auch Zauberei trieb, wofür er seit vielen hundert Jahren als Geist umgehen muß.

Vom Ausgangspunkt aus geht es über das kurze Heusteigsträßchen zum Dettenhäuser Sträßchen, das von der Kälberstelle her der Kreisgrenze Böblingen – Tübingen folgt und beim Schlagbaum oder der Linde das aus Ri Weil im Schönbuch kommende Böblinger Sträßchen überquert.

Am *Schlagbaum* war nach dem 2. Weltkrieg die Grenze zwischen der französischen und amerikanischen Besatzungszone. Diese Grenze läßt sich bis zur Teilung des Herzogtums Württemberg 1442 in den Uracher und Stuttgarter Teil zurückverfolgen. Heute ist sie Regierungsbezirksgrenze zwischen Süd- und Nordwürttemberg und Grenze zwischen den Kreisen Böblingen und Tübingen.

Auf der Tropfender-Wasen-Allee, der Fortsetzung des Dettenhauser Sträßchens, geht man das Damwildschaugehege entlang, bis von re das Altdorfer- oder Rheinsträßchen einmündet.

Der *Tropfende Wasen* ist schon auf der Gadnerkarte »Der Tübinger Forst Schönbuch« von 1592 verzeichnet. Auch heute sind hier noch mehrere aufeinanderfolgende sumpfige, nasse vertiefte Stellen zu sehen, die sich zu kleineren Fischweihern eignen würden. Sie werden von verschiedenen Wasserläufen durchflossen, die sich zumindest im Frühjahr zu einem rasch fließenden Tropfenden-Wasen-Bächlein ansammeln, das dem Seebach zuströmt.

Wer will, unterbricht die Wanderung und geht auf wenigen 100 Metern das Ilgenloch hinunter ins Kleine Goldersbachtal zur Erholungseinrichtung »Klaftersteigle«. Dort ist unter schattigen Kastanien ein Rastplatz und eine Feuerstelle.

Das *Ilgenloch* verdankt seinen Namen der schwäbischen Bezeichnung für Schwertlilien: Gilgen oder Ilgen. Man findet sie heute noch verbreitet im Schönbuch. So ist unterhalb des Ilgenlochs am Zusammenfluß von Großem und Kleinem Goldersbach, bei der Teufelsbrücke, ein kleiner Tümpel, in dem die Gelben Wasserschwertlilien in den Monaten Mai und Juni in Massen blühen.

Zurück vom Klaftersteigle vorbei an der »Neuhütte« und der »Professorenplatte« führt die Wanderung weiter dem Kohlhauhangweg entlang, über dem Kleinen Goldersbachtal zur Kohlhauhöhe. Von li führt die Königsallee herauf. Wer auf dem Kohlhau eine Rast einlegen möchte, geht von der Kreuzung ca. 100 m nach re zur schön und sonnig gelegenen Kohltorwiese mit Feuerstelle am Fuß der Fohlenweide.

Die Köhler, Kessler und Schmiede benötigten sehr viel Holzkohle, oder wie es auch hieß »Kohlholz«. Davon kommen die zahlreichen Namen mit Kohl.

An der Kreuzung Bretterzaunweg/Brühlbachweg gibt es zwei Möglichkeiten, zum Ausgangspunkt zurückzukehren. Der längere Weg führt den Bretterzaunweg entlang zum Widenmannsdenkmal am Böblinger Sträßchen, der kürzere gleich li hinunter den Brühlbach entlang bis zum Böblinger Sträßchen.

Bei der Erholungseinrichtung »Brühlweiher« finden in den Sommermonaten Gottesdienste der »Kirche im Grünen« statt.

Das Böblinger Sträßchen geht es dann li, bis man bei der Schlagbaumlinde auf die Ausgangsstrecke gelangt.

W 11 Bebenhausen – Mauterswiese – Zeitungseiche – Einsiedel – Lindenallee – Becklesklinge – Mauterswiese – Bebenhausen

Strecke: 12 km; Gehzeit: 3 Stunden
Markierungen: zunächst bl Kreuz, dann r Strich
A, F, G, H, P, R, S, W
Rastplätze: am Einsiedlersträßchen bei der Mauterswiese

Man beginnt die Wanderung gegenüber dem Gasthaus Waldhorn auf dem Einsiedlersträßchen. Wegbezeichnung ist zunächst blaues Kreuz bis zum Wegzeiger am Langer-Rücken-Sträßchen, dann roter Strich. Der Weg führt leicht bergan, den naturkundlichen Waldlehrpfad entlang, der zum Kirnberg und zum Olgahain hinaufführt. Li steht der König-Wilhelm-Stein von 1916, der zu dessen 25jährigem Regierungsjubiläum errichtet wurde.
Am Weg hinauf »Zum Stöckle« liegt der WP Pfeifferstein. Gleich danach kommt re am Einsiedlersträßchen ein Rastplatz mit Feuerstelle. Bei der Linde »Am Stöckle« betritt man das Wildgehege. An der Wegegabelung Langer-Rücken-Sträßchen – Einsiedlersträßchen geht man nach re an der Mauterswiese vorbei über den Kirnbach das Ziegelhäule hoch.
Auf der Höhe macht der Weg einen Knick nach re, und über das Ziegelhäulesträßchen kommt man zur Alten Stuttgarter Str (Schweizerstr) bei der Zeitungseiche.
Parallel zum Einsiedlersträßchen führt ein Wanderweg über die WP »Rotes Tor« und »Stumpenwasen« zum Einsiedelfeld. Über die Bebenhäuser Allee erreicht man das Hofgut Einsiedel und das ehem.

Einsiedel – Jägersitz – Einsiedel

Schloß. Die Hofdomäne ist an die Süddeutsche Zucker AG verpachtetes Eigentum der herzoglichen Familie von Württemberg.
Den Weg zurück nach Bebenhausen wählt man über die Waldenbucher Allee, geht dann, am Waldrand angekommen, li diesen entlang bis zur Lindenallee, folgt ihr schnurgerade zur Alten Stuttgarter Str (blauer Punkt) und steigt die Becklesklinge oder den Stockwiesenweg wieder hinunter ins Kirnbachtal (keine Wegbezeichnung, aber leicht zu finden). Dort trifft man wieder auf den bezeichneten Weg, vorbei an der Mauterswiese nach Bebenhausen.

W 12 Schloß Einsiedel – Rübgarten – Jägersitz – Stumpenwasen – Einsiedel

Strecke: 10 km; Gehzeit: 2½ Stunden
Markierung: bl Punkt
K, P, R, S
Rastplätze: Schloßgarten Einsiedel, Jägersitz

Man verläßt den Einsiedel nach Nordosten auf der Rübgartener Allee. Nach Eintritt in den Wald führt der Weg halbre vorbei an einer alten Eiche mit der Wegbezeichnung Rübgarten (bl Punkt).

Rübgarten. 400 m NN. Wohl im Zusammenhang mit dem Ausverkauf des Besitzes der Pfalzgrafen von Tübingen kam der kleine Weiler – um 1500 besaß er 16 Herdstätten, 1808 noch immer erst 24 Wohnhäuser – 1342 an Württemberg.
Die Württemberger belehnten ihrerseits zunächst die Herren von Wildenau, deren Burg nur etwa 2 km südlich auf einem Bergvorsprung zum Neckar stand, mit Rübgarten. Nach deren Aussterben im 30jährigen Krieg kam das Dorf an die Jäger von Gärtringen, schließlich 1706 an den Freiherrn Levin von Kniestedt, der 1710 das heutige Schloßanwesen erbaute (über dem Torbogen Wappen Kniestedt). Heute ist Rübgarten nach Pliezhausen eingemeindet und durch die Nähe zur neuen B 27 in den Sog von Reutlingen und Stuttgart geraten, was man an den Neubauvierteln ablesen kann.

Nach kurzer Zeit überquert man den Schlierbach auf dem im Bachbett anstehenden Lias, der nach kurzer Zeit abbricht und in eine tiefe Mergelklinge überführt. Die Unterämter Allee (geschichtlicher Lehrpfad) überquert man bei der Waldabteilung »Römeraltar« und setzt von dort aus den Weg ge fort.
Nach fünfzehn Min erreicht man das Ende des Waldes, erblickt Rübgarten über dem Reichenbachtal und hat wieder eine sehr lohnende Aussicht zur Alb.
Man verläßt das Dorf wieder auf dem befestigten Höhenweg nach

Nordwesten in Ri Friedhof. Hinter dem Friedhof steigt man über einen Wiesenpfad ins Reichenbachtal hinunter. Dort trifft man auf den Wanderweg Einsiedel – Walddorf (blauer Strich). Kurz vor dem Reichenbach steht ein Wegzeiger mit Hinweis »Bebenhausen« (blauer Punkt). Auf dem befestigten, nach Westen führenden Weg überquert man den »Tübinger Fußweg« und die »Hohestrutallee«. Im Wald li haltend, erreicht man den Jägersitz.

Vom Jägersitz aus folgt man dem Hofmeisterweg halbre (blauer Punkt) in Ri Kirnbachtal (3 km) und Bebenhausen (6 km), überquert die Dachswiesenallee und kommt nach ca. 1 km zur Judenallee, die von li einmündet. Nach wenigen Metern trifft man auf die von re kommende, nicht übersehbare Lindenallee. Die kerzengerade Allee ist mit einigen hundert, ca. 200 Jahre alten Linden bepflanzt und findet nach li in der Bebenhäuser Allee ihre direkte Fortsetzung zum Einsiedel. Nach re führte sie bis vor noch wenigen Jahren direkt in die Alte Stuttgarter Str (Schweizerstr). Von dieser Wegspinne aus sind es 2 km zum Einsiedel. Nach 300 m verläßt man den Wald und genießt den freien Blick über das Hofgut Einsiedel zur Schwäbischen Alb mit der vorgelagerten Achalm. Man wandert nun über die Bebenhäuser Allee in Ri Ausgangspunkt. Wer die Fahrstr meiden möchte, wählt den etwas weiteren Weg, den nördlichen Waldrand entlang (blauer Punkt). Dieser Weg ist aber nur bei trockenem Wetter zu empfehlen.

Blick auf die Schwäbische Alb bei Einsiedel

W 13 Dettenhausen – Stadtreitereiche – Entenweiher – Jägersitz – Burgereiche – Stadtreitereiche – Dettenhausen

Strecke: 10 km; Gehzeit: 2½ Stunden
Markierungen: bis kurz vor die Stadtreitereiche bl Punkt, dann oZ F, P, R, S, W
Rastplätze: Stadtreitereiche, Jägersitz, Eichenfirstklinge, Burgereiche/Jagdhütte

Dettenhausen. 412 m NN. Der Ende des 12. Jahrhunderts erstmals namentlich genannte Ort kam 1363 an Württemberg. Bis 1811 gehörte er zum Amt Böblingen, danach zum Oberamt bzw. Landkreis Tübingen. Neben der Landwirtschaft boten in früheren Jahrhunderten die Stubensandsteinbrüche (Bausteine wurden bis nach Köln und Münster in Westfalen geliefert, siehe S. 18) Verdienstmöglichkeiten. Nach dem 2. Weltkrieg schufen Industrieansiedlungen, vor allem die Firma Nau Behälterbau, zahlreiche Arbeitsplätze, was sich auch in der Einwohnerentwicklung ablesen läßt. Von 1950 bis 1970 hat sich die Einwohnerzahl von rund 1600 auf fast 3200 beinahe verdoppelt.

Man verläßt Dettenhausen nach Süden auf dem Alten Stuttgarter Sträßchen (Fahrstr Ri Pfrondorf), das immer steiler wird. Kurz vor der Höhe in einer scharfen Re-Kurve geht ein bezeichneter Wanderweg nach li in den Wald, dem man bis zur Stadtreitereiche folgt.

Die *Stadtreitereiche* ist eine beliebte Erholungseinrichtung mit Feuerstelle und Schutzhütte. Ausgangspunkt für Wanderungen rund um den »Eisenbachhain« und zur Erholungseinrichtung »Jägersitz«. Die Eiche wurde von der Tübinger Stadtgarde am 15. 5. 1958 gepflanzt. An Himmelfahrt trifft sich hier die Stadtgarde.

Am Wegedreieck Stadtreitereiche wählt man den li Weg an der Feuerstelle vorbei, der als Grasweg an der ehem. Saatschule entlangführt. Nach einem scharfen Knick nach re liegt am Weg ein Stockententeich. Über den Eschachhauweg erreicht man die Rindenhütte, an der man re vorbei dem sog. Hofmeisterweg folgt, die Eichenfirstklinge überquert, bis man die freie Lichtung des Jägersitzes auf der Moosplatte erreicht. (Erholungseinrichtung .) Kurz vor dem Jägersitz stehen auf der li Seite japanische Tulpenbäume.

Der *Hofmeisterweg* trägt seinen Namen nach dem Verwalter des Hofguts Einsiedel, dem Hofmeister, der dem Waldvogt von Waldenbuch unterstellt war.

Den Rückweg beginnt man zunächst wieder auf dem Hofmeisterweg bis zur Eichenfirstklinge, die man nach li entlang dem Bach bergan steigt. 500 m weiter befindet sich eine kleine romantisch gelegene Erholungseinrichtung in einem ehem. Rätsandsteinbruch, vor allem im Juni/Juli besonders zu empfehlen, wenn in der Eichenfirstklinge Besenginster und Lupinen blühen.

Auf der Höhe biegt man nach re ab zur Burgereiche/Jagdhütte am NSG Eisenbachhain (Forstmeister Eisenbach ließ seinem Sohn, Forstamtmann und Oberleutnant Hans Eisenbach, gef. in Frankreich am 31. 9. 1914, einen Gedenkstein setzen).

Im Naturpark Schönbuch mit rd. 15 600 ha ist der *Eisenbachhain* ein NSG mit 8,3 ha. Schon im Jahre 1936 wurde die Sicherstellung dieses Waldstücks von der Württembergischen Forstdirektion beantragt, und ein Jahr später – 1937 – trat die Verordnung zum Schutz dieses Waldstücks in Kraft. Der Wanderer findet dort 250 bis 300 Jahre alte Eichen, ungefähr 180jährige Buchen und über 100 Jahre alte Birken. So ist uns hier ein Stück Schönbuchlandschaft erhalten geblieben, die sich während des Viehweidegangs häufig aus parkähnlichen, aufgelockerten Waldstücken zusammensetzte und vor allem nach der Einstellung der Waldweide zu diesem nicht mit Nadelhölzern durchsetzten Wald heranwachsen konnte. Das NSG Eisenbachhain ist ein sog. Banngebiet. »Bannwälder sind Totalreservate. Hier ruht jegliche forstliche Nutzung. Alles bleibt sich selbst überlassen, damit sich die Waldvegetation ungestört entwickeln kann. Bannwälder dienen vorwiegend der Wissenschaft als ›Freilandlaboratorien‹. Sie sollen aber auch dem Besucher einen Eindruck von der urwüchsigen von Menschen unbeeinflußten Natur vermitteln.«

Der *Eisenbachjagdhütte* gegenüber steht die etwa 350 Jahre alte *Burgereiche*. Am 17. April 1972 hat sie in Erinnerung an den langjährigen Vorstand des Forstamtes Einsiedel, Oberforstrat Hermann Burger (gest. 1971), der sich kaum wie ein zweiter um den Schönbuch verdient gemacht hat, ihren Namen erhalten.

Von der Burgereiche/Jagdhütte aus geht man über den Königsweg entlang dem Eisenbachhain wieder zur Stadtreitereiche zurück.

W 14 Dettenhausen – WP Braunäcker – Ochsenschachensträßchen – Schaichbergsträßchen – Dettenhäuser Weg – Dettenhäuser Sträßle – WP Braunäcker

Strecke: 12 km; Gehzeit: 3 Stunden
E, F, P, R, S, W
Markierungen: zunächst bl Punkt, dann oZ, ab Kreuzung Dettenhäuser Weg – Dettenhäuser Sträßle bl Hufeisen
Rastplätze: am WP Braunäcker, an der Kreuzung Hummelsklinge/Neue Walddorfer Steige, beim Neubrunnen, Mönchbuckelhütte, an der Einmündung des Dettenhäuser Wegs in das Dettenhäuser Sträßle, beim Weißen Häusle, an der Kreuzung Dettenhäuser Sträßle/Neue Walddorfer Steige

Von der Bushaltestelle in Dettenhausen an der B 27 geht es auf gutbezeichnetem Weg zunächst durch den Ort, dann parallel zur B 27 in Ri Waldenbuch. Auf der Höhe überquert man die Bundesstr und trifft auf den WP Braunäcker. Von dort führt der Weg zunächst zu einer keltischen Viereckschanze, deren Südwestecke man durchschreitet.

Keltische Viereckschanze. Die Aufschüttungen li und re sind noch sichtbar. Die ungefähr quadratische Anlage ist ein von Erdwall und Graben umfriedeter Tempelbezirk aus spätkeltischer Zeit (1. Jh v. Chr.). Aufgrund von Ausgrabungen in anderen Schanzen ist bekannt, daß sich darin ein viereckiger Holztempel und tiefe Opferschächte befanden.

Beim Verlassen der Schanze geht man an der Wegegabelung nach re, also nach Süden, und dann nach ca. 600 m auf der Hangkante, dem Hanggelände des Höhenrückens Betzenberg angepaßt, nach Osten. An der ersten Wegkreuzung steht ein Waldabteilungsstein. An der zwei km weiteren Wegkreuzung Hummelsklinge – Neue Walddorfer Steige befindet sich ein kleiner Rastplatz (hinunter geht es ca. 150 m zur Erholungseinrichtung Blockhütte am Neubrunnen mit Feuerstellen, einer Spielwiese und einer Schutzhütte).
Nach ca. 150 m überquert man den Wanderweg Waldenbuch – Walddorfhäslach, genannt der Pfad (blauer Punkt). Nach zwei km verläßt man den ge weiterführenden Wanderweg und geht nach li zur Mönchbuckelhütte, einem Rastplatz mit Feuerstelle, Schutzdach und Sitzplätzen.

Die Bezeichnungen *Mönchbuckel*, Mönchwald, Mönchwiesen, Bruderholz und Mönchbrunnen etwa 2 km südwestlich Häfnerneuhausen gehen auf eine erstmalig 1526 erwähnte Waldbrüderklause zurück, in der noch während des Interims 1552 ein Einsiedler hauste. Bald darauf ist sie anscheinend durch Feuer zerstört worden. Vor 100 Jahren waren noch zwei steinerne Torpfosten davon sichtbar. Einmal jährlich machten die »Blauen Mönche« vom St.-Peters-Stift zum Einsiedel eine Wallfahrt über Waldenbuch nach Neuenhaus, um die auf dem Betzenberg gelegene Waldbrüderklause und den Mönchbrunnen aufzusuchen.

Der Mönchbuckelweg führt auf das Schaichbergsträßchen wieder zurück. Am Wegedreieck Mönchswiese geht man re weiter bis zu einer kleinen Unterstandshütte. Hier beginnt li der Dettenhäuser Weg, der bergan über die Dornhalde von der Südseite des Betzenbergs auf die Nordseite führt. Auf der Höhe re im Wald liegt ein Grabhügel von einem Meter Höhe und 18 m Durchmesser. (Wer die Wanderung unterbrechen möchte, geht am Dettenhäuser Weg auf dem Schaichbergsträßle noch ca. 400 m geradeaus weiter, bis zu den Sportanlagen und zum Höhenhallenbad Neuenhaus.)
Nach gut 2 km mündet der Dettenhäuser Weg in das Dettenhäuser Sträßchen. Dort befindet sich ein Rastplatz und auf der gegenüberliegenden Wegseite ein

Arboretum. Dieser Baumgarten ist ein Teil des Waldlehrpfads Betzenberg mit dem Ausgangspunkt Burkhardtsmühle. Auf 40 Tafeln werden im wesentlichen einheimische Laubholzarten, die besonders auch im Schönbuch vorkommen, sehr anschaulich beschrieben. Das Arboretum wurde vor ca. 80 Jahren von einem Forstbeamten angelegt und ist in der Zwischenzeit zu einem Studienplatz der Schönbuch-Holzarten herangewachsen.

Von jetzt ab befindet man sich wieder auf einem bezeichneten Wanderweg mit blauem Hufeisen, der bis zum WP »Braunäcker« nach Westen führt. Nach ca. 250 m trifft man li etwas oberhalb des Weges auf den sehr sonnigen Rastplatz »Weißes Häusle« mit einer Dreiergruppe von Mammutbäumen (vor den drei Bäumen steht eine Gedenktafel »an Forstmeister Erwin Knödler, Heger von Wald und Wild 1923–1955«). Auf dem Höhenweg über dem Aichtal sieht man vor dem Laubausbruch die Liebenau, hinten re auf der Höhe Plattenhardt und halbli Waldenbuch. An der Kreuzung Neue Walddorfer Steige – Dettenhäuser Sträßle, das auch hier Walddorfer Weg genannt wird, befindet sich ein Rastplatz. Bei der Doscheten Buche steht ein Turm der Funkübertragungsstelle der Deutschen Bundespost. Hier überquert man den Wanderweg Waldenbuch – Walddorf (blauer Punkt). Bald erreicht man das zu Waldenbuch gehörende Baumwiesenfeld Braunäcker.

Auf den *Braunäckern* wird ein Waldbrüderhaus erwähnt. Es war wie alle die im Schönbuch erwähnten Bruderhäuser und Einsiedeleien nur von kurzer Lebensdauer.
Die landwirtschaftlich nutzbare Fläche um das Waldbruderhaus wurde nach der Reformation in einen Hof verwandelt, der von seinem Besitzer Braun den Namen bekam. 1775 ist von einem 32 Morgen = 11 ha großen Gut oder Freyhof, genannt der Braunhof, die Rede »als vor urfürdenklichen Zeiten allda gewesen«. 1595 wird ein Hans Braun als Freyhofbauer erwähnt, dessen Name in dem auf dem Braunacker befindlichen »Braunhansenbrunnen« und der in nächster Nähe im Wald gelegenen »Braunhansenklinge« heute noch fortlebt.
Hier steht auch an einer Weggabelung eine ca. 130 Jahre alte *Weißtanne* unter Naturschutz, mit einem Umfang von 3 m. Ca. 20 Meter weiter am Seitensträßchen findet man eine ca. 110 Jahre alte *Wellingtonie* mit einem Umfang von 4 m. Dieser Mammutbaum auf dem Betzenberg ist mit seinen 40 Metern der höchste Baum im Schönbuch.

Zum WP ist es nun nicht mehr ganz ein km. Zurück nach Dettenhausen geht man wie eingangs beschrieben.

W 15 Waldenbuch – Bonholz – Doscheten Buche – Dettenhäuser Sträßle – Glashütte – Waldenbuch

Strecke: 6 km; Gehzeit: 1½ Stunden
Markierungen: bl Punkt, später r Kreuz
P, R, S

Waldenbuch

Rastplätze: Jugendzeltplatz Jungviehweide, Ortseingang Glashütte

Waldenbuch. 362 m NN. Der 1296 erstmals genannte Ort wird beim Verkauf 1363 von den Herzögen von Urslingen an die Grafen von Württemberg als Stadt bezeichnet. Mittelpunkt der Stadt war eine alte Burg, die auf dem ins Aichtal vorspringenden Hügel lag. An ihrer Stelle baute Herzog Christoph 1562–1566 das heute noch erhaltene Schloß für Jagdaufenthalte. Waldenbuch war bis 1807 Sitz des für den Schönbuch zuständigen Waldvogts (Forstmeisters).

Vom Haus der Begegnung in der Bahnhofstr folgt man dem blauen Punkt in die Schloßgärtenstr. Der Weg ist hier gut bezeichnet. Am Ende der Schloßbergstr steigt man halbre die Ramsbergstr hoch. Vor dem Gewerbegebiet auf der Höhe verläßt man den befestigten Weg und wandert auf dem Wiesenweg zum Waldrand hoch. (Die letzte Wegmarkierung irritiert. Sie weist in das Gewerbegebiet hinein in Ri Waldjugendzeltplatz Jungviehweide.)

Im Wald trifft man nach ca. 150 m auf ein befestigtes Waldsträßchen, das man nach li überquert und dann wieder nach re den Hang hinaufsteigt. Nach ca. 10 Min erreicht man auf dem Betzenberg bei der »Doscheten Buche« das Dettenhäuser Sträßle. Hier folgt man dem bl Hufeisen in Ri Burkhardtsmühle 3 km, li vorbei am Funkturm. Schon nach ca. 200 m verläßt man das Sträßchen und folgt der Wegmarkierung rotes Kreuz. Zur Glashütte 2 km. Über eine Waldallee trifft man kurze Zeit später auf ein neuangelegtes befestigtes Sträßchen, das in Serpentinen hinunter zur Glashütte führt.

Glashütte. Ein um 1964 ausgebauter Stadtteil von Waldenbuch, der am Platz eines vor 1500 schon bestehenden, um eine Glashütte gelegenen, im 30jährigen Krieg abgegangenen Weilers angelegt und erschlossen wurde.

Am Ortseingang befindet sich ein Rastplatz mit Feuerstelle und Spielwiesen.
Man durchquert Glashütte, Ortsteil von Waldenbuch, und folgt dem von der Jungviehweide herunterkommenden Bach hinunter ins Aichtal. Über den bequemen Bundeswanderweg, die ehem. Trasse der Bundesbahn, findet man wieder mühelos nach Waldenbuch zurück.

W 16 Weil im Schönbuch – Totenbachtal – Waldenbuch – Rauhmühle – Weil im Schönbuch

Strecke: 14 km; Gehzeit: 3½ Stunden
Markierungen: zunächst r Punkt, dann bl Kreuz, schließlich bl Strich
A, F, K, P, R, S
Rastplätze: Segelbachtal, Obere Sägmühle

Weil im Schönbuch. 484 m NN. Von den Pfalzgrafen von Tübingen kam 1188 der halbe Ort an das Kloster Bebenhausen, das nach und nach bis 1295 auch die andere Hälfte erwerben konnte. Bei einer großen Brandkatastrophe fielen 1559 über 100 Gebäude den Flammen zum Opfer. Nach Auflösung des Klosteroberamts Bebenhausen kam der Ort 1807 zum Oberamt Böblingen. In den letzten Tagen des 2. Weltkriegs wurden 56 Gebäude zerstört. Verdienstmöglichkeiten am Ort bieten die Hecker-Werke, Spezialfabrik für Dicht- und Reibelemente, holzverarbeitende Betriebe und noch immer ein alter Stamm von einst über 60 Holzhändlern. Neuweiler und Breitenstein sind seit der Verwaltungsreform 1971/72 Ortsteile der Gemeinde.
Weil im Schönbuch ist die Pforte zum südlichen Schönbuch und besitzt zahlreiche Freizeiteinrichtungen, u. a. die Weiler Hütte als Wander- und Übernachtungsheim.

Man beginnt die Wanderung am See in Weil im Schönbuch auf der

Kirche von Weil im Schönbuch

Nordseite des Baches (roter Punkt) und geht durch die Seewiesenstr, vorbei am Fieberbrunnen und der Kläranlage, hinunter ins Totenbachtal.

Totenbach. An der Südseite des Tales, in der Roßhalde und im Stallberg, wurde im letzten Jahrhundert noch Wein angebaut. Um die Jahrhundertwende wurden die Weinberge in Hopfengärten und Obstwiesen umgewandelt, zwischen denen sich heute ein Wochenendhausgebiet ausdehnt, das Unruhe in das einst sehr ruhige Tal bringt.

Das Totenbachtal entlang geht es nach 2,5 km an der Totenbachmühle vorbei, deren Mühlbetrieb 1960 eingestellt wurde.

Ungefähr 400 m SSÖ wurde im vorigen Jahrhundert ein größerer römischer Gutshof ausgegraben. Die zahlreichen Funde sind heute im Landesamt für Denkmalpflege in Stuttgart.

Die ehem. Mühle wird bis zum Waldrand am »Weiler Berg« umgangen. Nach re führt der Weg weiter zum »WP Totenbachmühle« am neuen »Segelbachbecken-Stausee«.

Segelbachbecken. Das im August 1982 offiziell in Betrieb genommene Segelbach-Hochwasserrückhaltebecken ist in der Zwischenzeit zu einem beliebten Ausflugsziel geworden. Die Umgebung des Sees ist als »Oase der Ruhe« gedacht. Schwimmen, Bootsfahren und Surfen ist im Staubecken untersagt. Die Kosten des Segelbachbeckens (ca. 3 Mio. DM) wurden vom Wasserverband Aich getragen, der verhindern will, daß sich die schweren Schäden im Aich-Einzugsgebiet, die durch die großen Hochwasser vom August 1966, September 1968, Februar 1970, Juni 1971 und insbesondere das Mai-Hochwasser 1978 verursacht wurden, in Zukunft wiederholen. Das Segelbachbecken ist das erste von sechs geplanten Hochwasserrückhaltebecken. Es hat – bei einem Einzugsbereich von 6,3 qkm – einen künstlichen See entstehen lassen, der bei rd. 47000 cbm Inhalt und einer Tiefe bis zu 6,9 m eine Fläche von rd. 1,5 ha bedeckt. Im Notfall kann die Staumauer mehr als die fünffache Wassermenge zurückhalten – dann würde der See auf 260000 cbm anwachsen und 7,8 ha überspülen. Ein Betriebsgebäude beherbergt die Schieber, mit denen der Wasserabfluß reguliert wird, sowie elektronische Meßwertanzeiger und Alarmeinrichtungen neuester Technik.

Nach Überqueren der Fahrstr folgt man dem Segelbach, der an seinem Unterlauf einmal die Seitenbachmühle trieb, nach Waldenbuch.
Wer einen Besuch in Waldenbuch machen möchte, bleibt auf dem Wanderweg bis zur Einmündung in die B 27. Wer die Rundwanderung nicht unterbricht, läßt die Seitenbachmühle re liegen und trifft beim Gasthaus zur Linde am Weiler Berg auf die Wegmarkierung blauer Punkt, die ins Aichtal hineinführt.
Der Weg bleibt am Waldrand oberhalb der Kleingartenanlage und führt zum Rohrwiesensee, der als Fischwasser genützt wird. Um den See befinden sich Erholungseinrichtungen. Weiter talaufwärts liegt die Obere Sägmühle, und von li mündet der Fäulbach ein, an dessen Oberlauf ebenfalls ein Fischersee liegt. Auf dem WP »Obere Sägmühle« befinden sich eine Feuerstelle und eine Rundwanderwegetafel. Hier wechselt auch die Wegbezeichnung (blaues Kreuz).

Es wird berichtet, daß die *Obere Sägmühle* in der zweiten Hälfte des 16. Jh Holz für den Waldenbucher Schloßbau liefern mußte. Heute befindet sich in der Mühle die Drechslerei und Holzwarenfabrik Johannes Hartmann und Söhne.
Nach weiteren 1,5 km trifft man auf die Untere *Rauhmühle*. Diese gehört politisch seit ihrem Bestehen zur Markung Weil im Schönbuch.
Im 2. Weltkrieg wurden in der Nacht vom 20. auf 21. Januar 1945 beide Mühlen zerstört. An der Stelle der Oberen Rauhmühle steht heute eine Gaststätte. Die Untere Rauhmühle wurde wieder aufgebaut.

Auf dem Weg nach Weil im Schönbuch folgt man nun der Wegbezeichnung blauer Strich an der Weggabelung am Waldrand li durch den Waldteil Laubbach. Nach Überqueren der Bodenseewasserleitung stößt man nach ca. zwei km auf eine kleine Waldwiese, die man auf der

Im Aichtal

re Seite, auf einem Waldpfad, entlang hochgeht und oberhalb den Verbindungsweg Totenbachmühle – Neuweiler überquert und halbre auf die Hochfläche von Weil im Schönbuch hinaufsteigt. – Auf der Höhe hat man einen weiten Rundblick.
Dem Höhenweg folgt man nach re bis zum Neuweiler Wasserbehälter, biegt dort nach li ab, am neuen Friedhof vorbei, und hat den Ausgangspunkt Weil im Schönbuch wieder vor sich.

W 17 Wachendorf – Bierlingen – Ammelesbrunnen – Heiligengrub – Salensee – Hart – Höfendorf – Wachendorf

Strecke 16 km; Gehzeit: 4½ Stunden
Markierungen: Wachendorf – Bierlingen – Ammelesbrunnen bis zur Str Wachendorf – Bad Imnau r Kreuz, danach oZ bis P beim Friedhof Hart, ab dort bis Höfendorf bl Punkt, dann wieder oZ (auf den Abschnitten oZ überall gute Sichtorientierung!)
A, E, K, P, R
Rastplatz: beim Eselsbrunnen
Ausgangspunkt: Starzach-Wachendorf beim Schloß

Dem r Kreuz nach dorfauswärts durch die Imnauer Str und re die Ziegelhüttestr, die am Ortsende in einen Feldweg übergeht, bis zum Feldkreuz in 15 Min, li die Vogelparadies-Hecke entlang, die Senke im Ackerrain querend und ständig den Bierlinger Kirchturm im Visier den

Hang hoch, kommt man in weiteren 15 Min auf ein Makadamsträßchen, das in die Hauptstr und auf dieser in knapp 10 Min zur Dorfkirche St. Martin führt.

Bierlingen. 526 m NN. 843 Pirningen, 883 als Birninga erstmals genannt, doch findet sich schon in der Jüngeren Steinzeit eine bandkeramische Siedlung im »Frauenhau«. Die Str nach Trillfingen durchschneidet etwa 500 m südlich von Neuhaus einen römischen Gutshof, und auch im »Weilergraben« stieß man auf Fundamente eines römischen Gebäudes. Im 13./14. Jh nannte sich nach Bierlingen eine niederadlige Familie. Beim Kelhof in der Nähe der Kirche stand die Burg. Oberhoheit und Ortsherrschaft wechselten des öfteren, bis der Ort 1805 unter württembergische Staatshoheit kam.

Von der Kirche geht man die Hauptstr weiter und biegt beim »Rößle« in die Neuhauser Str ein. Nach 10 Min verläßt man nach re beim Feldkreuz die Str und kommt nach weiteren 5 Min an den Wald. Nach der Kapelle würde der markierte Weg über den WP durch den Wald führen. Es empfiehlt sich jedoch, besonders bei nassem Wetter, den Weg am Waldrand entlang, vorbei am Eselsbrunnen, weiterzugehen. Nach knapp 10 Min trifft man bei der Abteilung »Gibernix« wieder auf die Markierung (durch den Wald braucht man etwas mehr), und nach 5 Min verheißt ein Wegweiser »Ammelesbrunnen«, vor dem man dann nach weiteren 5 Min steht. Allerdings handelt es sich dabei um keinen Brunnen, sondern um einen verträumten kleinen Waldsee (Rastplatz).
1½ Std.

Auf dem Weg weiter gelangt man nach etwa 10 Min an den Waldessaum und geht dann li 300 m dem r Kreuz nach bis zur Str Wachendorf–Bad Imnau, die man überquert und nun schon ohne Markierung nach 10 Min an ein »Knie« der Str Trillfingen – Bad Imnau stößt. Man wandert nun nicht ge weiter (auf der Str nach Trillfingen), sondern benützt li den Waldweg (die »natürliche Verlängerung« der von Imnau herführenden Str) und tritt nach knapp 10 Min leicht bergab aus dem Wald. Wenn die Witterung einigermaßen Fernsicht bietet, präsentiert sich hier eindrucksvoll die Schwäbische Alb. Re über den Trillfinger Wasserturm genau der Fernmeldeturm auf dem Plettenberg! 2 km

Li etwa 150 m am Waldrand entlang und dann dem Feldweg nach, die Parade der Albberge abnehmend, kommt man nach etwa 15 Min an die Str Wachendorf – Trillfingen, der man nicht li, wo man schon einige Zeit das Hofgut Kremensee erblickt, folgt, sondern nach re, allerdings nur ca. 100 m bis zum Weiher Heiligengrub. Sofern er nicht an einem heißen Sommertag gerade zum Baden einlädt, nimmt man den Hohlweg (vor dem Feldkreuz) und hält auf den Aussiedlerhof »Am Rottenburger Kreuz« zu, um dann an diesem re vorbei, erst auf einem Grasweg, dann auf einem Makadamsträßchen in 15 Min in dessen

Knick zu einer wetterzerzausten Eiche (ND) zu gelangen. Von hier sind es noch 10 Min bis zum Salenhof mit seinem stimmungsvollen See (NSG). 3 Std.
Vom Salenhof geht zuerst 100 m li und dann re in 10 Min ein Fußweg nach Hart und mündet dort in die ge zur Kirche mit ihrem Staffelgiebel führende Ortsstr »Im Höfle«.

Hart. 486 m NN. Das Dorf wird um 1135 anläßlich einer Schenkung an das Kloster Zwiefalten erstmals genannt. Später besaß bis 1805 den größten Teil des Grundbesitzes das Kloster Kirchberg. Obrigkeitlich gehörte Hart zur Herrschaft Haigerloch, die 1497 an die Grafen von Zollern kam. Der heute etwa 500 Einwohner zählende Ort ist noch weitgehend landwirtschaftlich orientiert.

In weiteren 10 Min kommt man durch die Höfendorfer Str – Friedhofstr zum P beim Friedhof. Dort stehen uns zwei Rückwege zum Ausgangspunkt zur Wahl: nach li mit Markierung bl Punkt bis Kremensee in 15 Min und von dort auf der mit r Strich 3 km auf der Fahrstr verlaufenden Wanderroute nach Wachendorf oder nur unbedeutend weiter re der Markierung bl Punkt etwa 15 Min nach Höfendorf folgen und dort am nördlichen Ortsrand gelegenen Friedhof li vorbei, erst an den in der Senke angelegten Fischteichen vorbei und dann weiter bergan in gut 30 Min nach Wachendorf.

Wachendorf. 501 m NN. Einstmals mit dem gleichnamigen Adel im 12. Jh bezeugt. Siedlung aus der Jüngeren Steinzeit in der Flur Bechhausen nachgewiesen. Im Südteil des Osterholzes befinden sich 6 Grabhügel aus der Hallstattzeit (?). Seit 1320 gehörte der Ort einer Linie der Herren von Ow, die sich von Wachendorf nannte. Der seit dem 16. Jh ritterschaftliche Ort kam 1805 unter württembergische Staatshoheit. Seit 1972 gehört Wachendorf zur Gemeinde Starzach.

W 18 Bieringen – Starzeltal – Burgmühle – Frommenhausen – Elbenloch – Siebentäler – Bad Niedernau – Bieringen

Variante: Von Frommenhausen – Hochmark – Schwalldorf – Bieringen
Strecke: 14 km (Variante 8 km); Gehzeit: 3½ Stunden (Variante: 2 Stunden)
Markierungen: Bieringen – Burgmühle bl Strich, Burgmühle – Siebentäler r Strich, Siebentäler – Bad Niedernau bl Kreuz, Bad Niedernau – Bieringen bl Punkt
Variante: Frommenhausen – Hochmark – Schwalldorf oZ
Schwalldorf – Bieringen Rottenburger Rundwanderwegzeichen

Reiterhaus des Alten Schlosses in Wachendorf

A, E, K, P, R, W
Rastplätze: in Bieringen, bei der Burgmühle

Bieringen. 368 m NN. Der Ort gehörte zur Grafschaft Hohenberg und kam mit dieser 1381 an Österreich, doch gelang es den von Österreich beauftragten Verwaltern, das Dorf allmählich aus der österreichischen Lehenshoheit zu lösen: So erhielt Hans von Ehingen 1545 vom Kaiser die Blutgerichtsbarkeit über das Dorf und die Herrschaft. 1806 wurde Bieringen württembergisch und dem Oberamt Horb unterstellt. 1972 wurde es nach Rottenburg eingemeindet und kam zum Landkreis Tübigen.

Ausgangspunkt ist der WP Bieringen. Man erreicht ihn über die Neckarbrücke (Wachendorfer Str) – Allmandstr re ab durch die Bahnunterführung. Ob man sich nun von der Albvereinswegbezeichnung bl Strich oder den Zeichen des Rottenburger Rundwanderwegs leiten läßt, man kommt durch das idyllische Tälchen entlang der Starzel nach 3 km an die Abzweigung zu der Zufahrt zur Burgmühle. (Die Mühle gehörte schon im Mittelalter zu der darüberliegenden Burg der Herren von Wachendorf.) Hier geht es, nun dem r Strich nach, steil bergan. Oben gelangt man nach viertelstündigem Aufstieg (1 km) durch den Burgmühlenweg ins Dorf Frommenhausen hinein.

Frommenhausen. 467 m NN. Der 1258 erstmals genannte Ort kam 1381 mit der Grafschaft Hohenberg an Österreich, unter dessen Oberhoheit es bis zum Übergang an Württemberg 1806 verblieb. Großgrundbesitzer in Frommenhausen war im Mittelalter das Kloster Alpirsbach. 1394 werden im Ort 11 Steuerzahler, 1680 26 Steuerzahler genannt. 1801 zählte man 50 Familien und 57 Häuser. In den vergangenen 180 Jahren pendelte die Einwohnerzahl zwischen 300 und 400. Seit 1971 nach Rottenburg eingemeindet.

Durch die Raiffeisenstr – Schwalldorfer Str verläßt man bereits wieder den schmucken Ort. Dort macht der Wegweiser darauf aufmerksam, daß der Wanderweg (nach ca. 700 m) auf dem 5., li von dem kerzengeraden Wirtschaftsweg abgehenden Feldweg zum Elbenlochwald abzweigt. (Nach dem Ausbau der Str Frommenhausen – Schwalldorf mit einem parallelen Wirtschaftsweg könnte man auch auf diesem weitergehen und beim Wasserbehälter »Hochmark« re zum »Elbenloch« abbiegen). Der Wanderweg führt am westlichen und nördlichen Waldrand entlang.

Der Flurname »Elben« könnte sich von »albe« mhd. Weide, Pappelart herleiten. Im Norden lugt der Zwiebelturm der Schwalldorfer Kirche aus dem Feld. Im Osten zeigt sich der Rammert mit der Weilerburg als besonders schönem Panorama.

Nach Überqueren des Schwalldorfer Sträßchens ins Elbenloch verläuft der Wanderweg, weiterhin am Waldrand entlang, knapp 1 km auf einem Makadambelag, wird dann wieder im Wald (LSG) Naturweg. Nun muß man genau auf die Wegmarkierung achten, denn die Route schlägt einige Haken: erst 200 m li, nach 50 m wieder in den Wald hinein und nach weiteren 50 m halbre den alten Grenzsteinen nach und schließlich steil hinunter auf dem Bergsporn ins Katzenbachtal. Re würde man talaufwärts, dem r Strich nach, durch die Siebentäler – Katzenbacher Ziegelhütte in 3,5 km die Weilerburg erreichen. Unsere Route führt jedoch li talauswärts (mit bl Kreuz markiert) durch einen sehr eindrucksvollen romantischen Teil des Katzenbachtales (der Katzenbach fließt hier an die Muschelkalkbänke heran), der leider an dem Komplex des Mineralbrunnenbetriebs in die »rauhe Wirklichkeit« wechselt. Am Eingang zur »Wolfsschlucht« befindet sich die Römerquelle. Danach verläuft der Wanderweg z. Z. noch auf der Zufahrtsstr zu der »Sprudelfabrik«, dann noch einige Meter die Kuranlagen entlang bis zum WP. Von hier wechselt die Wegmarkierung nochmals: das bl Kreuz brächte den Wanderer nach Rottenburg weiter, diese Wanderung aber wird vom bl Punkt li an Bad Niedernau vorbeigeführt (1 km); dann neckartalaufwärts in knapp 4 km zum Ausgangspunkt nach Bieringen zurück.

Bad Niedernau. 362 m NN. Der Ort, dessen Name auf die Lage unterhalb von Obernau hinweist, wird 1127 erstmals genannt. 1381 kam er mit der Grafschaft Hohenberg an Österreich, 1806 an Württemberg; 1971 wurde Niedernau nach Rottenburg eingemeindet. Besondere Bedeutung für den Ort hat das Heilbad. Seit 1936 führt Niedernau die Bezeichnung Bad. Schon zur Römerzeit war die heutige »Römerquelle« als Heilquelle bekannt. 1471 wird ein Sauerbrunnen bezeugt, 1584 die Heilkraft der Quelle gerühmt. Die große Blütezeit des Badebetriebs war das 19. Jh. Im 1. und 2. Weltkrieg diente das Bad als Lazarett, später als Durchgangslager für Umsiedler. In jüngster Zeit wurde es mit neuem Leben erfüllt: 1963 wurde von der »Genossenschaft der Armen Schulschwestern« ein Sanatorium eröffnet, 1976 der Kurpark neu angelegt. Genutzt wird das Heilwasser (Kohlensäurequellen) heute vor allem von der Mineralwasserfabrik, die den Ort weit über die regionale Grenze hinaus bekannt gemacht hat.

Variante: Von Frommenhausen entlang der Straße nach Schwalldorf kommt man nach 1 km an den Wasserbehälter »Hochmark«, von dem sich bei einigermaßen guten Sichtverhältnissen eine umfassende Rundschau bietet. Nach einem weiteren km ist man am Ortsrand von Schwalldorf. Wenn man nicht in das Dorf will, geht man an der Rechtskehre gleich links den Weg zum Schützenhaus und weiter hinunter nach Bieringen zum Ausgangspunkt.

W 19 Rottenburg – Schadenweiler – Weilerburg – Dünnbachhütte – Schadenweiler

Strecke: 10 km; Gehzeit: 2½ Stunden
Markierungen: Rottenburg – Schadenweiler – Weilerburg – Weiler r Strich (bzw. RW-Weg 2), danach RW-Weg 4 (Weiler Steige – Mechtildishöhe), r Strich bis zur Dünnbach-Hütte, bl Strich bis zum Ausgangspunkt Schadenweiler P
A, K, P, R, S, W
Rastplätze: WP Schadenweiler, Weilerburg, bei der Dünnbachhütte

Weiler und die Weilerburg bei Rottenburg

Ausgangspunkt ist der WP Schadenweiler 2 km südlich von Rottenburg (der Schadenweiler Hof, Schloßareal eines im Spätmittelalter abgegangenen Weilers, dient heute der Landespolizei und der Forstverwaltung: s. Rottenburg!) Man kann die Wanderung auch von dem kleineren, etwa 500 m vor dem WP Schadenweiler gelegenen WP beginnen, von wo aus der HW 3 (r Strich) (1 km bis zur Weilerburg) abgeht.

Vom WP Schadenweiler (mit gutausgestattetem Kinderspielplatz und Feuerstelle) führt an der Übersichtstafel der hier abgehenden RW-Wege der RW-Weg Nr. 2 nach etwa 10 Min zum HW 3, quert diesen und ist von da an auch mit dem r Strich identisch. Man gelangt nach einem kurzen Steilstück auf den Sattel. Auf diesem geht man in nördlicher Ri weiter, bis li Staffeln zur »Burgsteige« führen und kommt auf dieser nach ca. 100 m zur ehem. Burg.

Weilerburg, auf einer 555 m hohen Kuppe liegend. Die Ruine, ursprünglich Sitz der Grafen von Hohenberg, wurde nach dem Deutsch-Französischen Krieg 1871 als Sieges- und Minnesänger-Denkmal »Rotenburg« aufgewertet. Vom Turm hat man einen der prachtvollsten Ausblicke auf nah und fern.

Gegen Westen geht der RW-Weg 2 bzw. der SAV-Weg (r Strich) in Ri Weiler abwärts bis zum Wasserbehälter. Hier zweigt der RW-Weg 2 vom r Strich li ab, und man gelangt über den Wiesenweg wieder in den Wald, wo nach wenigen Metern in der Abt. Weiler Hag/Funkenbach der Nr. 2 als Nr. 2/4 entlang den alten Grenzsteinen hinunter zu einem Waldsträßchen führt. Diesem folgt man re in Ri Weiler bis zum P an der

Weilersteige. Hier lotst der RW-Weg Nr. 4, nachdem man auf den letzten Metern ein wenig von Orientierungszweifeln geplagt wurde, sicher in 15 Min hinauf zur Mechthildishöhe. 1 Stunde
Man trifft jetzt wieder auf den HW 3, überquert ihn aber und benützt den zunächst eine Strecke (parallel zum Sträßchen) in Ri Eckhof verlaufenden SAV-Weg (r Strich). In knapp 30 Min erreicht man die Dünnbach-Hütte, auch »Villa Katzenstein« genannt (Feuerstelle und Spiel- und Liegewiese). Wenige Schritte weiter trifft der Wanderweg auf das Sträßchen Rottenburg – Ofterdingen, auf das man in Ri Rottenburg li einbiegt: Markierung bl Strich. Es empfiehlt sich jedoch, die »Waldsteige« zu verlassen und li das Erlenrainsträßchen zu benützen, das um ein Wildgehege herumführt, aber auch, außer dem Anblick zufrieden grunzendem Schwarzwild, einen Ausblick zur Weilerburg bietet. Am Zaun des Geheges entlang gelangt man wieder auf die Waldsteige und in linker Ri auf ihr in knapp 30 Min (seit der Dünnbachhütte) zum Ausgangspunkt am WP Schadenweiler.

W 20 Bad Niedernau – Siebentäler – Ziegelhütte – Weiler – Weilerburg – Rottenburg Altstadt – Bad Niedernau

Strecke: 16 km; Gehzeit: 4½ Stunden
Markierungen: Bad Niedernau bis Abzwg Burgmühle bl Kreuz, von dort bis zur Weilerburg r Strich, bis zum Abgang Altstad bl Strich bis Bad Niedernau bl Kreuz
A, G, K, P, R, S, T
Rastplätze: vor Weiler, Weilerburg

Ausgangspunkt ist der WP am Kurpark von Niedernau, das seit 1936 »Bad« ist. Die Markierung »bl Kreuz« führt gegenwärtig noch vom Grün der Parkanlagen über eine bei fehlenden Gehwegen überdimensionierte Str re am Komplex des Mineralbrunnenabfüllbetriebs vorbei. Auf dieser Höhe befindet sich re am Eingang zur Wolfsschlucht die modern gestaltete Brunnenstube (Quellhaus) der Römerquelle. Hier fand man 1836 ein Flachreliefstandbild vom keltisch-römischen Gott Apollo-Grannus nebst einer großen Zahl von Münzen. Li ragt wenige Meter danach der Schloßberg, auch »Schlößlesberg« genannt, ins Tal, ja er scheint dieses abzuschließen. Auf diesem Bergsporn stand einst die Burg der Ritter von Ehingen, von der noch Reste zu sehen sind (das Katzenbachtal hieß früher auch »Ehinger Tal«). Nun beginnen die Siebentäler (manche zählen auch nur fünf!). Nach 1,5 km seit dem Abgang trifft von re der von der Burgmühle kommende Wanderweg (r Strich). Auf dem nächsten Kilometer bis zur Katzenbacher Ziegelhütte finden wir die Siebentälerhöhle, die mit 107 m längste Höhle im Kreis Tübingen, und den »Napoleonskopf«, die bislang einzige Fundstelle der Altsteinzeit, die im Kreis Tübingen Zeugnis von der Anwesenheit des Menschen gibt. Leider enthalten die gängigen Wanderkarten weder einen Hinweis auf Schloßberg noch auf Höhle und Napoleonskopf! Nach der Ziegelhütte steigt man auf dem Wanderweg in einer knappen Viertelstunde auf das Weilerfeld hoch. Man passiert auf der aussichtsreichen Hochfläche einen Rastplatz mit Feuerstelle und ist nach 1 km (ab Ziegelhütte) am Ortseingang von Weiler. Durch die Römerstr und von dieser li ab durch die Burgstr geht es steil hoch zur Weilerburg.

6 km

Weilerburg s. W 19

Man verläßt den Burgplatz durch das Tor in nördlicher Ri und folgt dem r und bl Strich etwa 50 m auf dem Fahrsträßchen. Der r Strich führt in der Kurve ge, der bl Strich, dem man nun nachgeht, haibli hinunter, zwei dicht beieinanderliegende Waldsträßchen überquerend, in einer knappen Viertelstunde zum WP beim Weiler Sportgelände (mit Spielplatz und Feuerstelle). Nun kann man weiter abwärts, am Sportheim vorbei und an der Westseite des Sportplatzes entlang dem bl Strich folgen und kommt so nach etwa 700 m an die Kreisstr Rottenburg – Weiler, die man vor dem Aufstieg zur Weilerburg am Ortseingang von Weiler überquert hat. Hierher, wo an der Str ein Feldkreuz und ein Sühnekreuz stehen, gelangt man aber auch – und dies ist nicht viel weiter, aber um so reizvoller, wenn man am WP re am Waldrand den Weg nordöstlich etwa 5 Min weitergeht und dann li den Wiesenweg einbiegt und zum neuen Wasserbehälter hochsteigt. Nach dem überaus lohnenden Rundblick erreicht man den Zufahrtsweg zum Wasserbehälter hinunter, die Kreisstr beim Feldkreuz und Sühnekreuz, s. o. Man überquert die vielbefahrene Str und benützt auf der andern Seite die re nach Rottenburg hinunterführende frühere, jetzt für den Kraftverkehr gesperrte Landstr und verläßt diese nach 300 m nach li auf einem auf den Aussiedlerhof dort zuführenden Wirtschaftsweg, von dem vor dem Aussiedlerhof der Wanderweg re nach 100 m auf ein von Rottenburg heraufkommendes Schottersträßchen führt. Auf diesem li weiter kommt man nach ca. 100 m an einem Rest (Stadt-?) Mauer vorbei und ist dann 700 m seit Überqueren der Str bei der »Altstadt«.

Altstadt. Ob es sich dabei um eine Altstatt, nämlich einer römischen Wehranlage oder einer frühen Burg der Merowingerzeit oder gar um eine letztlich gescheiterte hochmittelalterliche Stadtgründung handelt, ist noch nicht geklärt. Vorhanden ist im wesentlichen noch ein kleines landwirtschaftliches Anwesen mit einer spätromanischen, in der Barockzeit veränderten Kapelle.

Etwa 100 m weiter dem Neckar zu stößt man auf den Mönchweg, einen mit bl Kreuz markierten Wanderweg, der nach li in 4 km oberhalb des Neckars in etwa einer Stunde nach Bad Niedernau führt.
Bevor man jedoch li den »Mönchweg« weiterwandert, sollte man unbedingt einen kleinen Abstecher nach re (dem bl Kreuz folgend) machen. Es bedarf zur »Römersäule«, wo man einen besonders malerischen Ausblick zum Neckardurchbruch der »Porta Suevica« hat, nur eine knappe Viertelstunde. Als schöner Abschluß kommt man durch den Kurpark zum Ausgangspunkt zurück.
Hingewiesen werden soll hier auch auf die am Kurpark abgehenden »Rundwege Siebentäler«. Der »Nummer 1« führt durch die Wolfsschlucht (2 km), Nr. 2 ist erweitert auf »Wolfsschlucht – Siebentäler« (3,5 km) und Nr. 3 auf »Siebentäler – Weiler – Hasenkreuz« (4,0 km).

W 21 Rottenburg – Kalkweil – Telle – Bad Niedernau – Römersäule – Altstadt Rottenburg

Strecke: 9 km; Gehzeit: 2½ Stunden
Markierungen: Rottenburg – Bahnhof Bad Niedernau roter Strich, von dort über Bad Niedernau – Römersäule bis zur Altstadt (Einmündung Weilerstr blaues Kreuz), Weilerstr bis zur Neckarhalde roter Strich
A, E, K, W

Ausgangspunkt Stadtbereich Schütte – Kalkweiler Tor (Parkmöglichkeiten). Man wandert durchs Kalkweiler Tor die Kalkweiler Steige hoch. Bei deren Einmündung nach ca. 2 km in die Kreisstr nach Remmingsheim überquert man diese vor der Kalkweiler Kapelle (Rest eines zu Beginn des 15. Jh abgegangenen Dorfes).
Hier folgt man der Wegmarkierung »r Strich« auf den Neckar zu und dann nach re leicht abwärts und wieder ebenso ansteigend. Man hat gleich auf den ersten Metern einen ungewöhnlich schönen Ausblick auf den Neckarverlauf, zum Rammert, zur Weilerburg und zur Schwäbischen Alb. Man bedauert geradezu, nach knapp 2 km schon auf der Neckartalsohle zu stehen. Dort muß man das Bahngleis überschreiten und nun, vom bl Kreuz geleitet, über den Neckar nach Bad Niedernau (1 km). Ob man jetzt gleich an der Kirche zur Schickhardtstr hochsteigt oder über die Marienbergerstr ein wenig weiter ausholt, in beiden Fällen geht man auf dieser oberhalb Niedernau verlaufenden Str li,

d. h. in nördlicher Ri dem bl Kreuz nach. Ein sehr schöner Wanderweg (s. W 20) führt nun gegenüber dem Telle-Weg, den man hergewandert ist, nach Rottenburg zurück. An einem malerischen AP wurde ein von einem römischen Gutshof der näheren Umgebung stammendes Säulenpaar aufgestellt und weist auf den Neckardurchbruch der »Porta Suevica«. Unweit der Altstadt-Kapelle mündet der Wanderweg in die Weilerstr (3 km seit Bad Niedernau). Diese abwärts, kommt man über den Ehinger Platz – Obere Brücke zum AP zurück.

W 22 Rottenburg – Weggental – Heuberger Warte – Wendelsheim – Märchensee – Pfaffenberg – Wurmlingen – Rottenburg

Strecke: 16 (18) km; Gehzeit: 4 (4½) Stunden
Markierungen: Rottenburg – Heuberger Warte – Wendelsheim r Kreuz, Wendelsheim WP Steinbruchstr – Märchensee Weg Nr. 1, Pfaffenberg – Wurmlingen oZ, Wurmlingen – Rottenburg r Strich (HW 3)
A, E, K, P, R, S, T
Rastplätze: beim Märchensee, Wiese beim Märchensee

Ausgangspunkt ist die vom Eugen-Bolz-Platz in Rottenburg abgehende Weggentalstr, in der sich genügend Parkmöglichkeiten bieten. Man folgt der Markierung r Kreuz durch das idyllische, unter Landschaftsschutz stehende Tal. Nach 1 km sollte man unbedingt li zur etwa 50 m über dem Weggenbach neben dem Wanderweg liegenden »Barockkirche im Weggental« hochsteigen, die als eines der schönsten Bauwerke der Stadt gilt (s. S. 89). Nach einem weiteren Kilometer geht es wenige Meter nach dem Brünnlein re den Hang empor. Nach der »Erratskirche« überquert man die stark befahrene Seebronner Str und wandert vorbei am nächsten Heuberger Hof (zwischen Heuberg und Streimberg) in nordöstlicher Ri über das Gewann »Wagenlehen« Wendelsheim zu, oder später an der Ostseite des Heubergs dorthin ab. (Der markierte Albvereinsweg birgt vor allem entlang der zum Autobahnzubringer gewordenen Straße Wendelsheim – Seebronn bzw. Autobahn unzumutbare Gefahren!).

Wendelsheim. 383 m NN. Der Ort wurde erstmals 1180 als Winolfhein erwähnt. Von den Pfalzgrafen von Tübingen kam er an die Grafen von Hohenberg, die ihn 1381 an Österreich verkauften. 1806 wird Wendelsheim württembergisch. 1972 nach Rottenburg eingegliedert. Sehenswert in der Kirche, die an der Stelle einer abgegangenen Burg steht, Wandmalereien im Chor von 1380/1400, die 1958 aufgedeckt wurden.

Alle Wege über die aussichtsreiche Flur führen an die Str Rottenburg – Wendelsheim und nach deren Überschreiten li in nördlicher Ri hinein nach Wendelsheim. 7 km

Von der Ortsmitte (Kirche) gelangt man dort durch die Steinbruchstr (vorbei an Schule und Turnhalle) an einen WP. Eine Wandertafel informiert über den Weiterweg, nämlich daß der Weg Nr. 1 hinauf zum Märchensee führt (500 m) und von dort weiter durch den (ehem.) Steinbruch, eine wildromatische Felsenlandschaft. Ein direkter Weg führt in knapp 3 km nach Wurmlingen. Man sollte sich aber unbedingt den lohnenden »Umweg« über den Pfaffenberg gönnen. Man muß, da keinerlei Markierung vorhanden ist, einfach zunächst dem einladenden Weg nach Nordosten folgen. Sobald man aus dem Wald tritt, hilft in jedem Fall Sichtorientierung an der Wurmlinger Kapelle weiter (bei Nacht und Nebel muß man nach re dem Hang entlang halten!). Die Wald- und Wiesenwege münden in ein nach Wurmlingen hineinführendes Sträßchen.

Wurmlingen. 351 m NN. Der um 1120 erstmals genannte Ort war Bestandteil der Grafschaft Hohenberg, mit der er 1381 an Österreich verkauft wurde. 1806 an Württemberg, 1971 nach Rottenburg eingemeindet. Bekannt wurde der Ort durch seine vielbedichtete und besungene »Kapelle«, ursprünglich Pfarrkirche. Hier wurde auch bis zur Reformation der Wurmlinger Jahrtag gehalten, an dem sich jährlich nach Allerseelen die Pfarrer des Landkapitels Tübingen-Sülchen zu einem üppigen, vor Lebensfreude strotzenden Festmahl trafen.

In Wurmlingen gelangt man in die Unterjesinger Str, die nach Süden in die Almenstr übergeht. Hier stößt man auf die AV-Markierung »r Strich« (HW 3), und man ist je nachdem, wie groß man auf dem Pfaffenberg den Bogen geschlagen hat, bis hier 12 bzw. 14 km unterwegs. Am Ortsende verläßt man die Almenstr und gelangt auf der ehem. »Alten Wurmlinger Str«, auf dem mit r Strich markierten HW 3, nach 4 km durch die Jahnstr hinein nach Rottenburg und zum Ausgangspunkt am Eugen-Bolz-Platz.

W 23 Obernau – Rommelstal – Kloster Liebfrauenhöhe (Ergenzingen) – Eckenweiler – Weitenburg – Ruine Siegburg – Bieringen – Obernau

Strecke: 16 km; Gehzeit: 4¼ Stunden
Markierungen: Obernau bis Liebfrauenhöhe r Kreuz; durch die Anlagen des Klosters weisen die Symbole des Rottenburger RW; Weiterweg bis zur Weitenburg oZ, dann r Strich bis zum Ausgangspunkt

A, E, F, K, P, R, S
Rastplätze: WP Obernau, Seltenbachtal

Obernau. 359 m NN. Der 1145 erstmals genannte Ort wurde zwar im 13. Jh zur Stadt erhoben, ist dies aber so richtig nie geworden. Von der ehem. Wasserburg, Stammsitz der Herren von Ow – als berühmtestes Familienmitglied gilt der Dichter Hartmann von Aue – ist nur mehr ein Turm (Römer- oder Eselsturm) aus der Stauferzeit übrig. Das danebenstehende Schloß – Sitz der damaligen Ortsherren, der Freiherren von Raßler – stammt aus den Jahren 1775–80.

Ausgangspunkt dieser Wanderung ist der WP, den man von Kirche bzw. Rathaus Obernau aus durch die Rommelstalstr erreicht. Hier nimmt man die Markierung »r Kreuz« auf und wandert den Seltenbach entlang in das tief in den Muschelkalk eingeschnittene Rommelstal hinein. Da die Wegführung übersichtlich ist, kann man um so mehr auf die zahlreichen interessanten Gegebenheiten achten, z. B. auf die Reste der hier beginnenden längsten römischen Wasserleitung im rechtsrheinischen Gebiet (7,2 km), die von hier über Obernau nach Rottenburg führte. Nach etwa 2 km gelangt man an einen schönen Rastplatz, und nach ca. 4,5 km stößt man auf die Str Ergenzingen – Eckenweiler – Weitingen. Man überquert diese und folgt dem von Heiligenfiguren gesäumten Wanderweg bis hinauf zur Liebfrauenhöhe und dem 1951 von den Schönstatter Marienschwestern gegründeten Kloster.   5 km
Wenn man durch die Parkanlagen dem »Rottenburger Rundwanderwegzeichen« nachgeht, steht man in wenigen Min vor dem Dorf Eckenweiler. Man benützt den parallel zur Str verlaufenden Fußweg und überquert beim Wegweiser »Eckenweiler« die Str.

Eckenweiler. 507 m NN. Der kleinste von allen Rottenburger Stadtteilen wird um 1120 erstmals genannt. 1382 kam er von den Pfalzgrafen von Tübingen an die Grafen von Württemberg, die den Ort dem »Remmingsheimer Stäble« im Amt Herrenberg zuordneten. 1808 wurde er dem Oberamt Rottenburg, 1938 dem Kreis Horb zugewiesen. Seit seiner Eingemeindung nach Rottenburg 1972 gehört er zum Kreis Tübingen.

An der Eckenweiler Kirche geht man die Weitinger Str weiter, auch dann, wenn sie am Ortsende li nach Süden abbiegt. Nach etwa 800 m zweigt sie nach Weitingen ab, der Wanderweg geht jedoch gute 2 km ge über die Hochfläche nach Süden weiter bis zu dem Hof im Gewand Vogtäcker. An diesem vorbei sind es noch ca. 300 m re zur Weitenburg (Schloßgaststätte, schöner Blick ins Neckartal).
Den Weiterweg leitet nun wieder die Albvereinswegmarkierung »r Strich«, und es geht etwa 1 km leicht bergab, dann biegt der Wanderweg li ab und führt am Talrand weiter bis zur Abzweigung zur

Ruine Siegburg auf einem Bergsporn. Von der im 11. Jh von dem Hochadligen Berno v. Siegburg erbauten Burg sind nur noch wenige Reste vorhanden. Sie wurde, als Berno nach dem Tode seiner Gemahlin nach Rom pilgerte, von dessen Bruder Arnold von Haigerloch ausgeplündert!

Man ist bis hierher nun 12 km unterwegs, und es sind nun steil hinunter bis Bieringen 2 km. An der Kirche vorbei wandert man die Burkhardstr auswärts. Nach den letzten Häusern zweigt der Wanderweg von der Str re ab und führt an den Ausgangspunkt in Obernau zurück. 2 km

W 24 Poltringen Stephanskirche – Reusten – Kochenhartgraben – Hailfingen – Oberndorf – Poltringen

Stecke: 16 km; Gehzeit: 4½ Stunden
Markierung: Im Ortsbereich Hailfingen berührt man wenige Meter den Rottenburger Rundwanderweg, sonst oZ
A, G, K, P, T, U
Rastplatz: WP beim Kochenhartgraben kurz vor Hailfingen

Poltringen. 354 m NN. Der Ort war ehemals (als Rittergut mit Oberndorf) unter 3 Herrschaften aufgeteilt. Ein Drittel verkauften 1697 die Markgrafen von Baden an Österreich, das seit 1488 das 2. Drittel besaß. Das 3. Drittel war seit 1533 in der Hand Württembergs. So besaß der Ort 2 Schlösser; das Bergschloß wurde im 18. Jh abgebrochen, das von Heinrich Schickhardt erbaute Wasserschloß wurde 1973 renoviert und zu Eigentumswohnungen umgebaut. Auch konfessionell war der Ort geteilt. Die im Dorf befindliche Klemenskirche diente den »württembergischen« Protestanten, die außerhalb liegende Stephanskirche den »österreichischen« Katholiken zum Gottesdienst. Nachdem der ev. Pfarrer 1814 nach Reusten verzogen war, kam die Klemenskirche 1816 wieder an die kath. Pfarrei und heißt seitdem im Volksmund »Werktagskirche« im Gegensatz zur »Sonntagskirche« außerhalb Poltringens.

Ausgangspunkt ist der P bei der Stephanskirche westlich von Poltringen. (Seit 1762 auch Schloßkirche.) Man geht dorfeinwärts, re an der Hauptstr liegt das »Wasserschloß« (in seiner heutigen Form im wesentlichen noch nach Plänen von Heinrich Schickhardt). Über den Schloßweinbergweg – Sommerweg kommt man hinauf zu dem kerzengeraden Makadamsträßchen, auf diesem wandert man etwa 500 m in westlicher Ri. Nicht den Pfad li am Bächlein zum Steinbruchsee, sondern den Feldweg über dem Merkentäle nehmen, der in das »Felsendorf« Reusten führt (30 Min seit dem Abgang)!

Wasserschloß in Poltringen

Reusten. 373 m NN. In Ortsnähe gefundene Reihengräber beweisen, daß der Ort schon im 7. Jh bestanden hat; genannt wird er erstmals um 1150. Um 1300 verkauften die Pfalzgrafen von Tübingen die niedere Gerichtsbarkeit an Bebenhausen, die hohe Obrigkeit über den Ort an Württemberg. Seit 1971 ist Reusten Teil der neuen Gemeinde Ammerbuch.

Man gelangt oben in die Schulsteige und auf ihr abwärts in die Rottenburger Str. Li weiter über die Ammer, dann vor der Hailfinger Straße steigt man zwischen den Häusern die Staffeln zu dem auf dem Kirchberg gelegenen Friedhof hoch. Auf diesem, etwa 50 m das Dorf überragenden, aus dem Hauptmuschelkalk herausgetrennten Bergrükken befindet man sich nicht nur in einem vorgeschichtlichen Siedlungsbereich, auch eine umfangreiche mittelalterliche Burganlage ist hier nachgewiesen. Man erkennt noch verschiedene Wälle, über die der Wanderweg westlich am Friedhof vorbei weiterführt.

Man kann vom Dorf herauf auch den Fahrweg zum Berg-Café bzw. Sportheim hier herauf benützen. Man geht von der Schulsteige an der aus der umgebauten Kelter 1759/60 entstandenen Kirche vorbei durch die Altinger Str und in dieser dann li den Kirchberg hinauf. Im Sattel führt ein Pfad in den Kochenhartgraben hinunter, ein erdgeschichtlich junges Landschaftsbild, das eine beachtenswerte geologische Besonderheit darstellt, über deren Entstehungsursache man aber noch nichts Bestimmtes weiß.

Die meiste Zeit im Jahr hat der Kochenhartgraben den Charakter eines Trockentales. Man folgt dem Bach aufwärts, sich immer selbst am Hang entlang den besten Pfad suchend (bei Hochwasser muß man vielleicht sogar die Talsohle meiden und einen Randwanderweg oberhalb der Felsenterrassen dem Tälchen entlang benützen). Nach 2 km ist man unter der Autobahnbrücke, und nach einem weiteren Kilometer quert man die Str Hailfingen – Tailfingen und trifft auf einen WP mit Feuerstelle und Brunnen. Nun hat man die Wahl, entweder dem Bächlein auf dessen linker oder rechter Seite weiter zu folgen und von Nordwesten nach Hailfingen hineinzupilgern, oder aber man strebt gleich über den ersten Steg der Ortsmitte von Hailfingen zu.

Hailfingen. 426 m NN. Der Ort wird 1093, seine Kirche 1275 erstmals genannt. Als Teil der Grafschaft Hohenberg kam er 1381 an Österreich, 1806 an Württemberg. Nach dem Ort nennt sich seit dem Ende des 11. Jh eine weitverzweigte niederadlige Familie.

Der Kirchturm soll zur Orientierung dienen, denn bei der Kirche biegt man in die Hadolfstr, um dann nach dem Rathaus li in die Oberndorfer Str abzuzweigen.

Auf dieser geht es schattenlos schnurgerade fast eineinhalb km bis zur Autobahnbrücke, nach der man, statt auf dem Sträßchen direkt Oberndorf zuzustreben, nach knapp 300 m re in den Wald ausschert und dann nach weiteren 500 m dem Weg li nach Osten folgt. Nach knapp 10 Min tritt man aus dem Wald und hält auf den oben an Gartenanlagen vorbeiführenden Weg zu. Vorerst bleibt jedoch dazu

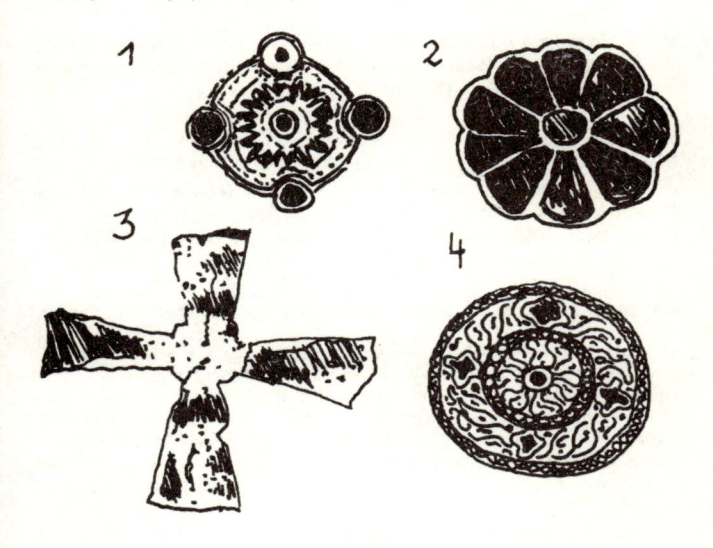

Alamannische Fibeln und ein Kreuz 6. und 7. Jahrhundert.
Fundorte: 1 Wurmlingen, 2 Hailfingen, 3 Pliezhausen, 4 Tübingen

nur das re an der (ehem.?) Mülldeponie nördlich der »Eisengräber« vorbeiführende oder das li von Hailfingen herkommende Sträßchen. Man stößt nach einer knappen halben Stunde auf die Herrenberger Str (L 366), überquert diese und folgt der nächsten sich bietenden Möglichkeit durch eine Oberndorfer Ortsstr zur Pfarrkirche mit seinem berühmten spätgotischen Schnitzaltar.

Oberndorf. 397 m NN. Der 1292 erstmals genannte Ort bildete mit Poltringen einen Herrschaftsbezirk (s. dort). Besonders beachtenswert ist der spätgotische Schnitzaltar in der Pfarrkirche (s. S. 73).

Die Poltringer Str dorfauswärts verläßt man etwa 150 m nach dem Friedhof auf der Str nach li und gelangt in einer knappen Viertelstunde zum Ausgangspunkt dieser Wanderung, zum P bei der Poltringer Stephanskirche.

W 25 Hirrlingen/P Schützenhaus – Hochburg (ehem. Burg Hohenrangendingen) – Bodelshauser Kapf – Ramsbach – Bechtoldsweiler – Mönchwasen – Hirrlingen

Strecke: 14 km; Gehzeit: 3½ Stunden
Markierungen: Hirrlingen – Rangendingen bl Strich (Abstecher über den Höhenrücken Hochburg bl Hufeisen), von Rangendingen bis zum P südlich des Bodelshauser Kapfs oZ, von dort bis Bechtoldsweiler bl Punkt, dann 500 m auf dem HW 3 (r Strich), über den Mönchwasen nach Hirrlingen wieder bl Strich
A, K, P, R, S, W
Rastplätze: beim Schützenhaus Hirrlingen, im Ramsbachtal

Hirrlingen. 423 m NN. Ehem. Rittergut, das zum Kanton Neckar-Schwarzwald gehörte. Das heutige Schloß, an der Stelle einer alten Wasserburg, wurde 1557/58 von Georg von Ow gebaut. 1790 kam es an den Freiherrn von Wächter, der das Rittergut an den dänischen König verkaufte. 1806 kam es unter württembergische Staatshoheit, 1821 wurde das Schloß an die Gemeinde verkauft. In der barocken Kirche verdienen zahlreiche ältere Grabdenkmäler der wechselnden Ortsherren Beachtung.

Ausgangspunkt ist der P oberhalb des 1 km südöstlich von Hirrlingen gelegenen Schützenhauses, vor dem sich in der Straßenkehre ein gutausgestatteter Rast- und Spielplatz mit Feuerstelle befindet. (Die Anfahrt aus der Ortsmitte Hirrlingen erfolgt durch die Wilhelmstr – Waldstr. Vom P des Schützenhauses führt ein Pfad zum WP herauf!) Man folgt zunächst der Str (Markierung: bl Strich) bergan und hat, bis man in den Wald eintritt, nach li eine herrliche Aussicht zur Weilerburg. Nach wenigen Metern weist die Markierung li von der Str weg. Der kurze Steilhang ist jedoch lediglich eine Abkürzung. Wer es bequemer haben will, kann, besonders bei nassem Wetter, auf der Str weitergehen. Nach knapp 1 km (15 Min) gabelt sich der Weg, und sowohl der halbre zur Hochburg weiterführende Steig, den man einschlägt, wie auch das halbli weiterführende Sträßchen, auf dem wir zurückkommen werden, sind mit dem bl Strich markiert. Die Route »Rangendingen – Grosselfingen« führt (im Zeitpunkt dieser Beschreibung) zwischen tief ausgewaschenen Fahrrinnen entlang der Abt. »Papierwald« bald wieder auf einen guthergerichteten Weg, den man nach re Ri Rangendingen einschlägt. Schon nach etwa 300 m lockt ein Wegweiser »Hochburg 500 m« mit bl Hufeisen zu einem Abstecher. Die nach Alter und Herkunft noch nicht untersuchte Befestigungsanlage ist durch tiefe Gräben und Wälle vom Hintergelände abgeschnitten. Wer einen Ausblick erhaschen will, muß am Fernsehumsetzer noch weiter vordringen.

Schloß in Hirrlingen

Den Weg zurück muß man dann re dem Fahrweg hinunter folgen und gelangt nach der Kehre an eine kleine Unterstandshütte (mit Sitzplätzen und Feuerstelle). Diese Wanderung führt weiter hinunter und fast 1 km an einer Reitsportanlage mit Pferdekoppeln entlang bis an den Ortsrand von Rangendingen. Neben dem Bodelshauser Kapf lugt die Zollernburg herüber. Man verläßt nun den markierten Weg vor dem Ramsbach, indem man die erste Möglichkeit, nach li abzubiegen, benützt, also auf der östlichen Bachseite weiterwandert. Nach etwa 500 m steigt der Weg bergan, und man muß nach der Kehre re abzweigen. Jetzt geht es am Hang des Bodelshauser Kapfs, den Mönchgraben entlang, dann wieder etwas bergab, bis man nach knapp 1 km auf ein neuausgebautes Waldsträßchen kommt, das seinerseits nach wenigen Metern auf eine Holzabfuhrstr trifft. Ihr folgt man nach re und ist abwärts gleich aus dem Wald heraus. Nach knapp 500 m erreicht man einen WP und kann sich hier wieder in die Wegmarkierung (bl Punkt) einfädeln. Auf dem Sträßchen zunächst 120 m ziemlich steil bergan, geht es im Wald re weiter auf einem herrlichen, nahezu ebenem Weg. Nach einer gemütlichen Viertelstunde kommt man an einen guten Brunnen mit kleinem Rastplatz und Feuerstelle. (Von hier kann man bequem in einer weiteren Viertelstunde die Ausgrabungsstätte des römischen Gutshofes bei Stein erreichen. Man kommt dann nicht mehr hierher zurück, sondern kann von der Römeranlage gleich weiter hinauf nach Bechtoldsweiler wandern, was eine weitere, knappe halbe Stunde in Anspruch nimmt.

Wenige Meter nach dem Rastplatz führt der Wanderweg neben einer Klinge zunächst etwa 120 m einen steilen Hohlweg hoch und dann ohne nennenswerte Höhenunterschiede weiter der Markierung nach. Beim Austritt aus dem Wald hat man einen überraschend schönen Ausblick auf die Alb, von der Achalm bis zu den Balinger Bergen. In der Mitte thront die Burg Hohenzollern. Am Ortseingang nach Bechtoldsweiler stößt man auf den HW 3 Main-Neckar-Rhein, dem man nach li bis zum Waldrand folgt, dort wiederum am Waldsaum nach li hält und nach etwa 50 m dem Wanderweg waldeinwärts unter die Füße nimmt. Hier ist man im höchsten Bereich des Rammerts (Hohwacht 590 m NN) und braucht nur auf die Wegmarkierung zu achten. In einer Stunde erreicht man über den »Mönchwasen«, vorbei an einer kleinen Unterstandshütte und an den an Bäumen angebrachten religiösen Bildern, den Ausgangspunkt.

W 26 Ofterdinger Spielplatz (Meisenhart) – Sebastiansweiler – Bodelshausen – Rauher Rammert – Ofterdinger Spielplatz

Strecke: 17km; Gehzeit: 4¼ Stunden
Markierungen: Ofterdingen (Spielplatz) – Bad Sebastiansweiler bl Strich, von dort bis Bodelshausen bl Kreuz, Bodelshausen bis Rauher Rammert bl Strich, Querung vom Saurücken Rauher Rammert bis zum Saurücken Rammert oZ, dann wieder bl Strich bis zum Ausgangspunkt
A, E, F, G, P, R, S, W
Rastplätze: WP an der Alten Rottenburger Str, »Fichtenwäldle«, bei der Habermaashütte, im Katzenbachtal, bei der Nagelshütte

Ofterdingen. 424 m NN. Das erstmals um 1150 genannte Dorf gehörte im Mittelalter zur Grafschaft Zollern. 1346 verkaufte Graf Friedrich von Zollern den Ort an die Familie Herter von Dußlingen. Von dieser kam er samt Kirchensatz und Zehnten 1417 an das Kloster Bebenhausen, dessen Geschicke er von da an teilte. Ofterdingen galt lange als das reichste und größte Dorf des Klosters. 1517 zählte man hier 133 steuerpflichtige Haushaltungen.

Ausgangspunkt ist der Ofterdinger Spielplatz 2 km westlich von Ofterdingen an der Alten Rottenburger Str. Bevor man sich dorthin begibt, sollte man unbedingt zuvor das »Ammonitenpflaster« im Flußbett der Steinlach ansehen (300 m oberhalb der Brücke in der Ortsmitte), das hier als oberste Schicht des Lias (Arietenkalke) freigespült worden ist.
Die Wanderung beginnt am gutausgestatteten Spielplatz mit Feuerstel-

Ofterdinger Spielplatz – Bodelshausen – Ofterdinger Spielplatz 159

le und Unterstehhütte in der Waldabteilung Siebeneich und führt, mit bl Strich markiert, erst am Waldrand entlang und nach etwa 5 Min über freies Feld. Nach weiteren 15 Min überquert man die Str Ofterdingen – Dettingen, um dann gleich halbre an der Baumgruppe vorbei (dort Wegweiser) dem markierten Weg zu folgen, teilweise direkt unter Hochspannungsleitungen. Achtung! Am Wäldchen Bolwasen geht die Route li auf dieses zu und dann östlich am Waldrand entlang bis zum Rastplatz »Fichtenwäldle«, Standort eines Modellflieger-Übungsplatzes. Auf dem Makadamsträßchen auf die Baumgruppe »Vier Linden« zu, und entlang dem abgeschrankten Ackerfeld des Jungviehweidehofs tritt man durch eine Luke einer Waldzunge und befindet sich bereits im Außenbereich der Parkanlagen von Bad Sebastiansweiler, das durch seine Schwefelquellen bekannt und berühmt ist. Der »bl Strich« führt durch den Kurpark nach Belsen (Ortsteil von Mössingen), der Weiterweg dieser Wanderung wird jedoch von hier an mit einem bl Kreuz waldeinwärts geleitet, nicht ohne daß man zuvor nochmals den herrlichen Blick hinüber zur Alb genießt. Seit dem Ausgangspunkt ist man bis hier eine Stunde unterwegs.

Nach etwa 15 Min kommt man in einer Senke aus dem Wald, und (Achtung!) nach kaum 100 m verläßt der Wanderweg das Schottersträßchen und führt etwa 1 km über den Rücken eines Wiesenhanges bis zu einer Linde oberhalb Bodelshausen. Von hier folgt man, am Spielplatz vorbei, der Mössinger Str ortseinwärts, bis diese in die Steigstr mündet, die wiederum in die Rottenburger Str führt. Ihr folgt man ortsauswärts in Ri Hemmendorf, den Ortskern von Bodelshausen also nur tangierend, um dann plötzlich 50 m nach dem Ortsausgang vom bl Strich auf hartem Makadamsträßchen in den Rauhen Rammert hineingeleitet zu werden.

Bodelshausen. 508 m NN. 1409 gaben die Herren von Ow ihr um 1120 erstmals genanntes Dorf an die Grafen von Württemberg zu Lehen; ihre sonstigen Rechte verkauften sie ihnen 1446/53. Bemerkenswert ist das Rathaus von 1610, dessen Mauerwerk im Untergeschoß Teile einer frühgotischen Kapelle enthält: An der Ostwand sind noch die alten Seiten des Chores erkennbar.

Nach gut 1 km, rot-weiß-rote Markierungspfähle einer Treibstoff-Fernleitung, passiert man den hinter Stacheldrahtverhau liegenden militärischen Bereich, der am Waldeck der Abteilung Hinterer Rauthau aufhört, glücklicherweise auch der harte Str-Belag. Nach 100 m verläßt man den markierten Weg und biegt re vor einem alten Grenzstein ab, um den Saurücken des Rauhen Rammerts (541 m NN) nördlich zu umwandern. Nach 5 Min hält man an der Weggabelung re und steht nach weiteren 5 Min vor der Habermaas-Hütte (Habermaas

Auf dem Friedhof von Bodelshausen

war 1903–14 Forstmeister im Rammert). Der Weg führt dem Esperlesbach, der hier neuerdings zu einem netten Weiher gestaut ist, abwärts. Nach etwa 5 Min zweigt ein Pfad zur Rammert-Hütte der Albvereins-Ortsgruppe Bodelshausen ab. Ein Abstecher lohnt sich jedoch nicht, es sei denn, man will in dieser Ri nach Bodelshausen zurückwandern. 2,5 km

Dem idyllischen Bachtal folgend, gelangt man nach weiteren 5 Min an das Rammert-Brünnele. Von hier sind es noch 15 Min bis ins Katzenbachtal (WP mit Feuerstelle – nach der Brücke!). Der Weiterweg führt zunächst wenige Schritte bis vor auf die Str Ofterdingen – Rottenburg und auf dieser re knapp 50 m in Ri Ofterdingen. Vor dem Röhrichbrunnen, der nach weiteren 50 m li an der Str plätschert, geht es einen etwas verwachsenen Weg den Dornrain hoch. Nach gut 10 Min quert man einen Holzabfuhrweg, und nach nochmals 10 Min trifft man auf das Alte Rottenburger Sträßchen. Wie man den Weg auch wählt, man gelangt bergan überall auf dieses Sträßchen, dem man östlich, also re, folgt. Am Weg liegt nach kurzer Strecke die Nagelshütte mit Spielplatz und Feuerstelle. Bis zum Ausgangspunkt am Ofterdinger Spielplatz ist es gemütlich ½ Stunde.

W 27 Dußlingen/P Kirchholzhäusle – Eckhof – Kreßbach – Weilheim – Kilchberg – P Kirchholzhäusle

Strecke: 13,5 km; Gehzeit: 3½ Stunden
Markierungen: Kirchholzhäusle bis Eckhof bl Strich, Eckhof bis Kreßbach r Strich, Kreßbach – Weilheim bl Punkt, Weilheim – Kilchberg oZ, Kilchberg – Kirchholzhäusle bl Strich
A, K, P, R, S, W
Rastplatz: WP am Waldrand beim Kirchholzhäusle

Ausgangspunkt zu dieser Wanderung ist der P beim Dußlinger Kirchholzhäusle. Er ist zu erreichen vorbei an der Dußlinger Kirche in Ri Eckhof und nach etwa 750 m li ab (Markierung bl Kreuz) bis zum P am Waldrand nach dem Kirchholzhäusle. 1 km

Dußlingen. 404 m NN. Das Dorf und die damals im Besitz des Reiches befindliche Kirche werden 888 erstmals erwähnt. Später gehört Dußlingen den Pfalzgrafen von Tübingen, die es von Ministerialen verwalten lassen. Diese Herren von Dußlingen, die seit 1266 den Beinamen Herter (Hirte) tragen, gelangen im 13. Jh in den Besitz des Dorfes, müssen es aber durch zahlreiche Erbteilungen verarmt 1446/47 an Graf Ludwig von Württemberg verkaufen. Das Geschlecht starb 1614 im Mannesstamm aus. Reste der einstigen Ringmauerburg sind am nördlichen Ortsrand erhalten.

Vom P auf bez. Weg (bl Strich) am Kirchholzhäusle vorbei, bei der ersten Wegabzweigung li ab zum Eckhof.

Eck, auch Eckhof genannt, gehörte im 12. Jh den Herren von Bühl; kam schließlich über viele Stationen 1482 an Georg von Ehingen, der den Hof mit dem Rittergut Wankheim verband. 1830 wurde der Eckhof zusammen mit Kreßbach zur Markung Weilheim gezogen.

Weiter auf ebenem Weg Ri Kreßbach (r Strich) mit schöner Sicht vom Zollern bis zur Teck. Nach 2 km bei der Jagdhütte li ab in den Wald, etwa 800 m auf unbefestigtem Weg in nördlicher Ri, die Fahrstr Weilheim – Kreßbach überqueren, bis bez. Weg nach Weilheim (bl Punkt) abzweigt.
Wer zum Schloßgut Kreßbach will, bleibt auf dem befestigten Weg Eckhof – Kreßbach und wandert anschließend auf der Fahrstr in Ri Weilheim, bis nach etwa 300 m der bez. Wanderweg die Str quert.

Kreßbach. 460 m NN. Um 1100 als Siedlung genannt, später 1472 als Hof bezeugt. Dieser kommt im 17. Jh zum Rittergut Wankheim. Inhaber des Guts waren niederadlige Familien, so die Herren von Ehingen, von Closen, Leutrum von

Ertingen, seit 1760 die Freiherren von St. André. Seit 1830 gehört der Hof zu Weilheim. Nach der Eingemeindung nach Tübingen 1971 setzte eine rege Bautätigkeit ein, die ein neues »Dorf« entstehen ließ. Mittelpunkt ist noch immer Schloß Kreßbach, das die Herren von St. André 1766/67 als Herrschaftsmittelpunkt erbauten.

Es folgt nun in nordwestlicher Ri der rasche Abstieg ins Neckartal. Wir kommen aus dem Wald, erblicken Spitzberg und Wurmlinger Kapelle und gehen in Weilheim durch die Hauptstr bis zur Kirche. 7 km

Weilheim. 334 m NN. Die Hoheit über den Ort, der um 1100 erstmals genannt wird, kam vermutlich mit Tübingen 1342 an Württemberg. Begütert waren im Dorf vor allem das Kloster Zwiefalten und das Tübinger Spital, dem auch seit 1441 der Kirchensatz gehörte. Im Weilheimer Kneiple, nördlich des Dorfes an der Str Tübingen – Rottenburg gelegen, wurde 1816 die »Urburschenschaft« der Tübinger Studenten gegründet. 1971 wurde das Dorf nach Tübingen eingemeindet.

Auf befestigtem, aber nicht bezeichnetem Weg weiter nach Kilchberg. (Abkürzung: von Weilheim aus auf bez. Weg direkt zum Eckhof, jedoch teilweise morastig.)

Kilchberg. 335 m NN. Das 1236 erstmals erwähnte Dorf kam im 15. Jh in den Besitz der Herren von Ehingen. Als Rittergut gehörte es zum Ritterkanton Neckar-Schwarzwald. Ende des 16. Jh gelangte Kilchberg an die Herren von Ulm, dann 1720 an die Leutrum von Ertingen, in der Mitte des 18. Jh an die Herren von Tessin, denen heute noch das Schloß und größerer Landbesitz gehört. 1806 wurde Kilchberg württembergisch, seit 1971 ist es nach Tübingen eingemeindet. Beachtenswert sind neben dem Schloß vor allem die Grabdenkmäler in der Pfarrkirche.

In der Ortsmitte von Kilchberg stoßen wir li abbiegend auf den bez. Wanderweg (bl Strich), kommen am Friedhof vorbei und erreichen in stetigem Anstieg durch den Wald beim Eckhof wieder den Südostrand des Rammerts mit Blick auf das Albpanorama, nach weiteren 2 km sind wir beim P angelangt. 6,5 km

W 28 Dußlingen / P Kirchholzhäusle – Bühlertal – Kiebinger Hütte – Dünnbachhütte – Nagelshütte – Ofterdinger Spielplatz – Meisenharthütte – P Kirchholzhäusle

Strecke: 19 km; Gehzeit: 5 Stunden
Markierungen: Die ersten 1,5 km oZ, dann bis zur Dünnbachhütte r Strich, von hier bis zum Ausgangspunkt zurück bl Strich
A, F, P, R, S, W

*Schloß
in Kilchberg*

Rastplätze: WP am Waldrand beim Kirchholzhäusle, bei der Rohrhalder Hütte, bei der Dünnbachhütte, bei der Nagelshütte, beim Ofterdinger Spielplatz, bei der Meisenharthütte, Ohnhalde
Ausgangspunkt ist der P beim Dußlinger Kirchholzhäusle (s. W 27)

An der südlichen P-Seite in nordwestlicher Ri am Waldrand entlang. Nach 500 m erreichen wir die befestigte, von Dußlingen kommende Str und wandern in gleicher Ri weiter bis zu der etwa 700 m entfernten, neu aufgefrischten Oberamtstafel Rottenburg/Tübingen. Wir biegen nach re ab und stoßen nach weiteren 400 m auf den bez. Wanderweg zur Weilerburg (r Strich), auf dem wir li abbiegend ins Bühler Tal hinunterwandern und unten den Vorbach überqueren. 4,5 km
Nach 200 m auf der Str talaufwärts führt der Wanderweg nach re bei ziemlichem Anstieg, wo nach 2 km die einladende, mit Feuerstelle

versehene Hütte an der Kiebinger Rohrhalde erreicht wird. Es geht eben, auf zumeist langen geraden Wegen weiter zur Dünnbachhütte, an der die Wanderwege zur Weilerburg, nach Rottenburg und nach Ofterdingen abzweigen. 4,5 km
Wir gehen nach li und bleiben immer auf der Str in Ri Ofterdingen (bl Strich), kommen über den Saurücken zur Nagelshütte und biegen 200 m vor dem Ofterdinger Spielplatz erneut nach li auf den Wanderweg zum Eckhof ab (bl Strich), auf dem wir nach 1,5 km die Meisenharthütte erreichen. 5,5 km
Über Eichhalde und am P Ohnhalde vorbei führt der neue, gut bez. Wanderweg hinaus aufs freie Feld, mit gutem Ausblick auf die Albkette, und zurück zum P. 4,5 km

W 29 Tübingen – Hohentübingen – Bismarckturm – Spitzberg – Wurmlinger Kapelle – Hirschau – Tübingen

Strecke: 16 km; Gehzeit: 4½ Stunden
Markierung: Von Tübingen bis zur Wurmlinger Kapelle r Strich (HW 3)
A, F, G, K, P
Rastplatz: Spitzbergsattel

Ausgangspunkt der Wanderung ist Tübingen; Parkmöglichkeit in der Uhlandstr beim Anlagensee in unmittelbarer Nähe des Bahnhofs.
Durch die Platanenallee (herrlicher Blick zur idyllischen Neckarfront mit den bis zur Stiftskirche und Tübinger Schloß stufenweise aufsteigenden Giebelhäusern), über die Eberhardsbrücke (vorbei an der Stiftskirche mit der Grablege württembergischer Fürsten) zum Marktplatz mit Rathaus von 1435 (mit der von Stöffler um 1511 geschaffenen kunstvollen Uhr). Weiter über das Wiener Gäßle, Burgsteige zum mächtigen Renaissanceschloß »Hohentübingen« (schöner Ausblick in das Neckar- und Ammertal). Durch das Schloß und weiter auf dem Lichtenberger Höhenweg zum Bismarckturm (schöner Blick auf die Südstadt, Neckar- und Steinlachtal, Albpanorama). Nun auf gutmarkiertem Wanderweg durch das Waldgebiet zum Kapellensattel (Feuerstelle) und schließlich hinauf zur Wurmlinger Kapelle. 7 km
Oben angekommen öffnet sich der Blick ins Neckartal, auf das große Waldgebiet des Rammerts, auf die Alb mit der langen Kette der Berge, das Tal hinauf bis Rottenburg, ins Gäu und auf den Schönbuch. Nun geht es hinunter nach Wurmlingen und auf einem (nicht bez.) Weg am Fuße des Kapellenberges nach Hirschau.

Tübingen, Unterstadt

Hirschau. 330 m NN. Als Bestandteil der Grafschaft Hohenberg wurde das 1204 erstmals genannte Dorf 1381 an Österreich verkauft. 1806 wurde es württembergisch und dem Oberamt Rottenburg zugeordnet. Nach dessen Auflösung 1938 kam es zum Kreis Tübingen. Seit 1971 ist der Ort nach Tübingen eingemeindet.

An den begehrten Weinbergen hatten im Mittelalter vor allem Klöster Besitz. So u. a. die Klöster Allerheiligen zu Schaffhausen, Bebenhausen, Kreuzlingen, Kirchberg, Blaubeuren und Stetten. Eigene Keltern unterhielten Kreuzlingen und Bebenhausen.

Bei der »Volksbank« durch den Fährenweg zum Industriegebiet, am Neckarufer entlang zum Stauwehr und auf dem Fußweg entlang des Neckars nach Tübingen zum Ausgangspunkt.
Variante: Wer von der Wurmlinger Kapelle nicht über Wurmlingen und am Neckar entlang nach Tübingen zurückwandern will, kann auch

*Tübingen,
Neckargasse 1*

nach Hirschau hinuntersteigen und durch den Ort und weiter vorbei am Friedhof nach Tübingen zurückkehren. 8 km
Ein Wanderweg von der Wurmlinger Kapelle bis zum Hirschauer Friedhof s. W 30.

W 30 Hirschau/P beim Friedhof – Tiefenbachtal – Holzacker – Spitzbergrandweg – Weinbergweg – Wurmlinger Kapelle – Hirschauer Berg – Hirschau/P beim Friedhof

Strecke: 8 km; Gehzeit: 2 Stunden
Markierungen: Nur vom Spitzbergsattel über den Kapellenberg auf 1 km Länge Markierung: r Strich (HW 3); etwa 300 m auf bezeichnetem Wanderweg Hirschau – Unterjesingen, ebenfalls r Strich
A, F, G, K, P, R, S
Rastplätze: Spielplatz Holzacker, Spitzbergsattel

Tübingen, Nervenklinik

Ausgangspunkt zu dieser Wanderung ist der P beim Hirschauer Friedhof (1 km östlich von Hirschau an der Str nach Tübingen). Vom P geht man am besten durch den Friedhof und gelangt hier durch das nördliche Tor auf einen Weg, den man nach re einschlägt und dann nach 500 m li bergan wandert. (Ge kommt man in die Dufelbachschlucht, die auf den meisten Karten Tiefenbach heißt. Dort hinunter könnte man, von der

Wurmlinger Kapelle bzw. Hirschauer Berg kommend, den Weg nach Tübingen fortsetzen!)
Unsere Route führt aber an dem Spielplatz Holzacker hoch und knapp 500 m nördlich an einer Waldzunge entlang. Nachdem man nach weiteren 300 m auch re Wald passiert, führt der Wanderweg auf einer Länge von etwa 2 km immer mehr oder weniger knapp am Rand des Steilabhangs entlang. Meist bietet er eine prächtige Aussicht ins Neckartal und zur Alb hin, vor allem auf das zu Füßen liegende Hirschau. Abwärts gelangt man nach etwa 1 Std Gehzeit (seit dem Abgang) an den Spitzbergsattel, über den nicht nur ein AV-Weg von Hirschau nach Unterjesingen führt, sondern auch von Tübingen her die HW 3 (Main-Neckar-Rhein-Weg). Ihm folgt man und steht in wenigen Min auf dem Kapellenberg, einem der bekanntesten und beliebtesten Aussichtspunkte.

Der *Wurmlinger Berg* und seine schlichte Kapelle wurden von Uhland, Lenau, Schwab, Kerner und anderen Dichtern besungen. Ob man nun die Kirche besucht, die Krypta besichtigt oder die faszinierende Rundschau genießt, man sollte sich für einen Aufenthalt hier oben genügend Zeit nehmen.

Man benützt den erwähnten HW 3 in Richtung Wurmlingen, allerdings nur knapp 500 m abwärts und verläßt ihn dann nach li, um auf einem Halbhöhenweg die Südflanke des berühmten Berges zu queren. Nach einem guten km kommt man an den Hirschauer Wasserbehälter und trifft dann bei einem Feldkreuz auf den Wanderweg Hirschau – Unterjesingen. Auf ihm steigt man 300 m bergan und biegt vor dem Sattel re in den Höhenweg ein, der nun unter dem Randweg, den man hergewandert ist, durch die Weinberge über Hirschau nach Osten führt, den »Blumberg« querend, dessen Steilköpfe von weißem Sandstein die Wände von Gips- und Schilfsandstein überragen. Nachdem man etwa 1 km gegangen ist, läßt man sich von einem Weg nach Hirschau hinunterleiten und gelangt durch den Ort schließlich (ein weiterer km Wegstrecke) an den Ausgangspunkt zurück.

W 31 Tübingen/P Waldhörnle – Mähringer Hartwald – Immenhausen – Ehrenbachtal – Bläsiberg – P Waldhörnle

Strecke: 10 km; Gehzeit: 2½ Stunden
Markierungen: Waldhörnle – Aspenhau r Punkt; Aspenhau bis Abzweigung Ehrenbachtal r Strich (HW 5), Ehrenbachtal r Hufeisen, danach oZ
A, K, P, R, S, W

Rastplatz: im Mähringer Hartwald, im Herrenbachtal
Ausgangspunkt: Tübingen-Waldhörnle (an der B 27)

Auf dem zum Bergfriedhof führenden Sträßchen zwischen dem Gasthaus »Waldhörnle« und der Möbelfabrik dem r Punkt folgen, jedoch schon nach 100 m re bergan und nach 10 Min an der Wegteilung li eben weiter. Nach nochmals 10 Min dann ziemlich steil re den Hang hoch, wo man am Waldrand auf den HW 5 (r Strich) trifft.
Re haltend folgt man diesem Weg bis zum Wankheimer Sportplatz und weiter den Waldrand entlang, bis er nach knapp 5 Min in das Sträßchen Wankheim–Bläsiberg mündet.
Auf dieses biegt man re ein und verläßt es jedoch nach 50 m nach li und trifft über einen Pfad nach etwa 200 m auf einen festen Weg. Ihm folgt man nach li, vorbei an einem Sühnekreuz (interessantes Kulturdenkmal), und gelangt am Waldrand an den Rast- und Spielplatz (mit Feuerstelle) im Mähringer Hartwald. Gesamtgehzeit seit dem »Waldhörnle« eine knappe Stunde. 1 Std

Mähringen, 412 m NN, hatte im Mittelalter bis 1459 ein aus der Stauferzeit stammendes »Kirspelgericht« (Kirchspielgericht), bei dem sich auch Auswärtige Recht holen konnten (deshalb »Zulaufendes Gericht« genannt). Die im Turm der Mähringer Stephanskirche hängende »Evangelistenglocke« wurde schon vor 1250 gegossen. Mähringen wurde 1471 württembergisch. Sein Pfarrer Nikolaus Schuch trat 1534 als erster im Bezirk zu der neuen Lehre über. Seit 1975 ist Mähringen im Zuge der Gemeindereform Ortsteil von Kusterdingen geworden.

Vor dem Wald führt der Weg den Waldrand entlang re dem r Strich nach weiter. Am Zaun der Bläsiberger Obstanlagen geht es nach 5 Min re und nach 50 m am Wald wieder li auf dem Schottersträßchen. Nach etwa 100 m plätschert wenige Schritte waldeinwärts der »Heilbrunnen«. Nach 15 Min verläßt man den HW 5, der in Ri Immenhausen weiterführt, und folgt dem Hufeisen auf schönem Waldweg hinunter ins idyllische Ehrenbachtal (Landschaftsschutzgebiet). Man erreicht nach 15 Min einen Rastplatz mit Feuerstelle neben einem kleinen See. Etwas versteckt an dem schöngefaßten Brunnen steht eine originale Schutzhütte.

Immenhausen, 413 m NN, kann gleich drei jungsteinzeitliche Siedlungsstellen und interessante Funde aus der Römerzeit vorweisen. In Reihengräbern um die Kirche aus der Gründungszeit des Ortes (um 650) fand man Schwerter und Lanzenspitzen. 1080 ist Himenhusen in Ortliebs Chronik von Zwiefalten erstmals urkundlich erwähnt. Im Zuge der Reformation kommt das Dorf 1534 zu Württemberg, wird aber bis 1807 noch vom Klosteramt Bebenhausen verwaltet. Aus jüngster Zeit kann Immenhausen vorbildliche Leistungen zur Ortsverschönerung aufweisen. Seit der Gemeindereform von 1975 ist es Ortsteil von Kusterdingen.

Nach 10 Min Wegs talabwärts, eine Bachschleife quert hier das Tal, führt re ein Waldpfad in 10 Min zur Drillingsbuche hoch. Das r Hufeisen weist leider bislang den Weg noch nicht dorthin. Li hinauf zur Waldabteilung »Hechelhart« lohnt sich ein Abstecher zu den Keltengräbern (4 große und 5 kleine Grabhügel, von denen bisher einer untersucht ist und auf einem mit Rätsandsteinblöcken umgebenen Hügel eine menschliche Figur zeigt). Man muß dazu ca. 30 Min Zeit für den Hin- und Rückweg rechnen!
Von der Drillingsbuche geht man in kaum merklicher Steigung den Weg 300 m weiter und stößt dort auf die städtischen Obstanlagen bzw. auf ein an ihnen vorbei zum Bläsiberg hinunterführendes Sträßchen. Hinter dem alten Ökonomiegebäude finden sich noch einige Grabstätten der einstigen Besitzer dieses »Rittergutes«. 2 Std
Der Weg zurück bis zum »Waldhörnle« führt erst die Fahrstr hinunter und kurz vor der B 27 re im Wald auf einem Rad- und Fußgängerweg, einigermaßen vom Verkehrslärm der Bundesstr abgeschirmt, diese entlang bis zum Ausgangspunkt.

W 32 Kusterdingen – Großholz – Aspenhau – Wankheim – Jettenburg – Auchtert – Kusterdingen

Strecke: 16 km; Gehzeit: 4 Stunden
Markierungen: Königssträßle – Karlsplatz r Punkt, Karlsplatz bis Wankheimer Sportplatz r Strich, dann oZ
A, E, K, P, R, T, W
Rastplatz: beim Wannweiler Naturlehrpfad
Ausgangspunkt: Kusterdingen P Wasserturm

Von der Jahnstr führt die verlängerte Mozartstr nach etwa 200 m zur verlängerten Marktstr, der man nach li dem r Punkt folgt und dann re ab zum Königssträßle kommt. Auf diesem erreicht man ebenen Wegs den Karlsplatz. 30 Min
In gleicher Ri weiter führt der bisher gegangene Weg nach etwa 700 m zum »Professorstein«. Doch unsere Route geht halbli auf dem HW 5 (r Strich) die Alte Ackersteige bergan (ehem. Rheinsträßle Speyer – Schweiz?). Li und re befinden sich die ehem. Versuchsgärten der Universität Tübingen mit einst an die 150 verschiedenen Baumarten. Der »Professorstein« erinnert an das Wirken der Professoren Lorey und Nördlinger bis zur Verlegung der forstwissenschaftlichen Fakultät

nach Freiburg. Statt der stellenweise etwas unwegsamen Alten Ackersteige kann man auch das Makadamsträßchen (Neue Ackersteige) benutzen, in das der Wanderweg sowieso nach 15 Min Gehzeit beim Roten Rain mündet. Alte Grenzsteine mit Abtsstab weisen ehem. Bebenhäuser Klosterbesitz aus. Die li abgehende vorgeschichtliche Heerstraße führt entlang des Mürbeleswasen (Mirabile? Hier fand man einen römischen Votivstein) nördlich an der Hohen Mark vorbei, auf der in der Jungsteinzeit ein Bandkeramikerdorf lag. Dem Wanderer bietet sich vor dem Wald ein herrlicher Ausblick auf die Bergkette der Schwäbischen Alb. Vom Hohenneuffen bis zum Hohenzollern reicht das imposante Panorama. Der HW 5 führt re am Waldrand entlang weiter. Bevor man schnell die Stadtautobahn Tübingen – Reutlingen (B 28) hinter sich bringt, sollte man kurz davor re einen Blick in den dortigen israelitischen Friedhof tun. 1 Std

Etwa 700 m nach der Autobahnunterführung zweigt kurz vor der Kreisstr der HW 5 re ab zum Wirtsbühl-Aspenhau, auch hier befand sich schon in der Jungsteinzeit eine Ansiedlung. Man sollte unbedingt die paar Schritte zum Wald dorthin tun und sich nicht nur von der Aussicht zum vom Goldersbachtal aufgetanen Schönbuch in den Bann ziehen lassen. Die Wegmarkierung (r Strich) leitet über die alte Burgholzsteige hinüber, wo der Weg am Waldrand an der Wankheimer Siedlung vorbei weiterführt. 1½ Std

Die sanfte Wiesenhöhe nach der Siedlung ist mit 455 m der höchste Punkt der Härdten, wie diese Kleinlandschaft zwischen Tübingen und Reutlingen heißt. Nach etwa 1 km mündet der von re von Tübingen-Derendingen heraufkommende SAV-Weg in den HW 5 ein; hier ist ein interessanter Grenzstein. Die nächsten 10 Min Wegs sollte man unbedingt einen Blick re durch das Gehölz werfen. Bei entsprechenden Sichtverhältnissen präsentiert sich der Schwarzwald über dem Neckartal. Dabei darf man aber die nach li weisende Wegtafel nicht übersehen. Ihr nach geht es etwa 300 m auf einem Grasweg, re nun eine Schau der Zoller und Balinger Berge über dem Steinlachtal, bis man zu einem Feldweg stößt, auf dem es re knappe 100 m bis zum Wald sind. Hier geleitet uns der r Strich noch 10 Min bis zum Waldeck. 2 Std

Auf dem Weiterweg müssen wir ab hier nun ohne Zeichen auskommen. Die Wege nach Osten kann man nach Belieben benützen (am besten jenen nördlich des kleinen Sportplatzes), alle führen in ca. 30 Min nach Wankheim, wozu wir den Kirchturm ins Visier nehmen.

Wankheim. 427 m NN. Seit der Jungsteinzeit menschliche Ansiedlung. 1111 erste urkundliche Erwähnung (eines edelfreien Geschlechts de Wanchein). Obervogt Georg von Ehingen erwarb das Dorf 1482 vom Kloster Bebenhausen, das dann, bis es 1805 der württembergischen Landeshoheit unterstellt wurde, ritterschaftlicher Ort war. Auf Erlaubnis des Frhr. v. St. André siedelten sich von 1775–1885 auch Israeliten in Wankheim an. Seit der Gemeindereform von 1975 ist Wankheim Ortsteil von Kusterdingen.

Von der 1497 erbauten Kirche setzt man die Wanderung fort, erst die Obere Str weiter, dann »In der Kerf« ge nach Jettenburg. Dabei liegt Reutlingen wie ein aufgeschlagener Fremdenverkehrsprospekt zu Füßen der Achalm. Am Hollbach, an dessen nahem Quellbrunnen die Römer Bauten hatten, geht der Makadamweg in einen fußfreundlichen Feldweg über, leider nur bis zur Stadtautobahn, nach deren Unterquerung man erst li und nach 150 m re durch die Hirschstr auf das schmucke Fachwerkrathaus zukommt. 3 Std

Jettenburg, 383 m NN, nach dem sich freiadlige Herren nennen, ist 1100 als Utinbrugge erstmals erwähnt. Der heutige Kirchturm war ursprünglich Wachtturm der als Adelssitz dienenden Burg. Seit 1452 württembergisch, amtete hier von 1459–1484 das ehedem Mähringer Kirchspielgericht. 1974 vereinigte sich Jettenburg mit Kusterdingen.

Durch die Auchtertstr verlassen wir das Dorf, kommen in 15 Min entlang einer Bachklinge erst in eine Senke und dann bergan an den Waldrand, dem man am Spielplatz li bis zur Str Kusterdingen – Wannweil entlanggehen kann. Waldeinwärts trifft man 100 m nach der Schranke auf einen beliebten Rastplatz mit Feuerstelle. Er liegt bereits am Wannweiler Naturlehrpfad, auf dem man li weitergeht und nach 5 Min an der Wegteilung ebenfalls li hält. In etwa 10 Min, innen oder außen am Waldrand entlang, erreicht man den WP. Dort benützt man nach li erst ca. 50 m die Str und biegt dann re auf einen Grünen-Plan-Weg ein, der sich vor dem Gebäude der BWV teilt. Auf dem li an dem sog. »Kupferhäusle« vorbeiführenden Weg stößt man nach kurzer Zeit auf einen Querweg, dem man nach li folgt, nicht jedoch bevor man hier den idyllischen Ausblick ins Neckartal und hinüber zum Schönbuch in vollen Zügen genossen hat. Nach knapp 15 Min seit dem WP ist man in weiteren 10 Min am Kusterdinger Friedhof. Hier zeigt sich Kusterdingen von seinem »Malerwinkel« aus.

Kusterdingen. 410 m NN. Seit der Jungsteinzeit Spuren menschlicher Besiedlung. Man fand u. a. auch einen römischen Votivstein. Im 11./12. Jh war das edelfreie Adelsgeschlecht »von Custordingen« nicht unbedeutend, wenngleich auch der erste urkundliche Nachweis erst 1142 datiert. Von 1270–1489 waren die niederadligen Ritter »Pflume von Kusterdingen« als Lehensleute der Herren von Stöffeln im Ort ansässig. 1484 wurde der ganze Ort württembergisch. 1635 raffte die Pest 207 Kusterdinger dahin. Durch einen nächtlichen Bombenangriff im März 1944 verlor Kusterdingen 144 Anwesen und war damit im Kreis Tübingen die

Gemeinde mit den größten Kriegsschäden im Zweiten Weltkrieg. Seit 1975 ist es im Zuge der Gemeindereform mit Immenhausen, Jettenburg, Mähringen und Wankheim zur Einheitsgemeinde mit etwa 7000 Ew zusammengeschlossen.

Die letzte Strecke dieser Wanderung führt gleich am Friedhof re zur Holzwiesenstraße und diese etwa 100 m dorfeinwärts in die Lederstraße, durch die man re in den Kirchenweg gelangt. Dieser mündet beim neuen Rathaus in die Alte Schulstr, von der nach wenigen Schritten li der Kirchenweg abgeht.

Man sollte dann auf gar keinen Fall versäumen, in die spätgotische Kusterdinger ev. Marienkirche einen Blick zu werfen. Sie ist ein seltenes Beispiel einer in ihrer ursprünglichen Ausstattung fast ganz erhaltenen größeren gotischen Dorfkirche mit schönem Netzgewölbe im Chor. Das stattliche Pfarrhaus aus dem Jahr 1455 ist eines der ältesten Fachwerkhäuser im Kreis.

Von der Kirche kommen wir über die Georgstr, Mozartstr in die Jahnstr zum Ausgangspunkt beim Wasserturm bzw. der August-Lämmle-Schulanlage zurück (August Lämmle war um die Jahrhundertwende in Kusterdingen Dorfschullehrer).

W 33 Dettingen – HW 3 – Pelagiustanne (Bauernhäule) – Schellentäle – Hemmendorf – Dettinger Spielplatz

Strecke: 10,5 km; Gehzeit: 2½ Stunden
Markierungen: Dettingen bis Schellentäle (HW 3) r Strich, nach Hemmendorf bl Strich, Hemmendorf bis Spielplatz Dettingen Rottenburger Rundwanderwegzeichen
A, F, K, P, R, S, W
Rastplatz: Dettinger Spielplatz

Dettingen. 424 m NN. Das Dorf kam 1381 mit der Grafschaft Hohenberg an Österreich, bei dem es bis zum Übergang an Württemberg 1806 verblieb. 1971 wurde Dettingen nach Rottenburg eingemeindet.

Ausgangspunkt ist der Dettinger Spielplatz (mit Untersteh- bzw. Rasthütte), der von der Ortsmitte (Kirche/Rathaus) durch die Hechinger Str zu erreichen ist. 1 km
Die Wanderung nimmt ihren Anfang über die Dettinger Waldsteige, eine breite und steile Fahrstr, die mit dem r Strich als HW 3 markiert ist. Nach einem knappen Kilometer kommt man an einen Sitzplatz mit

Kruzifix. Ab hier verengt sich die »Fahrbahn« zu einem typischen Waldschottersträßchen und führt nahezu eben bis zur Pelagiustanne.

2 km

Hier leitet die sparsame Markierung in einem weiteren km nach re hinunter durch den Rauthau ins Schellentäle (in dem Flurnamen kann sowohl Schall als auch Schel = Beschälen bei der Pferdezucht stecken!). Auf der Str Bodelshausen – Hemmendorf muß man etwa 20 m nach re in Ri Hemmendorf und dann li von der Str herunter und über das Krebsbachbrückchen weiter dem r Strich folgen. Am Ende des Treibstoffdepots kann man den markierten Weg verlassen und ge über die Wiesen in Ri Hemmendorf weitergehen. Man trifft nach 1 km auf den nach Hemmendorf führenden, mit dem bl Strich markierten Wanderweg. Schöner ist zweifellos, wenn man dem HW 3 folgt, bis er nach 1 km mit dem mit bl Strich markierten Wanderweg Hemmendorf – Bechtoldsweiler sich vereinigt. Dann folgt man dem bl Strich nach re und ist so nach 3 km am P beim Hemmendorfer Sportplatz. Durch die Nonnenwaldstr dorfeinwärts, re ab in die Fuchsgasse und durch den Schloßhof gelangt man zum Schloß und zur Kirche der ehem. Johanniterkommende.

Hemmendorf. 425 m NN. Im 12. Jh erhielt das Kloster Hirsau, in dem um 1120 erstmals genannten Ort umfangreichen Besitz, den es allerdings schon 1258 an den Johanniter-Orden verkaufte. Seit 1281 ist im Dorf eine Johanniter-Kommende nachweisbar, die auch Einkünfte in einer Reihe umliegender Orte verwaltete. 1806 an Württemberg. Das dreiflügelige Schloß, das sich der Johanniterkomtur Felix Willibald, Reichsgraf von Fugger, 1790/91 erbaute, steht neben der Kirche. Das Feld zwischen Hemmendorf und Dettingen war 1643 Schlachtfeld. Hier kämpften bayerische gegen französische Truppen.

Der Wanderweg führt weiter durch die Johanniterstr, die in die Str »Heimentäle« mündet. In diese geht man li und gleich nach wenigen Metern re einen Hohlweg hoch, der mit dem Zeichen des Rottenburger Rundwanderwegs markiert ist. Ihn wandert man einen guten Kilometer bergan, kommt dann aus dem Wald und sucht am Waldrand die Wegzeichen, denn der hier ohne weitere Steigung entlangführende Wiesenweg ist nicht gut zu erkennen. An einem Garten mit Gartenhaus gelangt man wieder auf einen geschotterten Weg, der im Wald durch die Abteilung Kornberg bequem zum Ausgangspunkt zurückführt. Vom Schloß Hemmendorf 2,5 km

Streckenwanderungen

SW 1 Herrenberg – Schloßberg – Eiche am Roten Meer – Waldfriedhof – Mönchberger Sattel – Grafenberg – Jägergarten (Kayher Sportplatz) – Ruine Müneck – Hohen-Entringen – Roseck – Unterjesingen

Strecke: 20 km; Gehzeit: 5 Stunden
Markierungen: zunächst bl-g Raute, ab Waldfriedhof r Strich
A, F, K, P, R, S, W
Rastplätze: Alter Rain, beim Jägergarten, an der Einmündung des Katermannshaldenweg in das Kayher Sträßle, im Entringer Sattel

Eine sehr lohnende, zu allen Jahreszeiten zu empfehlende Schönbuchtraufwanderung, die im Vorfrühling und im Spätherbst besondere Eindrücke hinterläßt. Die Wanderung kann zudem beliebig gekürzt, erweitert oder geändert werden.
Man beginnt die Wanderung auf dem Marktplatz in Herrenberg, re am Rathaus die Treppen hoch (Herrenberg. Geschichte und Stadtrundgang s. S. 90). Dort beginnt auch der Naturpfad Schloßberg mit dem »Grünen Baum« (Eiche) als Leitsymbol. Man folgt dem Hag-Tor-Weg vorbei an der Stiftskirche, verläßt hinter der Kirche das Hagtor und steigt außerhalb der noch gut erhaltenen, ehem. Stadtmauer bequem hinauf zum Schloßberg und zur Aussichtsplattform. Am Weg stehen geologische und naturkundliche Hinweistafeln.

Lohnend ist der Blick von der Aussichtsplattform (522 m NN) auf Herrenberg mit der massigen Stiftskirche, umgeben vom Gäu und dem Ammertal.

Man folgt nun der bl-g Raute des Schwarzwaldvereins, gleichzeitig auch dem Naturpfad Schloßberg. Auf dem ebenen Weg über den schmalen Schloßbergrücken genießt man weiterhin die Aussicht nach Süden. Ein Efeuwald li und zahlreiche Waldreben säumen den Weg bis zum WP »Eiche am Roten Meer«. – Wanderwegetafel –. Vorbei an der ältesten und stärksten Eiche auf Herrenberger Markung, der ca. 360 Jahre alten »Eiche am Roten Meer«, steigt man über Bunte Mergel hinauf zu der großzügig angelegten Erholungseinrichtung *»Alter Rain«.*

Auf der Sonnenseite des Alten Rains wurde bis ins 19. Jh Wein angebaut. Am Fuß der Weinberge stand eine Kelter. Die beim »Alten Rain« stehende »Jahnhütte«, gutausgebaute Schutzhütte mit Feuerstelle und zahlreichen Sitzgelegenheiten, ist an Feiertagen öfters bewirtschaftet. Waldsportpfad, Spielwiese und ein Waldspielplatz für Kinder bieten Abwechslung. Unter dem Alten Rain verläuft die je dreispurige 600 m lange Röhre des *Schönbuchtunnels* der Bundesautobahn A 81 Stuttgart – Rottweil – Singen.

Stiftskirche Herrenberg

In wenigen Min erreicht man nun das »Steighäusle« und das Naturfreundehaus Herrenberg und nach Überqueren der Str den WP »Waldfriedhof« mit der Wanderwegetafel der Stadtverwaltung und des Staatlichen Forstamts Herrenberg, die eine Reihe von Rundwanderungen auf 62 km bezeichneten Wegen in den Wäldern der Stadt Herrenberg anbietet.
Von hier aus beginnt die eigentliche Wanderung am Waldfriedhof re vorbei, auf dem gutbezeichneten Wanderweg (r Strich) auf der Südseite des Schönbuchs bis nach Unterjesingen.

Am WP Mönchberger Sattel (s. SW 4) steht eine Rundwanderwegetafel. Eine Unterbrechung im nahe gelegenen Obermönchberg lohnt sich. An der Steige befindet sich ein geologischer Bunter-Mergel-Aufschluß. Am Ortseingang findet man im zeitigen Frühjahr eine Scillawiese, eine Besonderheit im Schönbuch.

Vom Mönchberger Sattel geht man zum nahe gelegenen Grafenberg (550 m NN), ein lohnender Weg mit noch verschiedenen seltenen Schönbuchpflanzen. Der 2 km lange Sportpfad Grafenberg wurde im Sommer 1972 gebaut. Das Sportheim ist an Wochenenden bewirtschaftet.

Nach wieder 1 km trifft man auf den WP »Kayher Sattel«. – Beim Sportplatz Schutzhütte und Kinderspielplatz. Im Sportheim Wochenendbewirtschaftung.

Über das nach Osten führende Kayher Sträßle gelangt man über die Burgruine Müneck (s. W 6 und SW 5), den Schönbuchspitz und den Pfaffenberg zum Entringer Sattel und zum »Saurucken«. Die danebenliegende Sportheim-Gaststätte ist auch an Wochenenden bewirtschaftet.

Wer Lust hat, kann von hier li ins Arenbachtal (ca. 500 m) zu den Schwarz-Rotwild-Schaugehegen hinabgehen. Von diesem Abstecher zurückgekehrt, steigt man in 15 Min hinauf nach Hohen-Entringen. Von dort weiter nach Schloß Roseck und Unterjesingen (s. W 5).

SW 2 Hildrizhausen – Lindachspitzhütte – Neue Brücke – Katermannshaldenweg – Ruine Müneck – Breitenholz

Strecke: 8 km; Gehzeit: 2 Stunden
Markierung: bl Punkt
A, F, K, P, R, S, W
Rastplätze: Lindachspitzhütte, Neue Brücke, am Katermannshaldenweg
Ausgangspunkt: Am Ortsende von Hildrizhausen in Ri Herrenberg, nicht nach Herrenberg, sondern li bis zum Waldrand. Zum WP »Kohltor«.

Hildrizhausen. 487 m NN. Der Ort war einst Herrschaftsmittelpunkt der gleichnamigen Grafen, die gegen Ende des 11. Jh sogar den Markgrafentitel führten. Nach deren Aussterben im Mannesstamm kam im 12. Jh Hildrizhausen an die Hohenstaufen, von diesen an die Pfalzgrafen von Tübingen und schließlich 1382 mit Herrenberg an die Grafen von Württemberg. Die Pfarrkirche, die neben der ehem. Burg in der befestigten Dorfmitte steht, stammt aus dem 12. Jh, der Chor wurde 1515 angebaut.

Zunächst geht man auf dem Saufangweg 2,5 km fast ge über das Kindachtal hinunter zur Lindachspitzhütte.

Vorbei kommt man am Kohlweiher, bei dem man die unter Naturschutz stehende, ca. 360 Jahre alte Lausterereiche findet (Forstrat Friedrich Lausterer, 1853–1933, dem letzten Vorstand des alten königlichen Forstamtes Hildrizhausen, 1881–1900, gewidmet).

Die Erholungseinrichtung »*Kohlweiher*«, von der Staatlichen Forstverwaltung im Jahr 1975 fertiggestellt, soll der Waldlandschaft des Naturparks Schönbuch einen neuen Reiz geben, bei Waldbränden eine Löschwasserreserve sein, Wasservögeln Nist- und Brutplätze, aber auch Fischen und Kleintieren Lebensraum und Nahrung schenken. Verboten ist es, in der Umgebung Feuer anzuzünden.

An der nächsten Wegkreuzung führt die »Lange Richtstatt« als kerzengerade Grasallee nach li hinüber zum Schaichhofsträßchen und ins Sulzbachtal. Zur Lindachspitzhütte geht man ge weiter. Nach ca. 500 m steht li am Weg die etwa 360 Jahre alte Hirschteicheiche (27 m hoch, Umfang 4,5 m, Holzmasse ca. 24 fm).
An der nächsten Wegkreuzung kann man einen Abstecher nach re ca. 150 m zur Förstereiche machen (ca. 360 Jahre alt, Höhe 30 m, Umfang 4 m, Holzmasse 21 fm). Die wenigen Meter zur Mädertalhalde lohnen sich. Der Blick schweift über das Lindachtal in Richtung Neue Brücke und zum fernen Steingart. Am Hang liegen zahlreiche mächtige Stubensandsteinfelsbrocken. Zurückgekehrt gibt es zwei Möglichkeiten, zur Lindachspitzhütte abzusteigen. Entweder man folgt dem befestigten Fahrweg, dem Saupulverweg, und geht halbli hinunter ins Lindachtal, oder man bleibt auf dem bezeichneten Wanderweg und geht ge weiter über die Mädertalhalde.
Am Lindachspitzhang steht eine Ruhebank und ihr halbre gegenüber die naturgeschützte Neurathseiche (ca. 360 Jahre alt, 28 m hoch, Umfang 3,27 m, Holzmasse 13 fm).
Von der Lindachspitzhütte geht es durch das Mädertal (Lindach) bis zur Erholungseinrichtung »Neue Brücke« (s. W 7) und von dort re dem Goldersbach entlang (bl Punkt) zum Katermannshaldenweg. Entlang des Weges blüht Ende Mai/Anfang Juni in Massen der goldgelb leuchtende Besenginster.
Über das Kayher Sträßle und die Burg Müneck findet man vollends hinunter nach Breitenholz (s. W 6).

SW 3 Böblingen – Schloß Mauren – Egelsberg – Rötelberg – Kalter Brunnen – Naturfreundehaus – Alter Rain – Schloßberg – Herrenberg

Strecke: 14 km; Gehzeit: 3½ Stunden
Markierung: ab Mauren bl-g Raute auf weißem Grund
A, F, K, P, R, S
Rastplätze: Alter Rain, WP Naturfreundehaus Herrenberg
Von Böblingen hat man drei Ausgangsmöglichkeiten: einmal den Weg durch das Maurener Täle (bl-g Raute 5 km) oder über den Wasserhoch-

behälter und den Waldteil »Brand« (r Punkt) oder den Weg vom Schönaicher First her (bl Strich). Alle drei Routen führen nach Schloß Mauren.

Schloß Mauren. Das Schloß hat seinen Namen von römischen Mauerresten. Ein auf römische Grundlagen gebautes Wasserschloß wurde 1615 abgebrochen und daneben durch den berühmten Baumeister Heinrich Schickhardt das 1943 durch Bomben zerstörte Schlößchen mit Ecktürmchen errichtet. Die nahe des Schloßgeländes stehende ehem. Wallfahrtskirche (Marienkirche) hat besonders im Chor prächtige gotische Maßwerkfenster und einen malerischen, efeuumsponnenen Turm. Die Kirche von Mauren wird erstmals 1320 urkundlich erwähnt. Am Fest ihres Mitpatrons Pelagius wurde gleichzeitig ein Jahrmarkt (Boleymarkt) abgehalten.

Von Mauren aus folgt man bis Herrenberg der bl-g Raute des Schwarzwaldvereins. Der abwechslungsreiche, gutbezeichnete Weg ist der einzige, der durch den nordwestlichen Schönbuch führt.
Von der Kirche aus geht man zunächst ein Stück die Str entlang in Ri Ehningen. Am Ende des ehem. Schloßparks führt der Weg li hinunter und überquert die Würm, die in Pforzheim in die Nagold mündet.

Würm. Entspringt in zwei Armen, die sich nach kurzem Lauf vereinigen. Die Würm bei Hildrizhausen hat ihren Ursprung im »Horber Tälchen« und trieb einst kurz nach Verlassen des Dorfes zwei Mühlen, die Obere und die Untere Mühle. Der zweite Würmursprung liegt südlich des Nachbarortes Altdorf und mündet etwa 1000 m südlich von Mauren in die Hildrizhausener Würm ein.

Man überquert den Talgrund und wandert leicht ansteigend hinauf in Ri Wald. Li und vor allem re des Weges stehen

Sieben Eichen im Alter zwischen 180 und 380 Jahren, 3 Silberpappeln zwischen 180 und 230 Jahre alt und eine ca. 180 Jahre alte Linde. Sie stehen ebenso wie der östlich des Weges gelegene Maurener See mit den umliegenden Bäumen unter Naturschutz.

Auf der Höhe geht man nach re das Feld entlang in den Wald hinein. Man befindet sich hier auf dem gemeinsamen Wanderweg Ri Ehningen, bl Strich, und Richtung Herrenberg, bl-g Raute. Nach wenigen Metern im Wald biegt der Wanderweg nach Ehningen re ab. Von jetzt ab folgt man nur noch der bl-g Raute. An der nächsten Weggabelung hält man sich li und geht weiter in Ri Süden. Auf einer schmalen Holzbrücke überquert man einen kleinen Würmzufluß und betritt dann freies Feld. Li drüben liegt der Egelsberg. Der Weg führt wieder in den Wald hinein und dann vollends auf die Anhöhe hinauf.

Am Waldrand lohnt sich ein kurzer Ausblick hinaus ins Würmtal. Li die Altdorfer Mühle, re Hildrizhausen mit dem Kirchturm und in der Talaue die »Obere Linde«, ein ca. 380 Jahre alter, unter Naturschutz stehender Baum, mit einem Umfang von ca. 550 cm, der um 1600, noch vor dem 30jährigen Krieg, gepflanzt worden ist. Der Wanderweg führt re im Wald weiter, nicht über das freie Feld. Vorsicht! (ge führt der Weg weiter durch das Würmtal nach Hildrizhausen).

Der unbefestigte Weg weist tiefe Fahrspuren auf. Gutes Schuhzeug ist für diesen Teil der Wanderung erforderlich. Leicht ansteigend durchwandert man einen Laubmischwaldbestand, der auf dem anstehenden Liasboden gut gedeiht. Am Waldrand geht man ca. 100 m nach li auf der alten Fahrstr in Ri Hildrizhausen, überquert dann den Autobahnzubringer Hildrizhausen-Ehningen, geht auf der anderen Seite li weiter und biegt nach 20 m wieder nach re ab in Ri Wald. Der Weg führt zunächst durch Obstwiesen, mündet dann wieder in den Wald ein in Ri auf die Fahrstr nach Rohrau und folgt einem alten Grenzweg entlang der Markungsgrenze der Gemeinde Hildrizhausen und der Staatlichen Forstverwaltung. Auf der linken Seite stehen zahlreiche Grenzsteine mit einer Pflugschar auf der Markung Hildrizhausen und dem Hirschhorn auf der Staatsforstseite. Vor dem Hildrizhäuser Sportplatz geht man ein kurzes Stück nach re in Ri Rohrau und überquert dann die Fahrstr. Auf der anderen Str-Seite deutliche Wegmarkierungen in Ri Rötelberg.

Der Weg führt nun den Rötelberg entlang. Man wandert wieder auf einer Grenzallee: auf der Markungsgrenze zwischen Hildrizhausen (Steinzeichen Pflugschar) und Gärtringen (Steinzeichen Kelch). Der Weg führt durch die Waldabteilungen Pfarrwäldle, Jakobsbrunnen und Henkelbäum. An der Weggabelung biegt man nach re ab in Ri Kalter Brunnen 1 km – AP Alter Rain 4 km – Herrenberg.   6,5 km

Von hier ab herrschen teilweise schlechte Wegverhältnisse. Nach ca. 300 m führt ein Pfad nach li durch lichten Mischwald hoch. Der Weg verläuft auch hier in größeren und kleineren Abständen fast immer parallel zur Fahrstr.
Im Herrenberger Stadtwald trifft man auf die Sandsteige, der man fast bis unmittelbar an die Fahrstr folgt.
Der Weg führt nun re hinunter durch das LSG »Kalte Bronnental«. Eine schöngeschwungene Holztreppe führt über die tiefeingeschnittene Klinge. Der »Kalte Bronnen« ist eine stark schüttende Quelle, die zum letztenmal 1949 gefaßt wurde. Der Weg führt weiter durch lichten Buchenwald in Ri Naturfreundehaus. Am Ende des Waldpfades überquert man eine Fahrstr und geht halbli durch die Waldabteilung Heuweg vollends auf das Naturfreundehaus zu. Vorbei an Steighäusle

Altdorf – Kayher Tal – Mönchberg 181

(557 m NN) über den AP Alter Rain und den Schloßberg nach Herrenberg sind es noch ca. 4,5 km, die man auf dem bequemen Weg in einer guten Stunde zurücklegen kann (s. SW 1).

SW 4 Altdorf – Eselstritt – Lindachspitzhütte – Neue Brücke – Kayher Tal – Kayher Sattel (Jägergarten) – Grafenberg – Mönchberger Sattel – Mönchberg

Strecke: 12 km; Gehzeit: 3 Stunden
Markierungen: bl Strich, ab Erholungseinrichtung im Kayher Tal oZ, ab Kayher Sattel r Strich
A, P, R, S
Rastplätze: Lindachspitzhütte, Neue Brücke, Kayher Tal

Altdorf. 483 m NN. Von verschiedenen Herren – den Pfalzgrafen von Tübingen, den Herren von Ow u. a. – kaufte das Kloster Bebenhausen nach und nach bis etwa 1400 den Ort auf. Durch die Reformation kam mit dem Kloster das Dorf an Württemberg. Altdorf ist Geburtsort von Johann Michael Hahn (2. 2. 1758); dem Begründer der Hahnschen Gemeinschaft.

Man geht in Altdorf zunächst die Würm entlang und folgt dann dem Hinweisschild »Sportgelände« (bl Strich) durch die Laienstr. Bei den Sportanlagen befindet sich ein großer WP mit einer Rundwanderwegtafel und einem Waldsportpfad.
Der Weg führt an den Sport- und Tennisanlagen vorbei zum Wald in den »Sauhirtenhau«. Re steht der Altdorfer Wasserhochbehälter, der das Wasser teilweise vom Hengstbrunnen, einem Schaichursprung, bekommt. Links liegt der ehem. Auffüllplatz der Gemeinde Altdorf. Der Eselstrittweg mündet in den vom Schaichhof her kommenden Eselstrittweg (auch Schaichhofsträßle). Von hier sind es noch ca. 150 m nach re bis zum Eselstritt, dem höchsten Punkt des Weges.
Über ihn führte eine von Ehningen und Hildrizhausen her kommende Römerstr, die auch später noch als Zaumpfad vom Neckartal durch den Wald in Ri Hildrizhausen benützt wurde.

Beim *Eselstritt* befinden sich natürliche Bodenvertiefungen, die wegen ihrer Ähnlichkeit mit Eselstritten zu der Volkssage geführt haben mögen, daß über diese Stelle Jesus mit einem Esel geritten sei. Zur genaueren Bezeichnung der Stelle hat der ehem. Oberförster Vogelmann von Bebenhausen 1840 auf dem Eselstritt eine Sandsteinplatte mit einer eingemeißelten Eselsfährte setzen lassen, die bis heute erhalten geblieben ist. Daneben steht die Eselstrittlinde.

Vom Eselstritt aus geht man auf dem Schaichhofsträßchen wenige

Meter talabwärts und steigt dann li gleich nach der Einzäunung auf dem neuangelegten Wanderweg ins Sulzbachtal hinunter. Man folgt dem Sulzbach bis zur Einmündung in die Lindach bei der Lindachspitzhütte und geht dann durch das Mähdertal (Lindach) zur Neuen Brücke (s. W 7).
Hier folgt man nun dem Fischbach durch das Kayher Tal bis zur Erholungseinrichtung am Fuß der »Neuen Steige«, die man hinaufwandert bis zum Jägergarten am Kayher Sattel. Die Wegbezeichnung r Strich führt nun vom Jägergarten ein Stück weit den Schönbuchtrauf entlang über den Grafenberg zum Mönchberger Sattel nach Mönchberg. (Man kann im Kayher Tal auch der Wegbezeichnung bl Strich durch den Talwiesenhau zum Mönchberger Sattel folgen.)

Mönchberg. 486 m NN. Das Dorf ist aus den einstigen Weilern Benzingen und Bronn (Untermönchberg) und Obermönchberg, das aus einem Hirsauer Klosterhof des 12. Jahrhunderts entstanden ist, zusammengewachsen. 1382 kam Mönchberg an die Grafen von Württemberg. Seit der Verwaltungsreform eingemeindet nach Herrenberg.

SW 5 WP Schaichhof – Birkensee – Schinderbuche – Schindereiche – Falkenkopf – Großes Goldersbachtal – Brommeleslinde – Ruine Müneck – Breitenholz

Strecke: 12 km; Gehzeit: 3 Stunden
Markierungen: ab Stöckle r Strich (HW 5), ab Ruine Müneck bl Strich F, H, P, R, S, W
Rastplätze: Goldersbachhütte am Oberen Goldersbachsträßchen, Feuerstelle im Talgrund des Großen Goldersbachs

Man erreicht den WP »Schaichhof« über die B 464. Aus Ri Böblingen kommend überquert man nach dem Schaichhof das Schaichtal und biegt im Wald auf das erste nach re abzweigende Franzensträßchen ein, dem man bis zu seinem Ende folgt. 1,5 km

Der Erholungsschwerpunkt am Schönbuchrand beim »WP Schaichhof« ist seit seiner Einweihung im September 1972 zu einem beliebten Treffpunkt für Naherholungssuchende aus dem Ballungsraum Stuttgart – Böblingen – Sindelfingen geworden.

Man beginnt die Wanderung auf dem steinigen Weg, dem ehem. Rheinsträßchen, nach Süden. Nach Durchschreiten des Wildzauns

Friedhof in Obermönchberg

betritt man das Rotwildgehege. Hier stehen an der Wegkreuzung 4 Silberpappeln. Nach li führt der Weg zum Ochsenweiher 2 km, ge weiter geht es zur Schnapseiche 0,5 km.

Wir wenden uns nach re und betreten über eine Wildgehegetreppe die Schaichallee, eine Grasallee, der wir entlang dem Wildzaun folgen. Nach ca. 300 m steigt man aus dem Rotwildgehege wieder heraus und kehrt dann in der Hangmitte zum letztenmal über eine Holztreppe ins Wildgehege zurück. Auf der Bromberg-Birkensee-Ebene überquert man die Karlsallee und geht ge weiter bis zur Hangkante. Li am Weg liegt das kleine Moor Birkensee, und re stehen auf moorigem Untergrund Birkengruppen.

Birkensee. Das kleine Moor des Birkensees auf der Kuppe des Brombergs ist erst Anfang des 19. Jh auf der Sohle eines aufgelassenen Rätsandsteinbruchs entstanden. Von einem See kann heute nicht mehr gesprochen werden, denn die eigentliche Wasserfläche wird von Jahr zu Jahr kleiner und verlandet durch das Torfmoos immer mehr. Moospolster und die Birkengruppen um das Moor verleihen dieser Stelle auf der sonst steinigen Hochfläche des Brombergs einen besonderen Charakter. Eine Sitzbank lädt zum Verweilen und Beobachten ein. Hier war einst eines der pflanzenkundlich eigenartigsten Gebiete im Schönbuch. Es wurden dort u. a. gefunden: das breitblättrige Wollgras, das schmalblättrige Wollgras, die Heidenelke, die Prachtnelke, der rundblättrige Sonnentau, der niederliegende Bärlapp. Einige dieser seltenen Pflanzen sind ganz verschwunden, andere kommen nur noch in wenigen Exemplaren vor. Es ist zu wünschen, daß sich der Wanderer an den noch wenigen Exemplaren nur mit den Augen freut.

An der Hangkante geht man nun nach re dem Schneisenweg entlang, der von einem Rätsandstein-Geröllfeld begleitet wird.

Nach 300 m wird re der Haupthochbehälter Bromberg (579,3 m NN) mit einem Fassungsvermögen von 10000 cbm Wasser der *Ammertal-Schönbuchgruppe-Wasserversorgung* sichtbar. Das im Ammertal gewonnene Wasser gelangt über eine Druckleitung in den Hochbehälter, der mit knapp 580 m NN auf dem höchsten Punkt des Schönbuchs liegt. Der Höhenunterschied zwischen dem Sammelbehälter im Wasserwerk Ammertal und dem Scheitelbehälter auf dem Bromberg beträgt rd. 220 m. In den Behälter kann auch Wasser aus der Bodenseewasserleitung gepumpt werden. Damit wäre beim Ausfall des Pumpwerks Kiebingen am Neckar mindestens die Aufrechterhaltung eines Notbetriebes für das Versorgungsgebiet gewährleistet.

Li weiter am Weg ist ein Schutzdach mit Ausblick auf die Zollernalb. Von re mündet nun die Entringer Allee in den Schneisenweg. Hier steht der

Entringer Stein. Es ist ein alter Stundenstein auf dem Bromberg. Von hier aus führt der Weg in 1,5 Std nach Entringen über die Diebsteigbrücke; in 1¾ Std am Brombergtrauf entlang, am Kapellesbrunnen vorbei, hinunter zur Teufelsbrücke und dann durch das Große Goldersbachtal nach Bebenhausen; in ¾ Std erreicht man von hier den Schaichhof und in einer Std Altdorf.

Von hier bis zur Schinderbuche sind es noch 250 m. Die Buche selber steht ca. 30 m re auf einer Lichtung am Schinderweg. Bei der Schinderbuche verläßt man den Hangweg nach li und steigt hinunter zur Schindereiche, die am Steinigen Weg steht. Es ist dies gleichzeitig auch der erste Weg li nach dem Entringer Stein. Der Weg wird auch Schindertrieb genannt.
Man überquert den Steinigen Weg und geht ge weiter zum Falkenkopf. An der Hangkante, über dem Großen Goldersbachtal, steht ein Aussichtspilz. Von hier schweift der Blick nach Südosten zum Stein-

gart, nach Westen zur Neuen Brücke zum Zusammenfluß von Fischbach und Lindach. Auf dem befestigten Serpentinenweg re bleibend, geht man nun hinunter ins Große Goldersbachtal. Im Tal angekommen, befindet sich re eine Erholungseinrichtung mit Schutzdach. Hier stand auch die ehem. Goldersbachhütte.
Im Tal geht man ca. 100 m den Goldersbachtalweg aufwärts und überquert dann das Tal auf einem Dammweg. Auf der anderen Talseite wandert man nach li, auf der Dachsbausteige re bleibend hinauf zur Brommeleslinde. Vor der Linde befindet sich eine Sitzbank. Hier an diesem Wegedreieck verläßt man die Fahrstr, läßt Brömmelslinde li liegen und steigt auf dem Brömmelesweg re hinauf auf die Höhe. Am Ende des Weges verläßt man das Wildgehege durch das Wildgatter und trifft auf das Kayher Sträßle.
Auf dem Kayher Sträßle geht man zunächst li, biegt dann aber nach 50 m re ab und folgt dem Hinweisschild r Strich Müneck 0,3 km, Breitenholz 1,0 km (s. W 6).
Der Weg führt durch den ehem. Burggraben der Ruine Müneck zu einer Ruhebank am Waldrand.

Der Burgstall *Müneck* (Mugeneck, 543 m NN) liegt auf einem Stubensandsteinvorsprung des Schönbuchs ost-nördöstlich von Breitenholz. Hier stand einst eine Burg tübingerischer Dienstmannen, der Herren von Müneck, die 1270–1382 urkundlich vorkommen, einem Zweig der Herren von Hailfingen. Über die Zeit der Zerstörung ist nichts bekannt. Von der Burg ist außer Wall und Graben wenig mehr erhalten. Auf der Bergspitze wurden die Grundmauern freigelegt. Die Grundfläche ist rechteckig mit leicht ausgebauchten Langseiten. Auf der Oberfläche befinden sich noch Mauerreste mit nicht eindeutig erkennbarem Grundriß.

Von hier führt der gutbezeichnete Weg bl Strich durch Hecken- und Heidelandschaft, vorbei an einem ehem. Sportplatz und durch Weinberge hinunter auf die Müneckstr. Nach wenigen Min erreicht man, vorbei an einem Kinderspielplatz, das Dorf Breitenholz.

SW 6 WP Dettenhausen – Walddorfer Sträßchen – Langer-Rücken-Sträßchen – Bebenhausen

Strecke: 8 km; Gehzeit: 2 Stunden
Markierung: bl Kreuz, kurz nach der Otto-Schäffer-Linde HW 3 E, F, K, P, R, S

Rastplätze: Neue Bärlochhütte, am Einsiedler Sträßchen
Re des WP bei den Sportanlagen geht es auf dem Herdweg die

Dettenhäuser Viehweide hinauf. Der gutbezeichnete Weg führt über einen unbefestigten Knollenmergelhang und ist li auf einem Waldpfad besser zu begehen. Auf der Ebene »Vorderer Tannenacker« überquert man den Eckberg-Weg und geht auf der Herdweg-Buchen-Allee durch Buchenhochwald ge weiter zum Walddorfer Sträßchen.

Die auf diesem Weg berührten *Tannenäcker* erinnern daran, daß hier um 1623 der Waldvogt Osens Knapp als erster versuchte, im bislang reinen Laubholzwald Schönbuch Nadelholz, und zwar die Forche, durch Saat anzupflanzen.

Auf der anderen Straßenseite, 30 m nach re, trifft man auf den WP »Langer Rücken«. Von hier ab ist der Weg befestigt und gut begehbar auf dem »Langen Rücken« zwischen Kirnbach (li) und Seebach (re).

An dem Sträßchen im Rotwildgehege liegt re die Waldabteilung »Widenmannschlag« zur Erinnerung an den Kreisforstrat und Oberförster in Bebenhausen, Wilhelm von Widenmann, dessen Denkstein am Böblinger Sträßchen oberhalb des Roten Grabens zu finden ist. Links steht die Kreuzbuche mit dem Kreuzstein. Dieses Schwedenkreuz zwischen den Wurzeln der alten Buche kündet vom unglücklichen Ausgang der Nördlinger Schlacht am 26. August 1634 während des 30jährigen Krieges (1618–1648). Hinter der Kreuzbuche befindet sich eine wissenschaftliche Station der Universität Tübingen, in der Niederschlagsmessungen durchgeführt werden.
300 m weiter steht die Alte Bärlochhütte mit der Bärlocheiche (ND). Kurz danach trifft man auf die Erholungseinrichtung Neue Bärlochhütte mit der Bärlochwiese. Hier befand sich einst eine Saatschule.
Li und re des Sträßchens wächst auf fruchtbaren Liasflächen ein Rotbuchenbestand heran. Eine großflächige Wildwiese mit Kastanienbäumen lädt zum Rasten ein.
An der Kreuzung Lindenallee/Langer-Rücken steht die Baumruine *Otto-Schäffer-Linde* 1898–1958. Landforstmeister Otto Schäffer war ein verdienter Forstmann der Nachkriegszeit.

Ca. 100 m nach der Schäfferlinde steht li im Wald deutlich sichtbar ein alter Grenzstein mit Krummstab (Abtsstab) des »Closters« Bebenhausen und den Insignien C B. Bis hierher ging der Klosterwald.
Auf dem nun fallenden Weg (HW 3) sind es noch 2 km nach Bebenhausen. Außerhalb des Wildgeheges trifft man auf die Linde »Am Stöckle«, an der vorbei der Weg hinaufführt zum geologischen und naturkundlichen Lehrpfad Kirnberg und Olgahöhe (s. Lehrpfad S. 97).
Ab Bebenhausen bestehen günstige Busverbindungen zurück nach Dettenhausen zur Bahnhofstr, von der aus man in 10 Min den WP erreicht.

SW 7 Musberg – Siebenmühlental – Waldenbuch

Strecke: 13 km; Gehzeit: 3½ Stunden
Markierung: r Kreuz, dann bis zur Burckhardtsmühle oZ
E, K, P, R, S, T
Rastplätze: Feuerstellen am Bundeswanderweg, bei der Mäulesmühle

Es gibt 2 Möglichkeiten, das Tal zu erwandern: einmal auf dem ehem. Bahndamm der Bundesbahnstrecke Vaihingen – Rohr – Musberg – Burkhardtsmühle – Glashütte – Waldenbuch, der oberhalb des Tales an den Mühlen vorbeiführt und als leicht fallender, bequemer und asphaltierter Weg mehr von Spaziergängern, Radfahrern und Rollschuhläufern bevorzugt wird. Der Weg beginnt am ehem. Bhf. Musberg und führt ohne Unterbrechung fast noch bis zum einstigen Sackbahnhof Waldenbuch.

Die landschaftlich schönere, natur- und heimatkundlich interessantere Wanderung führt im wesentlichen, ebenfalls auf befestigten Wegen, den Reichenbach entlang durch die Talaue vorbei an den 11 Mühlen, von denen 7 bereits 1383 genannt werden. Das etwa 100 ha umfassende Tal wurde 1960 unter Landschaftsschutz gestellt.

Mühlen. Die Mühlen wechselten im Laufe der Jahrhunderte mit einem neuen Besitzer auch ihre Namen. Manche wurden zerstört, brannten ab, wurden wiederaufgebaut, wechselten den Standort oder wurden aus anderen Gründen aufgegeben. Noch in den 20er Jahren dieses Jh trieb der Reichenbach 11 Mühlen. Heute wird nur noch in 2 Mühlen Getreide verarbeitet, in 4 wurden Gastwirtschaften eingerichtet, die den Wanderer zur Vesperpause einladen.

In Musberg geht man in der Böblinger Str bis zur Gaststätte Fäßle und biegt dann li in den Mühlweg ein. Wanderzeichen r Kreuz.
Schon kurz nach Verlassen des Dorfes wird die Obere Mühle sichtbar und darüber die Erholungseinrichtung »Piz Mus« mit Skilift und Sprungschanze.

Schon nach wenigen Gehminuten taucht die *Eselsmühle* auf, die 1451 die »Milin am Eychberg« (Eichberg) genannt wurde. 1680 trug sie eine Zeitlang den Namen Krausenmühle nach dem Inhaber Wilhelm Kraus. 142 Jahre, von 1795–1937, war sie im Besitz der Familie Lorenz, deren Söhne Karl genannt wurden, die ihr den Namen Karlesmühle verliehen. Der 4. Karl (1839–1912) riß das alte Anwesen ab und baute eine neue Mühle auf. Längst trägt sie den Namen Eselsmühle wieder, genannt nach den Eseln, den treuen vierbeinigen Helfern der Müller in früheren Jh, die heute noch um die Mühle grasen. Sie ist bewirtschaftet und zu einem beliebten Ausflugsziel geworden. Hier dreht sich noch ein altes Mühlrad, das in der Wasserkammer besichtigt werden kann. Hier wird auch noch (wieder) gemahlen und gebacken.

Erwähnenswert ist auch die *geologische Sammlung*, die in einem kleinen Museum in der Eselsmühle untergebracht und zur Besichtigung freigegeben ist.

Vor dem Reichenbachviadukt geht man li hoch auf den Bundeswanderweg, auf die ehem. Trasse der Bundesbahn.

Nur 27 Jahre existierte das *Waldenbucher Bähnle*, das 1955 stillgelegt und trotz aller Bemühung um Erhaltung 1957 abgebrochen wurde. Seit der Einweihung der Bahn am 22. Juni 1928 hat sie viele Menschen zur Arbeit in den Raum Stuttgart gefahren und unzählige Sonntagsausflügler durch das romantische Siebenmühlental »gedampft«. Schon 1906 hatte sich Waldenbuch vergeblich um eine Bahn durch den Schönbuch von Vaihingen a. F. über Waldenbuch nach Tübingen bemüht. Da inzwischen die Bahn Böblingen – Dettenhausen 1910 eingeweiht wurde, sollte Waldenbuch 1913 einen Bahnanschluß über Schönaich und den Schönaicher First nach Böblingen erhalten, der aber wegen des Ausbruchs des 1. Weltkrieges 1914 nicht mehr hergestellt wurde (s. auch Beitrag »Geschichtliche Entwicklung« S. 67).

Schönaich,
Wohnsiedlung von Sharoun

Li unten liegt die *Mäulesmühle*, die seit 1961 der Gemeinde Leinfelden gehört. In der danebenstehenden »Theaterscheune« werden von der Laienspielgruppe »Komödie-Scheuer« an Wochenenden schwäbische Mundartstücke aufgeführt. Angehörige des Geschlechts Mayhle waren 1649–1764 auf der Mühle, denen sie nun heute den gebräuchlichen Namen Mäulesmühle verdankt.
Bei der Mühle befindet sich eine Feuerstelle und ein Spielplatz.

Auf dem Viadukt bei der Seebrückenmühle überschreitet man die B 27. Hier hat man nun 2 Möglichkeiten: entweder man bleibt auf dem Bundeswanderweg, oder aber man steigt kurz hinter der Brücke li hinunter zur Mühle, um dann durch das eigentliche Mühlental zu wandern.

Die *Seebrückenmühle* (Markung Leinfelden) war eine der schönsten Mühlen des Tales. Ursprünglich gab es 2 Seen, einen oberhalb, den andern unterhalb der Mühle, die mit einer Brücke miteinander verbunden waren. Die alte Landstr von Stuttgart nach Tübingen führte einst über diese steinerne Brücke zwischen den Seen, daher der Name »Seebrücken-Mühle«. Die Mühle fiel am 15. März 1944 einem Fliegerangriff zum Opfer und wurde nicht wiederaufgebaut. An der Stelle der einstigen Scheune steht jetzt ein Wohnhaus, in dem sich die Gaststätte Seebrückenmühle befindet. In einem Häuschen neben der Gaststätte wohnt Hans Hahn, ein Kunstmaler, der internationale Anerkennung genießt. In den ehem. Wirtschaftsgebäuden der Mühle hat er die Galerie »Weiße Scheune« untergebracht, die sonntags von 11.00 bis 15.00 Uhr geöffnet ist.

Man geht durch die Mühle, über den Talgrund auf die linke Talseite und wandert dort nach re weiter auf dem befestigten Wanderweg zur

Schlechtsmühle (Markung Leinfelden). Sie ist eine der ältesten des Tales und läßt sich nur über den schmalen befestigten Waldwanderweg erreichen. Sie verdankt ihren Namen Johann Schlecht, der 1770 die Mühle übernahm und dessen Nachfahren noch heute Besitzer des Anwesens sind.
Noch bis vor 5 Jahren wurde in der Schlechtsmühle täglich gearbeitet. Seitdem steht die Wasserturbine, durch die 100 l/s Reichenbachwasser flossen, 5 Tage in der Woche still. Das gewonnene Mehl wird heute in den umliegenden Gemeinden an private Kunden verkauft. Zur Mühle gehören noch 18 ha Land.

Zur Schlößlesmühle führt re ein kleiner Waldweg hinunter.

Bei der *Schlößlesmühle* trifft man auf die »alte Schweizerstraße«, auch Alte Poststraße genannt, die, von Echterdingen herkommt, über Waldenbuch – Dettenhausen – den Eckberg – Lustnau nach Tübingen führte. Sie wurde erst 1886 durch einen Neubau, der heutigen B 27, über Steinenbronn ersetzt. Zeitweilige Besitzer der Schlößlesmühle (Markung Leinfelden) waren adlige und höhergestellte Persönlichkeiten, deshalb auch »Doktorsmühle« genannt. Ein Johann Kilmann von Kilmannseck, herzoglicher Oberrat und später Geheimrat von Stuttgart, kaufte im 17. Jh das Gut. Er ließ eine hohe Mauer um die Mühle bauen, die damals als stattliche Behausung mit vielen Stallungen beschrieben, und auf viele tausend Gulden geschätzt und als »Schlößlin« bezeichnet wurde. Im 30jährigen Krieg wurde die ebenfalls einsam und schutzlos gelegene Mühle geplündert. Sie stand dann viele Jahre leer, und die Äcker verwilderten. Vor dem 1. Weltkrieg wurde in der Mühle eine Wirtschaft eingerichtet, die zu einem beliebten Ausflugsziel geworden ist.

Man überquert auf der alten Poststraße den Reichenbach und steigt steil bergan. Man befindet sich nun wieder auf der rechten Talseite. Der bezeichnete Wanderweg führt nach li in den Wald hinein und verläuft parallel zum Bundeswanderweg, der hier bis zum Abstieg zur Kochenmühle empfohlen wird. Schon nach wenigen Min sieht man die

Walzenmühle (Markung Stetten, Weidach, Hof), die zu den jüngsten Mühlen im Tal gehört. Der Wanderweg führt an ihr rechts oben vorbei. Sie war von 1759 bis 1842 im Besitz der Familie Walz. In den 30er Jahren wurde der Mahlbetrieb eingestellt. Heute werden hier Pferde gezüchtet.
Weiter geht's zur *Kochenmühle* (Markung Stetten, Weidach, Hof), die 1720 von der Familie Koch erworben wurde. Noch heute gehört dieser Familie ein Teil der Mühle. 1836 wurde die Mühle geteilt und hat seither zwei Besitzer. Anfang der 30er Jahre gaben beide Müllersfamilien das Müllerhandwerk auf.

Nach 1,5 km kommt man zur

Oberen Klein-Micheles-Mühle (Markung Plattenhardt), die bis vor zehn Jahren in Betrieb war. Der jetzige Müller betreibt nur noch einen Mehlhandel. Ein Schlußstein über einer Tür der Mühle trägt das Erbauungsdatum des Hauses 1709.
Fast daneben liegt die *Untere Klein-Micheles-Mühle* (Markung Plattenhardt), deren Geschichte sich bis in das 15. Jh zurückverfolgen läßt. 1907 wurde das Anwesen von dem Besitzer der Burkhardtsmühle, Rudolf Waidelich, erworben, der dort eine Sägemühle einrichtete. Die jetzigen Besitzer Walter und Karl Waidelich verarbeiten in dem modern eingerichteten Sägewerk nach wie vor sehr viel Holz, und das nicht nur aus dem Schönbuch.

Der Weg führt durch die Sägemühle hindurch und über die Plattenhardter Straße vollends rasch zur

Burkhardtsmühle (Markung Waldenbuch). Sie ist die letzte der Mühlen im Reichenbachtal und gehört zu Waldenbuch. Der Sägemüller Friedrich Burkhardt erbaute das nach seinem Namen benannte Anwesen 1825. In dieser Mühle wurde nie Getreide gemahlen. Sie wurde als Sägemühle gebaut. Im Mühlhaus selbst wurde schon vor vielen Jahren eine Gastwirtschaft eingerichtet. Das alte Gebäude wurde in der Zwischenzeit renoviert und ist zu einem beliebten Ausflugsort für Wanderer geworden.

Bei der Burkhardtsmühle im Siebenmühlental

Am Bahndamm bei der Burkhardtsmühle befindet sich ein großer WP, und an Wochenenden ist eine danebenliegende Gartenwirtschaft geöffnet.

Von der Burkhardtsmühle führt der bequeme Bundeswanderweg das Aichtal aufwärts zum 3 km entfernten Waldenbuch.

SW 8 Dettenhausen – Schaichtal – Neuenhaus (Häfner-Neuhausen)

Strecke: 10 km; Gehzeit: 2½ Stunden
Markierungen: r Punkt, bl Punkt, bl Strich
E, F, G, P, R, S
Rastplätze: Im Talgrund bei der »Schimmelklinge«, »Am alten See« in der Talmitte, beim Heilbrunnen

Die Wanderung beginnt gegenüber der Gaststätte »Alte Post« an der B 27. Der befestigte Wanderweg (r Punkt) führt den Mühlbach hinunter, am Freibad und am Klärwerk vorbei, überquert die Bodenseewasserleitung und wechselt im breiter werdenden Tal bei der Schimmelklinge auf die re Schaichseite. Nach etwa 2 km geht's dann wieder auf die linke Seite.
Der Hangweg auf der schattigen Nordseite führt »Beim Damm« oder »Am alten See« zu einer lichten Erholungseinrichtung.

Im unteren *Schaichtal*, etwa 5 km unterhalb von Dettenhausen, war einst ein See. Der Damm, der die Schaich anstaute, ist noch deutlich zu erkennen. Es ist anzunehmen, daß auch hier die Zisterzienser-Mönche vom Kloster Bebenhausen Fischzucht und Fischfang trieben, wie es auch sonst in den Schönbuchbächen, vor allem in der Schaich, üblich war.

Im ehem. Seegrund und an der Einmündung der Hofmeistersteige in das Schaichtalsträßchen stehen für den botanisch interessierten Wanderer einige geschützte, im Schönbuch seltene Knabenkräuter.

Von li mündet der Wanderweg von Waldenbuch (bl Punkt) ein, der re hangaufwärts (r Punkt) nach Walddorf – Dörnach und ins Neckartal hinunter weiterführt.

Man folgt nun weiter talabwärts in Ri Heilbrunnen der Markierung bl Punkt.

Im letzten Talabschnitt zwischen Heilbrunnen und Neuenhaus wechselt die Wegmarkierung erneut (bl Strich). Doch wer von Dettenhausen aus der Schaich folgt, kann sich auch ohne Wegmarkierung nicht verlaufen.

Ein lohnender Abstecher führt beim Heilbrunnen re hinauf zum

Schaichbergturm, dem Häslacher Wasserturm, der 1966 auf dem höchsten Punkt der Gemarkung (542 m) erbaut wurde. 109 Stufen führen zur Aussichtsplatte. Der Schlüssel zum Turm wird wochentags vom Vertrauensmann des Schwäbischen Albvereins (z. Z. Eugen Bauer, Friedrichstr 22 im Ortsteil Walddorf) und an Sonn- und Feiertagen in der nahe gelegenen Turmgaststätte ausgehändigt. An klaren Tagen lohnt sich ein Blick über die nahen Albberge, die Dreikaiserberge der Ostalb, die Teck und die Burgruine Hohenneuffen, nach Süden die Achalm, nach Südwesten der Roßberg und die Zollernburg bei Hechingen. Auch die Südalb mit dem rd. 1000 m hohen Lemberg als höchstem Punkt ist sichtbar. Bei guter Fernsicht kann man am nordwestlichen Horizont den Schwarzwald erkennen. Im Norden breiten sich die Wälder des Schönbuchs mit dem Einschnitt des Schaichtales aus, weiter nach Nordosten ist die Filderebene zu sehen. Auf der li Seite der Aich erkennt man den vorgeschobenen Uhlbergturm des Schwäbischen Albvereins. Zu Füßen liegen die malerische Neckartallandschaft und das Albvorland.

Zurückgekehrt wandert man das Schaichtal weiter abwärts bis Neuenhaus, wo die Schaich in die Aich mündet.

Neuenhaus (321 m NN, 1800 Ew) gehört seit 1. 8. 1978 zur Gesamtgemeinde Aichtal. Da die Landwirtschaft im Schönbuch, vor allem in den Schönbuchtälern, die Bevölkerung nur recht und schlecht zu ernähren vermochte, fand schon sehr früh das Hafnergewerbe in »Häfner-Neuhausen« Eingang. Der Hafnerei verdankt der Ort bis heute sein eigenartiges Gepräge und den zweiten Namen »Häfner-Neuhausen«, den er nicht nur im Volksmund, sondern schon 1720 auch in amtlichen Akten führte. Seinen zahlenmäßigen Höhepunkt erreichte das

Handwerk um 1848, als ihm 78 Meister, d. h. fast zwei Drittel der Bürgerschaft, angehörten. Die 1830 begründete Hafnerzunft des Oberamts Nürtingen hatte deshalb ihren Sitz in Neuenhaus. Das alte Recht der Häfner, ihre Erzeugnisse auf fremden Märkten und auch durch Hausierhandel in anderen Orten zu verkaufen, wurde 1820 auf die älteren Hafnermeister beschränkt, 1847 aber wieder allen Meistern eingeräumt. Trotz aller Betriebsamkeit war jedoch Neuenhaus um die Mitte des 19. Jahrhunderts der ärmste Ort des (alten) Oberamts Nürtingen. Im Zeitalter der Industrialisierung ging die Hafnerei zurück. 1900 waren es noch 17, 1905 nur mehr etwa 10 Meister, die das Handwerk selbst ausübten, während die Zahl der Hausierer mit Tongeschirr damals immer noch 60 bis 70 betrug. Die jährliche Naturalabgabe von 100 Eiern, die jeder Meister für das Tongraben an den Staat liefern mußte, wurde 1819 in eine Geldgabe von 40 Kreuzern umgewandelt und ging 1844 an die Gemeinde über. Diese hatte fortan die Hafner mit Erde aus dem nun Gemeindeeigentum gewordenen Wald zu versehen. 1904 betrug die Abgabe 1,20 Mark. Das Hafnergewerbe hat auch in das Ortswappen Eingang gefunden. In dem nach 1930 angenommenen Siegel war ein Häfner dargestellt, der hinter einer Drehscheibe sitzend Tongeschirr anfertigt; das neue Wappen von 1951 zeigt in goldenem Schild eine schwarze Töpferscheibe, auf der ein roter Tonkrug steht. (Aus: Heimatbuch des Kreises Nürtingen, hrsg. vom Kreisverband Nürtingen 1953.)
In der Schule wurde zur Erinnerung an die Häfnerzunft ein Museum eingerichtet.

Wer von Neuenhaus aus den Rückweg nach Dettenhausen nicht scheut, folgt dem bezeichneten Wanderweg durch das Aichtal bis zur Burkhardtsmühle und wandert dann auf dem Dettenhäuser Sträßle über den Betzenberg wieder zurück.
Neuenhaus – Burkhardtsmühle 4 km (r Punkt). Burkhardtsmühle – Dettenhausen 8 km (bl Hufeisen).

SW 9 Unterjesingen – Burgstall – Hirschau – Neckarsteg – Kilchberg – Eck (Eckhof)

Strecke: 12 km; Gehzeit: 3¼ Stunden
Markierungen: Unterjesingen bis Hirschau r Strich, Hirschau bis Kilchberg oZ, Kilchberg bis Eck bl Strich
A, H, R
Rastplatz: Spitzbergsattel

Ausgangspunkt ist Unterjesingen am Ortsausgang nach Wurmlingen. Von hier folgt man in südlicher Ri der Str Unterjesingen – Wurmlingen. Nach etwa 1 km zweigt der Wanderweg (r Strich) li ab und führt hinauf zum Burgstall (Spitzbergsattel). Vom Rastplatz mit Feuerstelle hier bis hinauf zur vielbesungenen Wurmlinger Kapelle sind es nur wenige Min Gehzeit (s. W 29). Hinunter nach Hirschau kann man der Markierung nach oder auf dem Höhenweg oder den Weinbergen gelangen. Immer hat man herrliche Ausblicke ins Tal, zum Rammert und darüber hinweg zur Alb. In Hirschau mündet der markierte Spitzbergweg in die Hauptstr (Kingersheimer Str). Man verläßt ihn jedoch wenige Meter vorher und folgt der Str »Im Öschle« bis zum Friedhof (vom Burgstall bis zum Friedhof sind es etwa 2 km). An der Friedhofskapelle (Unserer lieben Frau beim Holderbusch) überquert man die Str Tübingen – Hirschau (Vorsicht! Starker Verkehr!), geht auf dem Wirtschaftsweg daneben wenige 100 m in Ri Tübingen, um dann re abzubiegen. Man hält auf eine Baumgruppe zu, es sind alte Weiden, die den »Alten Baggersee« umsäumen. Von diesem idyllischen Plätzchen führt ein Fußweg südlich weiter zum Neckar (1 km seit Friedhof Hirschau). Über den Flußsteg ist es 1 km bis Kilchberg, wo man nach dem Bahnübergang auf die Wegmarkierung »bl Strich« trifft. Ihr folgt man durch den Ort, vorbei am Schloß und erreicht nach rd. 4,5 km (wie in W 27 beschrieben) Eck (Eckhof).

Aussichtstürme, Wanderheime, Jugendherbergen, Freibäder

Aussichtstürme
Bismarck-Turm (429 m NN) bei Tübingen (Schlüssel beim Verkehrsamt Tübingen)
Dom-Turm (350 m NN) des Rottenburger Bischofsdoms St. Martin (Anmeldung von Gruppen beim Sekretariat der Dompfarrgemeinde)
Heuberger Warte (484 m NN) bei Rottenburg (Schlüssel beim Heuberger Hof)
Kaiser-Wilhelm-Turm (438 m NN) auf dem Österberg in Tübingen (Schlüssel beim Verkehrsamt Tübingen)
Kalkweiler Torturm/Schütte (360 m NN) in Rottenburg (Schlüssel bei Alfons Unteregger, Bahnhofstraße 17, Rottenburg)
Kusterdinger Wasserturm (432 m NN) z. Z. nicht allgemein zugänglich. Anfragen bei der Gemeindeverwaltung Kusterdingen
Reisach-Turm (415 m NN) bei Pliezhausen (Schlüssel bei der Gaststätte am Turm)
Schaichberg-Turm (445 m NN) bei Walddorfhäslach (Schlüssel bei Eugen Bauer, Friedrichstraße 22, im Ortsteil Walddorf)
Steinenberg-Turm (492 m NN) bei Tübingen (ständig geöffnet)
Stiftskirchen-Turm (350 m NN) der Tübinger Stiftskirche (geöffnet im Sommer am Wochenende bei schönem Wetter; Anfrage beim Mesner der Stiftskirche)
Weilerburg (555 m NN) geöffnet, wenn Fahne gehißt
Zwei-Eichen-Turm (400 m NN) bei Pliezhausen (sonntags und feiertags geöffnet, sonst Schlüssel bei der Gemeindeverwaltung Pliezhausen oder bei Herrn Frisch, Ahornstraße 3, Pliezhausen)

Wanderheime
Naturfreundehaus Herrenberg (551 m NN), Hildrizhauser Straße 103,
7033 Herrenberg; Tel. 07032/21475
etwas außerhalb des Wandergebiets
Stuttgarter Naturfreundehaus Aidlingen, Gärtringer Straße 31, 7031 Aidlingen; Tel. 0711/536610

Jugendherbergen
Jugendherberge Tübingen, Gartenstraße 22/2, 7400 Tübingen; Tel. 07071/23002
etwas außerhalb des Wandergebiets
Jugendherberge Horb, Auf der Schütte, 7240 Horb; Tel. 07451/2582

Freibäder (b = beheizt)
Böblingen (b), Dettenhausen (b), Entringen (Gemeinde Ammerbuch), Herrenberg (b), Holzgerlingen (b), Mössingen (b), Rottenburg-Hammerwasen (b), Schönaich, Tübingen (b)
Außerdem Erholungsgebiet Baggerseen bei Kirchentellinsfurt.

Literaturhinweise

Landschaft, Geographie und Geologie

Geologische Karten von Baden-Württemberg mit Erläuterungen. Hrsg. vom Geologischen Landesamt Baden-Württemberg. Druck und Vertrieb Landesvermessungsamt Baden-Württemberg, Stuttgart. 1:25000 : 7319 Ehningen, 7320 Böblingen, 7321 Neuhausen, 7419 Herrenberg, 7420 Tübingen, 7421 Metzingen, 7519 Rottenburg, 7520 Mössingen. 1:50000 : Tübingen und Umgebung

O. F. Geyer u. M. P. Gwinner: Einführung in die Geologie von Baden-Württemberg. 2. Auflage. Schweizerbartsche Verlagsbuchhandlung. Stuttgart 1968

F. Graner: Die Waldgerechtigkeiten im Schönbuch. Stuttgart 1929

H. Grees (Hrsg.): Der Schönbuch. Beiträge zu seiner landeskundlichen Erforschung. Konkordia Verlag Bühl/Baden 1969

W. Hahn: Eine Wanderung durch den Schönbuch. Ein Heimatbuch vom Schönbuch. Aalen 1956

–: Der Waldwanderer im Schönbuch. Waldabteilungsnamen, Geländedenkmale und ihre heimatgeschichtliche Deutung. Weil im Schönbuch. Selbstverlag 1972

F. Huttenlocher: Geographischer Führer für Tübingen und Umgebung. Katzmann Verlag Tübingen 1966

E. Köpf u. neubearbeitet von F. Westphal: Geologie des Spitzbergs. Mit farbiger Geologischer Karte des Spitzbergs 1:25000. In: Der Spitzberg bei Tübingen. Die Natur- und Landschaftsschutzgebiete Baden-Württembergs Bd. 3. Hrsg. von der Landesstelle für Naturschutz und Landschaftspflege Baden-Württemberg. Ludwigsburg 1966

W. F. Schmidt-Eisenlohr: Oberflächenformen. In: Der Landkreis Tübingen. Amtliche Kreisbeschreibung Bd. 1. Kommissionsverlag W. Kohlhammer. Stuttgart 1967

E. Schwegler: Geologischer Bau. In: Der Landkreis Tübingen. Amtliche Kreisbeschreibung Bd. 1. Kommissionsverlag W. Kohlhammer. Stuttgart 1967

H.-K. Schüle: Natur und Landschaft. In: Der Kreis Esslingen. Konrad
   Theiss-Verlag Stuttgart 1978
H.-D. Stoffler: Natur- und Landschaftsschutzbund. In: Der Zollernalb-
   kreis. Konrad Theiss-Verlag Stuttgart 1979
Die Natur- und Landschaftsschutzgebiete Baden-Württembergs Bd. 3:
   Der Spitzberg bei Tübingen. Landesstelle für Naturschutz und
   Landschaftspflege Baden-Württemberg. Ludwigsburg 1969
Naturschutz im Kreis Tübingen. Führer durch Natur- und Landschafts-
   schutzgebiete Baden-Württembergs. Landesanstalt für Umwelt-
   schutz, Institut für Ökologie und Naturschutz. Karlsruhe 1985 (im
   Druck)

Zur Geschichte und Kunstgeschichte

Tübingen und das Obere Gäu. Tübingen – Rottenburg – Nagold –
   Herrenberg. Bearbeitet vom Landesdenkmalamt Baden-Württem-
   berg (= Führer zu archäologischen Denkmälern in Deutschland Bd.
   3). Konrad Theiss Verlag Stuttgart 1983
Der Landkreis Tübingen. Amtliche Kreisbeschreibung. 3 Bde. Hrsg.
   von der Staatlichen Archivverwaltung Baden-Württemberg. Verlag
   W. Kohlhammer Stuttgart 1967–1974
E. Gradmann: Kunstwanderungen in Württemberg und Hohenzollern.
   4. völlig neu bearbeitete Auflage von C. Meckseper. Belser Verlag
   Stuttgart 1970

Zu den Stadtrundgängen und Ortsbeschreibungen

Handbuch der historischen Stätten Deutschlands. Baden-Württem-
   berg. Hrsg. von M. Miller und G. Taddey. Alfred Kröner Verlag
   Stuttgart 2. verb. und verm. Auflage 1980
I. u. W. Jens: Die kleine große Stadt Tübingen. Konrad Theiss Verlag
   Stuttgart 1981
H. Decker-Hauff u. W. Setzler: Die Universität Tübingen von 1477 bis
   1977 in Bildern und Dokumenten. Attempto Verlag Tübingen 1977
K. Lerch: Das Tübinger Brevier. Verlag Tübinger Chronik. 1. Auflage
   Tübingen 1962
T. Schmolz: Herrenberg (mit Fotos von M. Grohe). Konrad Theiss
   Verlag Stuttgart 1983
G. Weise: Cistercienserabtei Bebenhausen. Metz Verlag Tübingen
   1. Auflage 1966
G. Salzmann u. W. Setzler: Bebenhausen. Verlag Tübinger Chronik 1983

Pflanzenwelt

A. Faber: Erläuterungen zum pflanzensoziologischen Kartenblatt des mittleren Neckar- und des Ammertalgebiets. Mit farbiger Karte 1:25000. Hrsg. von der Württ. Forstdirektion und der Württ. Naturaliensammlung. Stuttgart 1937
P. Filzer: Pflanzenwelt. In: Der Landkreis Tübingen. Amtliche Kreisbeschreibung Bd. 1. Kommissionsverlag W. Kohlhammer. Stuttgart 1967
S. Görs: Die Pflanzengesellschaften der Rebhänge am Spitzberg. Die Flora des Spitzbergs. In: Der Spitzberg bei Tübingen. Die Natur- und Landschaftsschutzgebiete Baden-Württembergs Bd. 3. Hrsg. von der Landesstelle für Naturschutz und Landschaftspflege Baden-Württemberg. Ludwigsburg 1966
Th. Müller: Die Wald-, Gebüsch-, Saum-, Trocken- und Halbtrockenrasengesellschaften des Spitzbergs. Mit farbiger Karte der Waldgesellschaften des Spitzbergs. 1:10000. In: Der Spitzberg bei Tübingen. Die Natur- und Landschaftsschutzgebiete Baden-Württembergs Bd. 3. Hrsg. von der Landesstelle für Naturschutz und Landschaftspflege Baden-Württemberg. Ludwigsburg 1966
O. Sebald: Vegetationskundliche Übersichtskarte des Landkreises Tübingen 1:50000. Beilage in: Der Landkreis Tübingen. Amtliche Kreisbeschreibung Bd. 2. Kommissionsverlag W. Kohlhammer. Stuttgart 1972

Zu den Natur- und Landschaftsschutzgebieten

Verzeichnis der Naturschutz- und Landschaftsschutzgebiete des Landes Baden-Württemberg. 3. Auflage mit Karte 1:250000. Landesanstalt für Umweltschutz Baden-Württemberg, Institut für Ökologie und Naturschutz. Karlsruhe 1983
Verordnungstexte der Landschaftsschutzgebiete im Regierungsbezirk Stuttgart, Landesanstalt für Umweltschutz, Institut für Ökologie und Naturschutz. Karlsruhe 1983
Verordnungstexte der Landschaftsschutzgebiete im Regierungsbezirk Tübingen. Landesanstalt für Umweltschutz, Institut für Ökologie und Naturschutz. Karlsruhe 1984
H. Schönnamsgruber: Naturschutz und Landschaftspflege. In: Der Landkreis Tübingen. Amtliche Kreisbeschreibung, Tübingen 1967
H. Gonser u. U. Ceglarek: Natur und Landschaft. In: Der Kreis Böblingen. Konrad Theiss-Verlag Stuttgart 1983

Literaturhinweise

Landschaft, Geographie und Geologie

Geologische Karten von Baden-Württemberg mit Erläuterungen. Hrsg. vom Geologischen Landesamt Baden-Württemberg. Druck und Vertrieb Landesvermessungsamt Baden-Württemberg, Stuttgart. 1:25000 : 7319 Ehningen, 7320 Böblingen, 7321 Neuhausen, 7419 Herrenberg, 7420 Tübingen, 7421 Metzingen, 7519 Rottenburg, 7520 Mössingen. 1:50000 : Tübingen und Umgebung

O. F. Geyer u. M. P. Gwinner: Einführung in die Geologie von Baden-Württemberg. 2. Auflage. Schweizerbartsche Verlagsbuchhandlung. Stuttgart 1968

F. Graner: Die Waldgerechtigkeiten im Schönbuch. Stuttgart 1929

H. Grees (Hrsg.): Der Schönbuch. Beiträge zu seiner landeskundlichen Erforschung. Konkordia Verlag Bühl/Baden 1969

W. Hahn: Eine Wanderung durch den Schönbuch. Ein Heimatbuch vom Schönbuch. Aalen 1956

–: Der Waldwanderer im Schönbuch. Waldabteilungsnamen, Geländedenkmale und ihre heimatgeschichtliche Deutung. Weil im Schönbuch. Selbstverlag 1972

F. Huttenlocher: Geographischer Führer für Tübingen und Umgebung. Katzmann Verlag Tübingen 1966

E. Köpf u. neubearbeitet von F. Westphal: Geologie des Spitzbergs. Mit farbiger Geologischer Karte des Spitzbergs 1:25000. In: Der Spitzberg bei Tübingen. Die Natur- und Landschaftsschutzgebiete Baden-Württembergs Bd. 3. Hrsg. von der Landesstelle für Naturschutz und Landschaftspflege Baden-Württemberg. Ludwigsburg 1966

W. F. Schmidt-Eisenlohr: Oberflächenformen. In: Der Landkreis Tübingen. Amtliche Kreisbeschreibung Bd. 1. Kommissionsverlag W. Kohlhammer. Stuttgart 1967

E. Schwegler: Geologischer Bau. In: Der Landkreis Tübingen. Amtliche Kreisbeschreibung Bd. 1. Kommissionsverlag W. Kohlhammer. Stuttgart 1967

Aussichtstürme, Wanderheime, Jugendherbergen, Freibäder

Aussichtstürme
Bismarck-Turm (429 m NN) bei Tübingen (Schlüssel beim Verkehrsamt Tübingen)
Dom-Turm (350 m NN) des Rottenburger Bischofsdoms St. Martin (Anmeldung von Gruppen beim Sekretariat der Dompfarrgemeinde)
Heuberger Warte (484 m NN) bei Rottenburg (Schlüssel beim Heuberger Hof)
Kaiser-Wilhelm-Turm (438 m NN) auf dem Österberg in Tübingen (Schlüssel beim Verkehrsamt Tübingen)
Kalkweiler Torturm/Schütte (360 m NN) in Rottenburg (Schlüssel bei Alfons Unteregger, Bahnhofstraße 17, Rottenburg)
Kusterdinger Wasserturm (432 m NN) z. Z. nicht allgemein zugänglich. Anfragen bei der Gemeindeverwaltung Kusterdingen
Reisach-Turm (415 m NN) bei Pliezhausen (Schlüssel bei der Gaststätte am Turm)
Schaichberg-Turm (445 m NN) bei Walddorfhäslach (Schlüssel bei Eugen Bauer, Friedrichstraße 22, im Ortsteil Walddorf)
Steinenberg-Turm (492 m NN) bei Tübingen (ständig geöffnet)
Stiftskirchen-Turm (350 m NN) der Tübinger Stiftskirche (geöffnet im Sommer am Wochenende bei schönem Wetter; Anfrage beim Mesner der Stiftskirche)
Weilerburg (555 m NN) geöffnet, wenn Fahne gehißt
Zwei-Eichen-Turm (400 m NN) bei Pliezhausen (sonntags und feiertags geöffnet, sonst Schlüssel bei der Gemeindeverwaltung Pliezhausen oder bei Herrn Frisch, Ahornstraße 3, Pliezhausen)

Wanderheime
Naturfreundehaus Herrenberg (551 m NN), Hildrizhauser Straße 103,
7033 Herrenberg; Tel. 07032/21475
etwas außerhalb des Wandergebiets
Stuttgarter Naturfreundehaus Aidlingen, Gärtringer Straße 31, 7031 Aidlingen;
Tel. 0711/536610

Jugendherbergen
Jugendherberge Tübingen, Gartenstraße 22/2, 7400 Tübingen; Tel. 07071/23002
etwas außerhalb des Wandergebiets
Jugendherberge Horb, Auf der Schütte, 7240 Horb; Tel. 07451/2582

Freibäder (b = beheizt)
Böblingen (b), Dettenhausen (b), Entringen (Gemeinde Ammerbuch), Herrenberg (b), Holzgerlingen (b), Mössingen (b), Rottenburg-Hammerwasen (b), Schönaich, Tübingen (b)
Außerdem Erholungsgebiet Baggerseen bei Kirchentellinsfurt.

nach oder auf dem Höhenweg oder den Weinbergen gelangen. Immer hat man herrliche Ausblicke ins Tal, zum Rammert und darüber hinweg zur Alb. In Hirschau mündet der markierte Spitzbergweg in die Hauptstr (Kingersheimer Str). Man verläßt ihn jedoch wenige Meter vorher und folgt der Str »Im Öschle« bis zum Friedhof (vom Burgstall bis zum Friedhof sind es etwa 2 km). An der Friedhofskapelle (Unserer lieben Frau beim Holderbusch) überquert man die Str Tübingen – Hirschau (Vorsicht! Starker Verkehr!), geht auf dem Wirtschaftsweg daneben wenige 100 m in Ri Tübingen, um dann re abzubiegen. Man hält auf eine Baumgruppe zu, es sind alte Weiden, die den »Alten Baggersee« umsäumen. Von diesem idyllischen Plätzchen führt ein Fußweg südlich weiter zum Neckar (1 km seit Friedhof Hirschau). Über den Flußsteg ist es 1 km bis Kilchberg, wo man nach dem Bahnübergang auf die Wegmarkierung »bl Strich« trifft. Ihr folgt man durch den Ort, vorbei am Schloß und erreicht nach rd. 4,5 km (wie in W 27 beschrieben) Eck (Eckhof).

Handwerk um 1848, als ihm 78 Meister, d. h. fast zwei Drittel der Bürgerschaft, angehörten. Die 1830 begründete Hafnerzunft des Oberamts Nürtingen hatte deshalb ihren Sitz in Neuenhaus. Das alte Recht der Häfner, ihre Erzeugnisse auf fremden Märkten und auch durch Hausierhandel in anderen Orten zu verkaufen, wurde 1820 auf die älteren Hafnermeister beschränkt, 1847 aber wieder allen Meistern eingeräumt. Trotz aller Betriebsamkeit war jedoch Neuenhaus um die Mitte des 19. Jahrhunderts der ärmste Ort des (alten) Oberamts Nürtingen. Im Zeitalter der Industrialisierung ging die Hafnerei zurück. 1900 waren es noch 17, 1905 nur mehr etwa 10 Meister, die das Handwerk selbst ausübten, während die Zahl der Hausierer mit Tongeschirr damals immer noch 60 bis 70 betrug. Die jährliche Naturalabgabe von 100 Eiern, die jeder Meister für das Tongraben an den Staat liefern mußte, wurde 1819 in eine Geldgabe von 40 Kreuzern umgewandelt und ging 1844 an die Gemeinde über. Diese hatte fortan die Hafner mit Erde aus dem nun Gemeindeeigentum gewordenen Wald zu versehen. 1904 betrug die Abgabe 1,20 Mark. Das Hafnergewerbe hat auch in das Ortswappen Eingang gefunden. In dem nach 1930 angenommenen Siegel war ein Häfner dargestellt, der hinter einer Drehscheibe sitzend Tongeschirr anfertigt; das neue Wappen von 1951 zeigt in goldenem Schild eine schwarze Töpferscheibe, auf der ein roter Tonkrug steht. (Aus: Heimatbuch des Kreises Nürtingen, hrsg. vom Kreisverband Nürtingen 1953.)
In der Schule wurde zur Erinnerung an die Häfnerzunft ein Museum eingerichtet.

Wer von Neuenhaus aus den Rückweg nach Dettenhausen nicht scheut, folgt dem bezeichneten Wanderweg durch das Aichtal bis zur Burkhardtsmühle und wandert dann auf dem Dettenhäuser Sträßle über den Betzenberg wieder zurück.
Neuenhaus – Burkhardtsmühle 4 km (r Punkt). Burkhardtsmühle – Dettenhausen 8 km (bl Hufeisen).

SW 9 Unterjesingen – Burgstall – Hirschau – Neckarsteg – Kilchberg – Eck (Eckhof)

Strecke: 12 km; Gehzeit: 3¼ Stunden
Markierungen: Unterjesingen bis Hirschau r Strich, Hirschau bis Kilchberg oZ, Kilchberg bis Eck bl Strich
A, H, R
Rastplatz: Spitzbergsattel

Ausgangspunkt ist Unterjesingen am Ortsausgang nach Wurmlingen. Von hier folgt man in südlicher Ri der Str Unterjesingen – Wurmlingen. Nach etwa 1 km zweigt der Wanderweg (r Strich) li ab und führt hinauf zum Burgstall (Spitzbergsattel). Vom Rastplatz mit Feuerstelle hier bis hinauf zur vielbesungenen Wurmlinger Kapelle sind es nur wenige Min Gehzeit (s. W 29). Hinunter nach Hirschau kann man der Markierung

Im unteren *Schaichtal*, etwa 5 km unterhalb von Dettenhausen, war einst ein See. Der Damm, der die Schaich anstaute, ist noch deutlich zu erkennen. Es ist anzunehmen, daß auch hier die Zisterzienser-Mönche vom Kloster Bebenhausen Fischzucht und Fischfang trieben, wie es auch sonst in den Schönbuchbächen, vor allem in der Schaich, üblich war.

Im ehem. Seegrund und an der Einmündung der Hofmeistersteige in das Schaichtalsträßchen stehen für den botanisch interessierten Wanderer einige geschützte, im Schönbuch seltene Knabenkräuter.

Von li mündet der Wanderweg von Waldenbuch (bl Punkt) ein, der re hangaufwärts (r Punkt) nach Walddorf – Dörnach und ins Neckartal hinunter weiterführt.

Man folgt nun weiter talabwärts in Ri Heilbrunnen der Markierung bl Punkt.

Im letzten Talabschnitt zwischen Heilbrunnen und Neuenhaus wechselt die Wegmarkierung erneut (bl Strich). Doch wer von Dettenhausen aus der Schaich folgt, kann sich auch ohne Wegmarkierung nicht verlaufen.

Ein lohnender Abstecher führt beim Heilbrunnen re hinauf zum

Schaichbergturm, dem Häslacher Wasserturm, der 1966 auf dem höchsten Punkt der Gemarkung (542 m) erbaut wurde. 109 Stufen führen zur Aussichtsplatte. Der Schlüssel zum Turm wird wochentags vom Vertrauensmann des Schwäbischen Albvereins (z. Z. Eugen Bauer, Friedrichstr 22 im Ortsteil Walddorf) und an Sonn- und Feiertagen in der nahe gelegenen Turmgaststätte ausgehändigt. An klaren Tagen lohnt sich ein Blick über die nahen Albberge, die Dreikaiserberge der Ostalb, die Teck und die Burgruine Hohenneuffen, nach Süden die Achalm, nach Südwesten der Roßberg und die Zollernburg bei Hechingen. Auch die Südalb mit dem rd. 1000 m hohen Lemberg als höchstem Punkt ist sichtbar. Bei guter Fernsicht kann man am nordwestlichen Horizont den Schwarzwald erkennen. Im Norden breiten sich die Wälder des Schönbuchs mit dem Einschnitt des Schaichtales aus, weiter nach Nordosten ist die Filderebene zu sehen. Auf der li Seite der Aich erkennt man den vorgeschobenen Uhlbergturm des Schwäbischen Albvereins. Zu Füßen liegen die malerische Neckartallandschaft und das Albvorland.

Zurückgekehrt wandert man das Schaichtal weiter abwärts bis Neuenhaus, wo die Schaich in die Aich mündet.

Neuenhaus (321 m NN, 1800 Ew) gehört seit 1. 8. 1978 zur Gesamtgemeinde Aichtal. Da die Landwirtschaft im Schönbuch, vor allem in den Schönbuchtälern, die Bevölkerung nur recht und schlecht zu ernähren vermochte, fand schon sehr früh das Hafnergewerbe in »Häfner-Neuhausen« Eingang. Der Hafnerei verdankt der Ort bis heute sein eigenartiges Gepräge und den zweiten Namen »Häfner-Neuhausen«, den er nicht nur im Volksmund, sondern schon 1720 auch in amtlichen Akten führte. Seinen zahlenmäßigen Höhepunkt erreichte das

Bei der Burkhardtsmühle im Siebenmühlental

Am Bahndamm bei der Burkhardtsmühle befindet sich ein großer WP, und an Wochenenden ist eine danebenliegende Gartenwirtschaft geöffnet.

Von der Burkhardtsmühle führt der bequeme Bundeswanderweg das Aichtal aufwärts zum 3 km entfernten Waldenbuch.

SW 8 Dettenhausen – Schaichtal – Neuenhaus (Häfner-Neuhausen)

Strecke: 10 km; Gehzeit: 2½ Stunden
Markierungen: r Punkt, bl Punkt, bl Strich
E, F, G, P, R, S
Rastplätze: Im Talgrund bei der »Schimmelklinge«, »Am alten See« in der Talmitte, beim Heilbrunnen

Die Wanderung beginnt gegenüber der Gaststätte »Alte Post« an der B 27. Der befestigte Wanderweg (r Punkt) führt den Mühlbach hinunter, am Freibad und am Klärwerk vorbei, überquert die Bodenseewasserleitung und wechselt im breiter werdenden Tal bei der Schimmelklinge auf die re Schaichseite. Nach etwa 2 km geht's dann wieder auf die linke Seite.
Der Hangweg auf der schattigen Nordseite führt »Beim Damm« oder »Am alten See« zu einer lichten Erholungseinrichtung.

Der geologische Lehrpfad am Kirnberg bei Tübingen

K. Brenner u. E. Villinger: Stratigraphie und Nomenklatur des südwestdeutschen Sandsteinkeupers. Jh. geol. Landesamt Baden-Württemberg. Freiburg 1981

K. Brenner u. D. Balke: Der geologische Lehrpfad am Kirnberg bei Tübingen 1977

W. Fischer: Zur Talgeschichte des Goldersbachs zwischen Bebenhausen und Tübingen. Aufschluß Heidelberg 1974

–: Neue Funde von Henodus chelyops v. Huene im Tübinger Gipskeuper. – N. Jb. Geol. Paläont. Mh. 6. Stuttgart 1959

Der archäologisch-historische Wanderweg um den Einsiedel

S. Schiek: Der Einsiedel bei Tübingen, seine Geschichte und seine Bauten. 1982

Verzeichnis der Mitarbeiter

Siegfried Albert, Realschullehrer und ehrenamtlicher Beauftragter der archäologischen Denkmalpflege für den Kreis Tübingen, Albweg 8, 7400 Tübingen-Kreßbach

Walter Arnold, Leitender Forstdirektor, Forstdirektion Tübingen, Schloß Bebenhausen, 7400 Tübingen

Dr. Walter Fischer, Realschullehrer, Aeulestraße 26, 7400 Tübingen

Walter Hahn, Realschulrektor, Dettenhäuser Straße 26, 7031 Weil im Schönbuch

Dr. Ehrenfried Kluckert, Kunsthistoriker, Vogelsangstraße 10, 7403 Reusten

Dieter Manz, Diözesanstelle Buch, Karmeliterstr. 9, 7407 Rottenburg

Dr. Theo Müller, Professor, Mörikestraße 23, 7141 Steinheim

Dr. Siegwalt Schiek, Hauptkonservator, Paul-Ehrlich-Str. 14, 7400 Tübingen

Traugott Schmolz, Stadtarchivar i. R., Kirchgasse 5, 7033 Herrenberg

Dr. Helmut Schönnamsgruber, Professor, Bergstr. 9, 7517 Waldbronn

Dr. Wilfried Setzler, Leiter des Kulturamts der Universitätsstadt Tübingen, Herrenberger Straße 14, 7400 Tübingen

Heinz Wolpert, Gauwanderwart des Lichtensteingaus, Jahnstraße 4, 7408 Kusterdingen

Die Zeichnungen stammen von

Dr. Theo Müller s.o. (Geologische Reliefkarte, Pflanzen)
Dr. Ehrenfried Kluckert s.o. (übrige Zeichnungen)

Register

Alamannische Landnahme 60
Altdorf 72, 181
Altingen 73, 78
Altstadt 147
Ammergau 63
Ammerhof 76
Arboretum 133
Archäologisch-historischer Wanderweg 101 ff.
Aussichtstürme 195

Bad Niedernau 144
Bärlocheiche 186
Baum der Freundschaft 116
Bebenhäuser Weg 122
Bebenhausen 63, 64, 70, 71, 94, 110, 111
Bettelbachverwerfung 117
Bettelweg 117
Bieringen 142
Bierlingen 63, 140
Birkensee 183
Bodelshausen 159
Böblingen 64
Braunäcker 134
Breitenholz 63, 120
Breitenstein 72
Bromberg 184
Bronzezeit 56
Bruderbrunnen 120
Bühl 64, 75
Bundeswanderweg 67
Bunter Mergel 16, 98, 99, 176
Burgereiche 132
Burkhardtsmühle 190

Charlotteneiche 116

Dettenhausen 63, 131
Dettingen 173
Diebsteige 121
Dörnach 63
Dußlingen 63, 72, 161

Eckenweiler 151
Eckhof 161
Eichen-Hainbuchen-Wälder 24
Eichenrindige Buche 126
Eichen-Trockenwald 28, 29, 30
Einsiedel 101
Einsiedelei 126
Eisenbachhain 45, 132
Eisenbahnnetz 67
Entringer Stein 184
Ertingen 162
Eschen-Schwarzerlen-Bachauen-Wald 26
Eselsmühle 187
Eselstritt 181

Feuchtwiesen 33
Fingerkraut-Eichenwald 29
Freibäder 195
Frommenhausen 143

Gärtringen 73
Geologischer Lehrpfad 97
Geschützte Arten 37
Glashütte 136
Glatthaferwiesen 32
Gniebel 63
Große Linde 123

Härtlesberg 119
Häslach 63

Hagelloch 63, 113
Hailfingen 154
Hainsimsen-Buchenwald 24
Hainsimsen-Traubeneichenwald 24
Hart 141
Hemmendorf 174
Herrenberg 63, 64, 90, 175
Hildrizhausen 63, 71, 177
Hirrlingen 64, 74, 156
Hirschau 63, 165
Hirschstein 123
Hochwasserrückhaltebecken 110
Hofmeisterweg 131
Hohen-Entringen 63, 119
Holzgerlingen 71, 72

Ilgenloch 127
Immenhausen 169

Jettenburg 172
Jordan-Traufweg 114
Jugendherbergen 195

Kaiserlinde 121
Kayh 76, 78
Kalk-Buchenwald 24
Kalk-Magerrasen 29
Kalk-Magerweiden 31
Kalk-Magerwiese 31
Kamillenflur 33
Kapellenbrunnen 126
Keltenzeit 57
Kieselsandstein 16, 98
Kilchberg 64, 75, 162
Kirchentellinsfurt 75
Klein-Micheles-Mühle
– obere 190
– untere 190
Knollenmergel 19, 100
Kochenmühle 190
Königsjagdhütte 116
Kohlweiler 178
Konrad-Münst-Eiche 116
Kreßbach 161
Kusterdingen 72, 172

Landschaftsschutzgebiete 47

Lettenkeuper 14
Lias 21
Lustnau 63

Mähringen 169
Mäulesmühle 189
Mammutbaum 121
Mauren 179
Mönchberg 182
Mönchbuckel 133
Mohnflur 33
Mühlen 187
Müneck 63, 185

Napoleonische Flurbereinigung 66
Naturpark Schönbuch 38
Naturschutzgebiete 44
Neuenhaus 192
Neuweiler 72
Niedernau 63
Nufringen 71

Obere Sägmühle 138
Obermönchberg 182
Obernau 63, 151
Oberndorf 73, 155
Ochsenschachenweiher 125
Ofterdingen 158
Oskar-Klumpp-Eiche 126
Otto-Schäffer-Linde 186

Paulineneiche 121
Pfäffingen 76
Pfrondorf 63
Plato-Eiche 116
Pliezhausen 71
Poltringen 74, 152
Postbotenweg 111

Rätsandstein 19, 97, 100
Ranzenpuffer 127
Reusten 153
Rheinsträßchen 125
Römerzeit 59
Römische Töpferei 125
Roseck 63, 118
Roßhau 122

Roter Graben 113
Rottenburg 63, 69, 84
Rotwild 40
Rübgarten 64, 129

St. Wendel 119
Schaichbergturm 192
Schaichtal 192
Schilfsandstein 15, 98
Schlagbaum 127
Schlechtsmühle 189
Schlehen-Ligustergebüsch 29 ff.
Schlößlesmühle 189
Schnapseiche 125
Schönbuchgenossen 66
Schwärzloch 70
Schweizerstraße 189
Seebruckenmühle 189
Segelbachbecken 138
Sieben Eichen 179
Siegburg 152
Stadtreitereiche 131
Steinenbronn 63
Steingart 116
Steinriegel 114
Steinsamen-Eichenwald 29
Steinzeit
– Alt- 53
– Mittel- 53
– Jung- 54
Steppenheide 26, 28, 31
Steppenheidewald 29
Sternmieren-Eichen-Hainbuchenwald 26
Stubensandstein 17, 99, 100
Sülchgau 63

Totenlach 137
Trockenrasen 29, 31
Tropfender Wasen 127
Tübingen 63, 64, 77, 79 ff., 165
Tübinger Vertrag 65

Übersicht der Wanderungen 105
Unterjesingen 117
Urnenfelderzeit 56

Viereckschanze 132

Wachendorf 63, 69, 75, 141
Walddorf 63
Waldenbuch 75, 135
Waldenbucher Bähnle 188
Waldlabkraut-Eichen-Hainbuchenwald 25
Waldmeister-Buchenwald 23
Walzenmühle 190
Wanderheime 195
Wankheim 63, 64, 171
Wannweil 71
Weilerburg 145
Weilheim 162
Weil im Schönbuch 72, 75, 136
Wellingtonie 121
Wendelsheim 149
Widenmannsdenkmal 114
Wolfsberg 123
Würm 179
Wurmlingen 150
Wurmlinger Berg 168

Die besonderen Wanderführer in der Reihe Natur Heimat Wandern

Herausgegeben vom Schwäbischen Albverein. Folgende Bände sind erhältlich (Reihe wird laufend fortgesetzt):

Albuch – Härtsfeld – Ries
192 S., zahlreiche Zeichnungen sowie eine vierfarbige Wanderkarte. Plastikeinband.

Heidenheim – Dillingen – Donauwörth
256 S., zahlreiche Zeichnungen sowie eine vierfarbige Wanderkarte. Plastikeinband.

Kaiserberge und Geislinger Alb
200 S., zahlreiche Zeichnungen sowie eine vierfarbige Wanderkarte. Plastikeinband.

In Ulm und um Ulm herum
256 S., 54 Zeichnungen sowie eine vierfarbige Wanderkarte. Plastikeinband.

Reutlinger und Uracher Alb
216 S., zahlreiche Zeichnungen sowie eine vierfarbige Wanderkarte. Plastikeinband.

Schurwald – Esslingen – Filder
176 S., 50 Abbildungen und Kartenskizzen. Kartoniert.

Lautertal – Zwiefalter Alb – Laucherttal
208 S., zahlreiche Zeichnungen sowie eine vierfarbige Wanderkarte. Plastikeinband.

Naturpark Obere Donau
224 S., zahlreiche Zeichnungen sowie eine vierfarbige Wanderkarte. Plastikeinband.

Südliches Oberschwaben – Bodensee
184 S., zahlreiche Zeichnungen sowie eine vierfarbige Wanderkarte. Plastikeinband.

Südöstliches Oberschwaben – Westallgäu
232 S., zahlreiche Zeichnungen sowie eine vierfarbige Wanderkarte. Plastikeinband.

Konrad Theiss Verlag Stuttgart

Die Hauptwanderwege des Schwäbischen Albvereins in handlichen und übersichtlichen Führern

Kartenausschnitte (1:50 000) mit Tagesstrecken und detaillierten Wegbeschreibungen auf einen Blick (Karte rechte Seite, Text auf linker Seite danebenstehend) sichern die rasche Orientierung. Hinweise auf zahlreiche Sehenswürdigkeiten, auf historisch und kulturhistorisch bedeutende Stätten am Rande der Strecke erleichtern die Entscheidung, wo zu verweilen ist. Jeder Band umfaßt 72 bis 90 Seiten.

HW 4 Main – Donau – Bodensee

HW 5 Schwarzwald – Schwäbische Alb – Allgäu

HW 7 Schwäbische Alb – Oberschwaben
HW 9 Heuberg – Allgäu
(zusammen in einem Band)

HW 8 Franken
HW 10 Stromberg – Schwäbischer Wald
(zusammen in einem Band)

HW 6 (Limeswanderweg) ist als Sonderband erhältlich:

Der Limes in Südwestdeutschland

von W. Beck und D. Planck. 148 S., 21 x 20,5 cm. Mit 128 Abb. und Kartenskizzen, Wanderkarte als Beilage.

Konrad Theiss Verlag Stuttgart

NOTIZEN

NOTIZEN

NOTIZEN

19.80